日本の遺跡39

湯築城跡

中野良一 著

同成社

湯築城（道後公園）の東上空から松山市内・瀬戸内海（伊予灘）を望む

湯築城（旧道後動物園区）の整備状況

湯築城内の様々な施設

③上級武士居住区（整備後）

④外堀土塁の断面（発掘当時）

①外堀（整備後）

⑤外堀土塁内側道路（発掘当時）

②庭園の借景（整備後）

⑥庭園の池遺構（整備工事中）

⑦石積排水溝（発掘当時）

⑧内堀（整備後）

⑨外堀土塁・道路（整備後）

⑩外堀土塁·排水溝·道路·土塀（整備後）

⑪復元武家屋敷の門（整備後）

⑫湯築城資料館（内部展示）

⑬搦手出入口（整備後）

武家屋敷室内展示

調査時の礎石建物

廃棄土坑の土器出土
状況（土師器皿・杯）

SB 203 遺物集合

目次

カバー写真　上空からみた湯築城跡
装丁　吉永聖児

湯築城跡

I　湯築城跡の保存

1　道後公園の沿革

中世伊予国守護の河野氏が本城として築いたとされるこの城は、もともと中央の独立低丘陵部に伊佐爾波神社が鎮座していたのを、現在地に移転させた後につくられたとされる。その後、伊予の政治舞台の中枢として機能したが、湯築城廃城後はどのように使用されていたのか、または、放置されていたのかなどの文献記録がなく、明治初年の頃は、いつからか人の手入れがまったく入っていない、荒れた竹林であったようである。一八八六（明治十九）年、陸軍が松山城堀の内を窃取した際に、道後のこの地と換地が行われ、ここを公園（道後植物園）として整備した。その後、日露戦争により捕虜となったロシア人たちの遊技場として利用された経緯がある。一八八八（明治二十一）年植物園を廃止し、内務省の許可を得て県立道後公園となった。

一九二七（昭和二）年、公園内に鳥など三種類の動物が飼われるようになり、その後、徐々に動物類の種類を増していった。一九五三（昭和二十

図１　湯築城遠景（大正８年頃か）

図２　動物園の時代（愛媛県土木部提供）

八）年にはさまざまな種類の動物を集めた県立動物園として開園し、子供たちに人気のスポットとなった。しかし、その一方では、立地環境から明らかなように、近隣に対する昼夜を問わない臭いの拡散や、動物の泣き声などの騒音が問題視され、郊外への移転を図ることとなった。

２　発掘の始まり

一九八七（昭和六十三）年、動物園は松山市郊外の砥部町に移転し、道後動物園は閉園することとなったが、一九八三（昭和五十九）年に県主催の県民文化会館等周辺地域整備協議会から「日本庭園を主体とする都市公園として整備することがのぞましい」との答申が出され、移転後に日本庭園をつくり、道後の観光スポットや市民への憩いの空間として、生まれ変わらせる計画が立案されていた。とくに動物園跡地については、池を備えた回遊式の日本庭園をつくる計画となり、現状が大きく改変されることとなった。

一国の守護の本城である本遺跡は、本来なら県指定文化財もしくは市指定文化財とし、後世に伝えられていくべき遺跡として位置づけられるのがふつうと考えられる。しかし、なんら指定されることもなく、この地が中世伊予国の政治の中心舞台であったことを知る人は少ない。さいわいにも県の所有地であるため、県教育委員会は一九八六(昭和六十一)年、日本庭園計画地に試掘を入れて、遺構の遺存状態や遺物の残存状況などを調査した。当初の予想では、動物園時代の獣舎によってほとんど破壊されているとみられていたが、結果は予想に反し、かなり広範囲にわたり良好な遺存状態であることがわかった。

そこで、公園整備を主管する県土木部都市整備課は、日本庭園化工事に先立つ発掘調査を、財団法人愛媛県埋蔵文化財調査センターに委託した。調査は一九八七(昭和六十二)年から開始され、一九八八(平成元)年三月には終了予定であった。しかし、遺跡の調査とは掘ってみないとわからないことが多々あるもので、遺構面(当時の生活面)の数は試掘データより多く、かつ遺構は複雑で、遺物も中国陶磁器を代表とした、きわめて貴重なものが出土していたのである。

この頃、中世遺跡の調査は低調で、県内においては一九八〇・八一(昭和五十五・五十六)年の見近島城跡の調査で、中国陶磁器などが大量に出土して注目された程度であった。ともかく調査期間は短く、遺構は複雑、遺物は多いという苦境のなかで調査が進められたのである。獣舎による破壊箇所、きわめて良好に遺存している箇所、そこから検出される遺構を面としてとらえていく作業は困難を極め、現在なら類例の蓄積により、類似遺構が出ればすぐに解釈できるものも、当時においてはしばし立ち止まり、調査員が意見調整をしながら次の掘削を行っていくという状態であった。調査を担当した調査員たちは皆、石を巧みに積み上げたり配置した遺構に、当時の景色を思い浮かべ、焼けた土に戦乱を想像し、その下から出土する土器に、日常生活の一端を感じていた。そして、このように迫力のある遺跡が、記録保存のみで消えていくことへの寂しさを口にしていたことを、今、ふたたび思い出す。

3　保存と学術的調査

調査期間の終了が迫っていた一九八九（平成元）年八月の朝日新聞朝刊の一面トップで、学識経験者たちの道後公園調査に対する意見が掲載された。それは検出された遺構・遺物が伊予国守護河野氏の研究、城郭研究、遺物研究などにおいて重要なものであり、日本庭園計画を見直すべきだという意見に終始していた。この記事が遺跡への大きな関心をよび、十月に行われた現地説明会には、五〇〇〇人以上の人が訪れ、熱心に説明に聞き入っていた。

一九九〇（平成二）年六月、県は遺跡の価値をみきわめるために、学識経験者と地元代表者からなる「道後公園整備計画検討委員会」と、地元関係団体の代表者で構成される「道後公園整備計画調整協議会」を立ち上げた。一方、行政とは立場を異にする学識経験者や、愛媛県民・松山市民有志による「道後湯築城を守る県民の会」が組織され、遺跡の保存運動が大きく展開されることとなった（ホームページ『湯築城跡保存・活用運動の記録』を参照）。

日本庭園化工事計画が凍結されてから二年、検討委員会による「動物園跡地は文化財を生かした

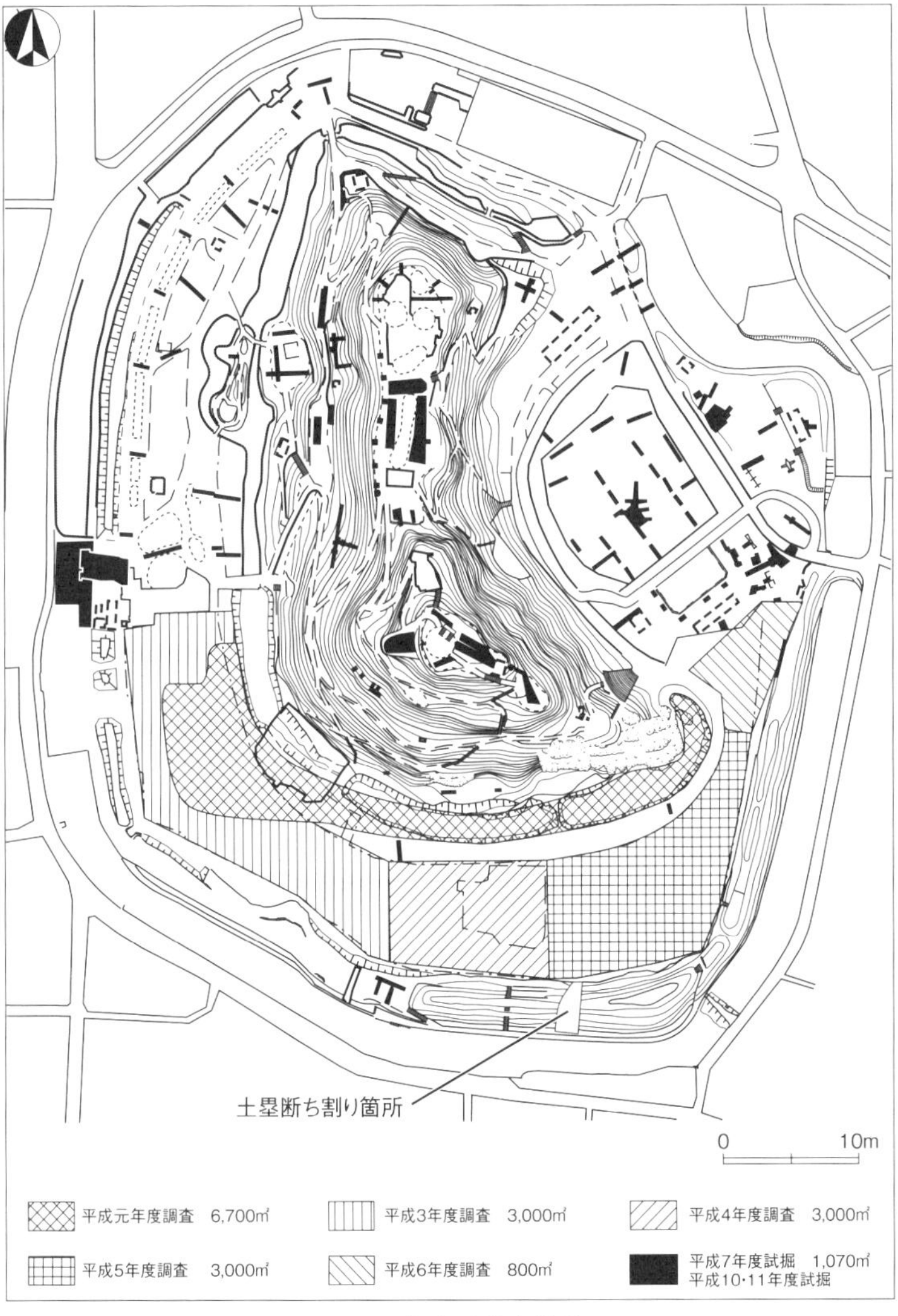
土塁断ち割り箇所
0
10m
平成元年度調査　6,700㎡
平成3年度調査　3,000㎡
平成4年度調査　3,000㎡
平成5年度調査　3,000㎡
平成6年度調査　800㎡
平成7年度試掘　1,070㎡
平成10・11年度試掘

図3　年度別調査箇所

図4　現地説明会の様子

公園とし、その他はこれまでの利用形態を考慮し、文化財に影響のない手法により、児童公園、多目的グランド等の整備を検討する」との中間報告を踏まえ、当時の伊賀貞雪知事は日本庭園計画の白紙撤回を決断し、遺跡の中身を生かした公園化計画に変更することを表明した。ここに廃城から四〇〇年のときを経て現代に甦った往時の遺構は、記録保存という破壊を免れ、後世に残される命を得たのである。

一九九一（平成三）年九月から発掘調査が再開された。日本庭園計画段階では開発のための事前調査という位置づけであったが、再開後の調査は、遺跡のもつ中身がどのようなものなのかを主眼に置いた、学術的調査に切り替えられた。後に詳述するが、旧動物園区の調査は面的に広範囲な調査を基本として実施した。ただし、複数面の遺構面が存在しているので、まだ発掘の進んでいない東側半分については、最終遺構面の調査に留め、下層の遺構をできるだけ傷めないようにするため、トレンチ調査で情報を得た。一方、池がつくられる予定で、すでに下層の遺構まで調査の進んでいた西側については、各遺構面を段階としてとらえ、時期による遺構変遷の把握を主眼とした調査を実施した。旧動物園区以外の地域については、トレンチによる試掘を細かく実施し、遺構の遺存状況の把握を中心とした調査を行い、城の全容解明の一助とした。

Ⅱ　湯築城跡の環境

1　地理的環境

湯築城のある松山平野部は、高縄山水系から派生する扇状地状を呈する地形で、北部の石手川や南部の重信川の氾濫によって形成された平野が広がっている。

平野には独立丘陵が点在し、市の中央には日本三大平山城として有名な、近世城郭の松山城が築かれ、西の大峰ヶ台丘陵の頂部には公園化にともない、姉妹都市のドイツフライブルク市にある中世の古城を真似た城が構築された。

湯築城の中央にある丘陵は伊佐爾波岡《いさにわのおか》とよばれ、現在の伊佐爾波神社が鎮座する道後山と一体化していたものが、城を築く際に堀を掘ることによって分断されたと考えられている。城の南五〇〇《メートル》を流れる石手川は、上流の岩堰《いわぜき》とよばれる付近で山懐にぶつかり流れを南に振る。この岩堰から氾濫した水流によって、湯築城の南三〇〇《メートル》から石手川までの間は幾多の水害に見舞われているが、湯築城自体は山裾にあたり標高がやや高いので、石手川本流の氾濫で城内が水害に見舞われる

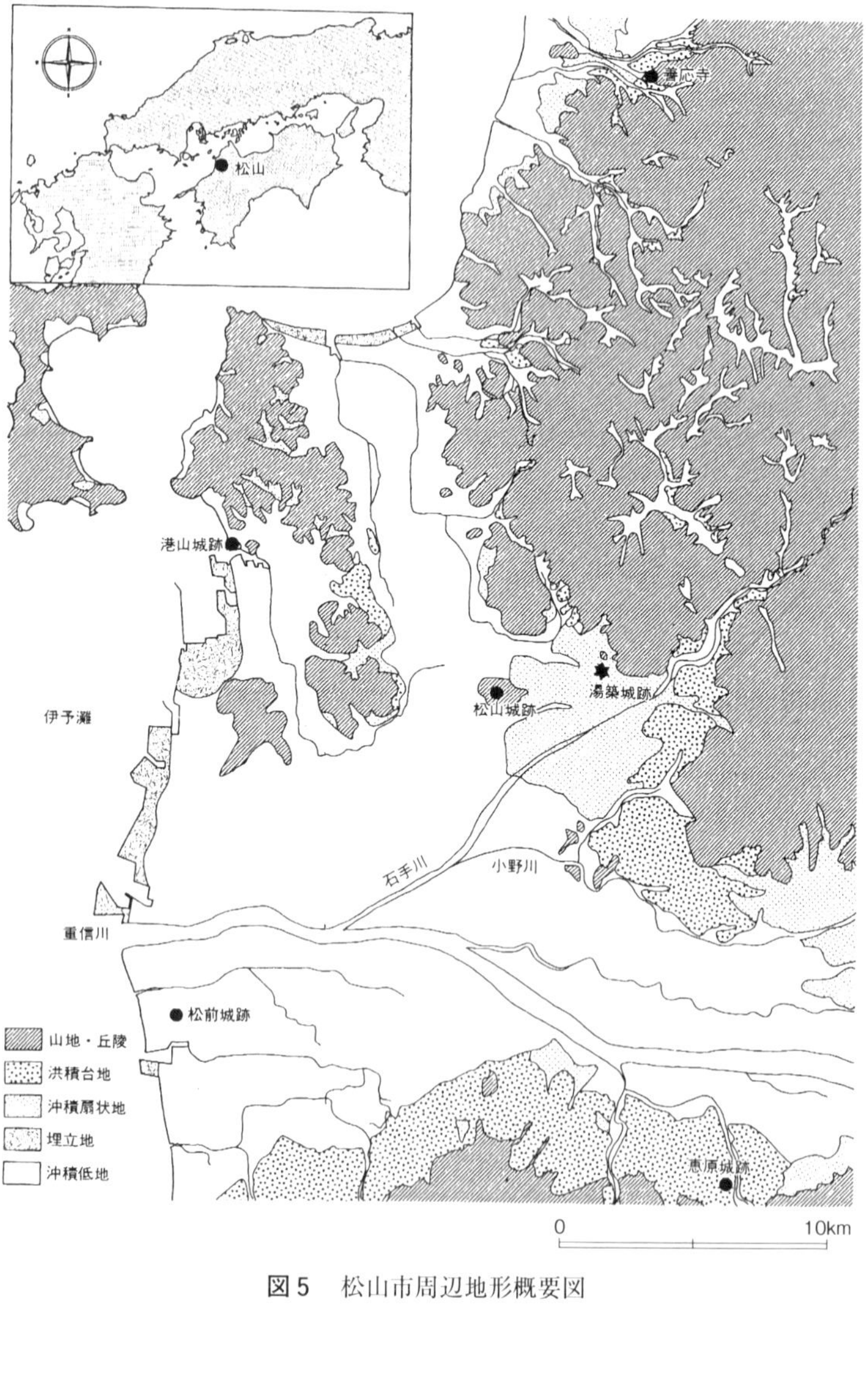

図５　松山市周辺地形概要図

確立は低かったと考えられる。

城の中央にある低位丘陵（標高三六メートル）の地質は南半分が礫岩で、北半分は花崗岩により形成されている。丘陵の南端にみられる内堀を介した礫岩の崖は、自然の創り出した借景として、庭園の専門家からも高い評価を得ている。

図６　道後温泉本館横の玉之石

2　道後周辺地域の歴史的背景

道後の湯

道後といえば国内でも最古といわれる温泉で有名である。『伊予国風土記』逸文によると、伊予国にきた少彦名命《すくなびこなのみこと》が重病に陥った折、温泉に入ったら全快し、傍にあった石の上で舞って喜んだと伝えられている。その石は現在の道後温泉本館横に、「玉之石」として祀られている。

五九五（推古三）年、聖徳太子は高句麗僧恵慈や葛城臣らとともに道後の湯を訪れ、日本最古の金石文といわれる碑文を、伊佐爾波岡に残したと伝えられている。現在までこの碑文は発見されていないが、聖徳太子一行が来湯した背景の一つには、新羅征討計画があったのではないかと推察されている。

①御幸寺山古墳群　②土居窪遺跡　③常信寺山古墳群　④湯之町廃寺　⑤文京遺跡　⑥道後今市遺跡 13 次
⑦道後今市遺跡 10 次　⑧道後町遺跡　⑨道後姫塚遺跡　⑩内代廃寺　⑪持田町 3 丁目遺跡　⑫岩崎遺跡
⑬石手寺裏山古墳群　⑭樽味遺跡　⑮久米官衙遺跡群

図 7　周辺遺跡分布図

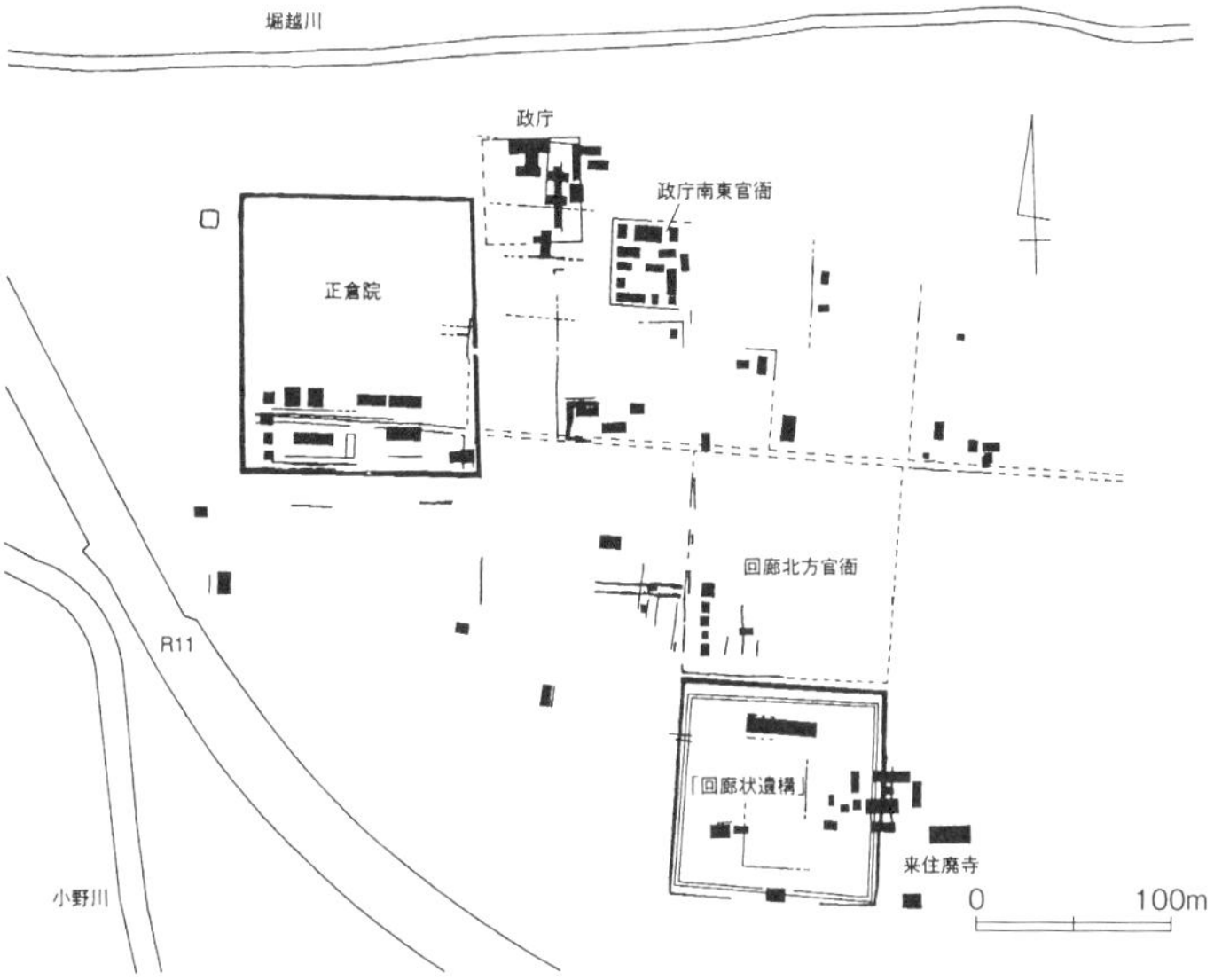

図８　久米官衙遺跡主要施設

その後、六三九（舒明十一）年に舒明天皇、六六一（斉明七）年に斉明天皇が相次いで来湯している。市内来住《きし》町を中心とする久米《くめ》官衙遺跡群では、斉明天皇が行幸の折の宿舎とした、石湯行宮との関連が指摘され、回廊状遺構が検出されている。また、東側の隣接地に建てられた来住廃寺からは、回廊状遺構から出土したものと同型の法隆寺式軒丸瓦が出土している。道後には、他に湯ノ町廃寺や湯築城大手付近にあったことが明らかな内代廃寺など、法隆寺式軒丸瓦を出土する遺跡がある。伊予国には法隆寺荘園が松山平野を中心に一四カ所も存在しており、重要な拠点として位置づけられていたと考えられる。

天皇の行幸が数カ月におよぶ背景として山中敏史は、「この地域は、古くから王権とむすびついており、ミヤケの存在も推定できる」としたうえで、「『備中国風土記逸文』にこの征西の途中、中大兄皇子が備中国下道郡邇磨郷付近で多数の兵を集めたことが伝えられている」ことから、「石湯行宮での長期滞在は、単なる休息のためではなく、古くから王領の地であったこの地を基盤として、これからの新羅遠征に備えた兵士の徴発や兵糧の調達を行うことが主目的であった」とみている。このような背景のなかでつくられた来住廃寺は、「初期官寺的機能を果たすべき寺院として設けられた蓋然性が高い」とした。

この考え方に対して白石成二は、まず「石湯行宮」は道後温泉であると断定し、斉明天皇が熟田《にぎた》津《づ》を出発して四カ月後に亡くなっていることから、当時天皇は高齢（六八歳）でかなり体力的に弱っていたのではないかと推測し、宮が来住の回廊状遺構だとすると、温泉から離れ過ぎている（直線距離五キロ）のではないかと考えている。「石湯」と「行宮」を別々にみることは、体力的に弱っている天皇にとって保養・移動ということからみれば不合理なことであり、宮も湯の近くにあったとみており、湯ノ町廃寺もその候補の一つとしている。ただ、行幸の目的については保養だけではなく、軍事的な側面も有していたと考えている。

時代は下って、一五六二（永禄五）年銘の河野通直発給の石手寺制札から、石手寺の僧侶の道後温泉への入浴日が規定されていたことがわかる。道後温泉との関係を具体的に示す資料である。

周辺遺跡

時代はさかのぼり、縄文時代の遺跡としては文京遺跡で県内では事例の乏しい後期の竪穴住居が検出された。周辺遺跡でも後期土器の出土している遺跡が多く、安定した生活領域があったことが推定できる。遺構にはともなっていないが、前期からの土器もみられる。また、道後今市遺跡X次調査区や持田三丁目遺跡

図９　石手寺制札

では晩期の良好な土器が出土しており、今市遺跡では墓の可能性のある土坑が検出された。

弥生時代前期では、持田三丁目遺跡から土坑墓を検出している。自然堤防の主軸にそって二基並列を一単位として群を形成しており、木棺墓や壺棺墓を含む二四基を数える。副葬小壺や磨製石剣、管玉などが出土している。湯築城内でも前期末から中期の包含層が確認されており、道後町遺跡から岩崎遺跡にかけては同時代の密集した前期末の土坑群の存在が確認されたうえに、遺構を取り囲むように環濠が検出されている。湯築周辺から西に二キロ、南北二キロ弱の広がりが確認されている道後城北遺跡群では、文京遺跡を中心とした弥生時代中期から後期にかけての大集落が検出されている。また、その周辺の道後今市・道後樋又・道後公園・祝谷では二二本の平形銅剣が出土しており、松山平野のなかでも中心的集落が営まれていたことがわかる。土居窪遺跡の周辺は低湿地が広がり、鍬・櫂状木器・建築部材など、前期末から中期にかけての木製品が出土している。

文京遺跡や道後今市遺跡、持田三丁目遺跡などでは、古墳時代にかけても引きつづき集落が確認できる。おもに前期後半と後期の竪穴住居や掘立柱建物、土坑などが検出されている。石手寺・御幸寺・常信寺の各裏山では、終末期群集墳がつくられているが調査事例がなく、前面の平野部に点在する後期集落とのかかわりなどについては今後の課題である。

古代では先述した湯ノ町廃寺や内代廃寺などの寺院跡や、岩崎遺跡では七世紀後半から八世紀の区画溝をともなう掘立柱建物が検出されており、官的遺跡の可能性を示唆している。また、緑釉陶器や灰釉陶器も出土していることから古代後期においても、重要な遺構が展開していたと考えられる。

中世の遺跡は、道後地区から文京遺跡まで広範に存在が知られている。時期的には湯築城から離れている文京遺跡では、十二世紀から十三世紀、道後今市遺跡では、十四世紀と十五世紀前後、さらに十六世紀の甕棺墓なども検出されている。また、集落は小規模な掘立柱建物が二棟から三棟で構成され、密集しない散居的な状況で、市内西部の南江戸地区で広範に確認されている、農村集落の様相と大差がないと考えられる。一方、城の周辺にあたる道後町遺跡や道後姫塚遺跡などでは、十五世紀から十六世紀の遺構が検出されている。河野氏家臣の垂水氏に関連する遺跡として、湯築城から南に約一キロの石手川を越えたところに樽味遺跡がある。方形区画溝に囲まれたなかに掘立柱建物が建つ、いわゆる方形館が検出されている。城の西側に隣接する道後町遺跡では、十五世紀から十六世紀前半の時期と考えられる、一町四方の方形区画溝の一部が検出されており、規模や時期からみて、河野氏当主の居館の可能性も指摘されている。これらの遺跡については湯築城や河野氏との関連性が強いので、V章で詳述する。城の東側では発掘調査がほとんど行われていないので、具体的な遺構の状況は把握できていない。

近世はほとんど調査が行われていないが、城内からは、最も古いもので製作年代が十七世紀前半の肥前系陶磁器の出土があり、他に幕末までの江戸時代を通して、陶器や陶磁器が出土している。ただし、遺構にともなっていないので、どうして城内にもち込まれたのかについては判断できないが、江戸期を通して城内の一部は使用されていた可能性が考えられるであろう。搦手を出てすぐ前の道後町遺跡からは、十九世紀の墓域が検出されている。火葬骨を納めた甕が出土しており、周囲は一字一石経に覆われていた。これら以外に近世では目立った成果がない。

3　河野氏の歴史

湯築城の城主河野通直は、その妻の実家の毛利氏や小早川氏の縁りの安芸国竹原に行き、若干二四歳で死去した。その墓は竹原にある長生寺に通直の死後、菩提を弔うために小早川隆景によって建立されたという。通直の死によって伊予の名族河野氏の血脈は絶えた。ここでは、先人の幾多の研究成果を引用、または参考として、河野一族の栄枯盛衰の歴史をたどってみることとする。

河野氏の出自

河野氏の活動がわかる確かな史料は、一一八一（治承五）年の『吾妻鏡』上に確認される「伊予国住人河野四郎越智通清」という記載である。反平家方として挙兵した人物である。このときすでに河野氏は在庁官人の地位を得ていたとされる。ここにみえる「越智」とは、越智郡国司の系譜をひく越智氏であり、河野氏が越智氏との繫がりを強調したかった由縁であるとも考えられる。しかし、河野氏の出自が越智氏であるという見解については確証がなく、大方の研究者は否定的である。ともあれ、川岡勉によると、河野氏は現今治市の蒼社川右岸の河口付近を支配し、勢力を増したとされる。ここは国府推定地説のうち八町説の近くで、近年の

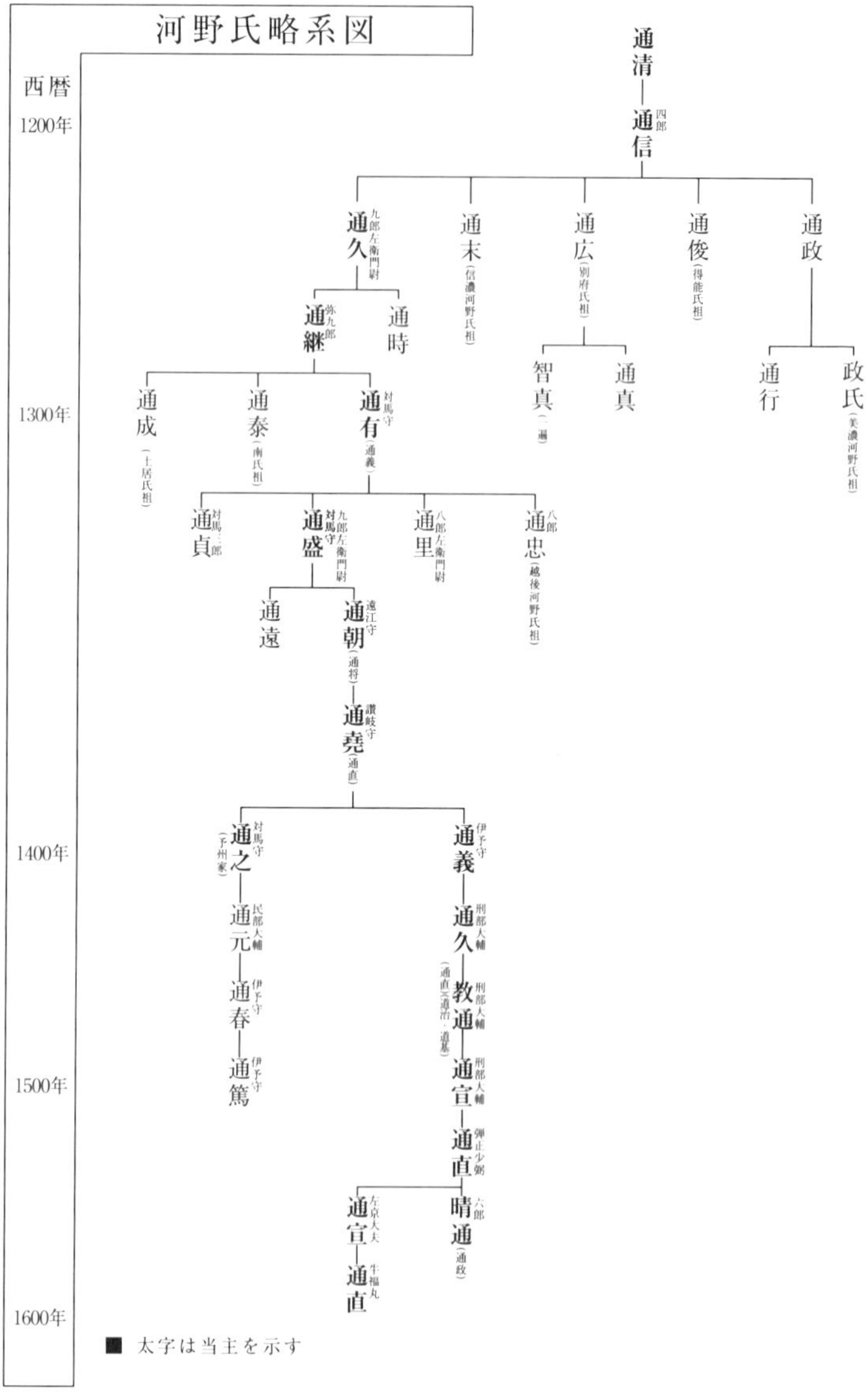

図10　河野氏略系図（石野弥栄作成）

発掘調査による成果から、国府が置かれていた可能性の最も高い地域である。河野氏が支配していたのは、まさしく国府津ではなかったのだろうか。

鎌倉期から南北朝期

この時期の河野氏は、平氏追討によって功をなし鎌倉御家人の地位を得たが、一二二一（承久三）年の承久の乱では、河野通信は上皇方として挙兵したため、所領は没収され没落の運命をたどった。通信は奥州に流され、その地で没した。その後、元寇で活躍した河野通有によって復活した、というのが一般的な理解であろう。

図11 河野通直（弾正少弼）肖像画

鎌倉期の河野氏は、一二〇五（元久二）年の関東下知状によると、伊予国御家人三二人の統率を認められており、その勢力は越智郡から伊予郡にかけての広範囲に及ぶ。当時の伊予国守護は有力御家人の一人、佐々木盛綱であり、伊予国最初の守護であるが、河野氏の力はそれに比肩するものであったとみられる。やがて守護は、関東下野国宇都宮郷（栃木県）を拠点とする宇都宮氏に交替した。

一二一九（承久一）年、将軍源実朝が暗殺され源氏が三代で絶えると、執権北条氏の力が強大になり幕府内部が混乱した。その機に乗じて後鳥羽上皇は倒幕の意志を固め、地方御家人の参加を得て行動を起こす。河野通信は上皇方のよびかけに応じて参戦した。承久の乱（一二二一年）である。乱はほどなく幕府側の勝利で終わり、幕府にそむいた武士らの所領三千余カ所は没収されたといい、河野通信は奥州平泉に流され、この地で没した。通信の孫にあたる一遍上人は、一二八〇(弘安三)年に陸奥国江刺郡稲瀬(岩手県北上市)にある通信の墓に参っている。

通信の子通久は幕府方であったため軍功を認められ、当初阿波国富田荘の地頭職を与えられたが、後に伊予国久米郡石井郷への帰郷を許された。その背景には、没落した河野氏にかわって東国出身の新補地頭が多数入部し、従来の河野氏の従者たちとの間の争いが絶えなかった事情があるとみられる。

その後、所領相続などの問題で惣領と庶子の間でたびたび紛争が起こっていたが、通有が家督を相続した頃、国家存亡の一大事である文永(一二七四年)・弘安(一二八一年)の役が勃発した。とくに弘安の役で活躍した河野通有の武勲(「河野の後築地」)は有名で、『蒙古襲来絵詞』には竹崎季長と対話している通有の姿が描かれている。通有に対する恩賞として、肥前国神崎荘のうち小崎郷など三〇〇町、伊予国内では山崎荘を与えられ、河野氏の権勢は回復した。幕府はその後、通有に西海の海賊追捕の命を出し、海上警護の任に当らせている。

通有の死後、ふたたび家督相続などの問題で嫡庶間の対立が激化し、そこに正中の変や元弘の変が起こり、河野家は完全に分裂することとなる。惣領の通盛は幕府方、庶流の土居通増・得能通綱は倒幕方となり内乱をくり返す。幕府崩壊により通盛は一時的に没落した形となったが、建武政府に叛旗を翻した足利尊氏とともに各地を転戦した後、一三三七(建武四)年伊予に帰国した。伊予国内でも南朝方との戦いはつづき、「忽那一族軍忠次第」では、一三四二(興国三)年に湯築城を忽那氏が攻めたとあり、その頃の湯築城は北朝方の拠点であったと考えられる。今のところ、これが湯築城の初出史料といわれている。これに関しては、建武年間に通盛が風早郡河野郷から本拠を移したと解釈されているが、根拠が乏しいとする批判もあり、川岡は、「実際には河野氏は河野郷土居と府中立花郷の毘沙丸館という二つの支配拠点を核に活動していたとみるべき」としている。

築城当初の湯築城をめぐっては、誰がつくったのか、そして本貫地の河野郷土居跡は、いつ善応寺につくりかえられたのかという問題が残されている。善応寺の問題に関しては、一三六二（貞治二）年、通盛が温泉郡内湯山の地頭職を善応寺に寄進している史料がみられることから、これより少し前に善応寺ができていたということであろう。貞治四年頃には細川氏が湯築城を奪い取っていることから考えれば、河野氏が湯築城を軍事的拠点としたのは、建武年間から貞治元年頃までの間ということになるであろう。

この時代の守護は、岩松頼有から細川頼春に変わり、とくに細川氏は伊予支配を目指して河野氏との間で対立を激化させていた。そうした情勢のなかで通盛の子の通朝は、世田山の合戦で討ち死にし、ほどなく通盛も他界した。河野氏存亡の最大の危機である。後を継いだ通朝の子の通堯（のちに通直）は、一三六五（貞治四）年に湯築城主の細川天竺入道を討ち取った。この後通堯は、細川頼之に攻められ九州へと逃れることになり、南朝方に転じた。さらに、将軍義満の誘いを受けふたたび北朝方に転じ、一三七九（康暦一）年、足利義満は通直を伊予守護職に補任した。この一連の動きについて川岡は、「幕府権力を背景として河野氏が守護支配を展開する体制が確立した」と評価している。結局通直は、守護補任から四カ月後の一三七九（康暦一）年十一月、桑村郡吉岡郷

（現西条市）の佐志久原で細川頼之軍の攻撃を受け自害した。足利義満は子の通義（亀王丸）を支持したが、伊予では細川氏の支配がつづいた。細川氏と和睦した河野氏は府中の支配権についてては掌握したが、以後、東予二郡の実権を放棄することとなる。

室町期

足利義満は一三九二（明徳三）年南北両朝の合一に成功する。以後、幕府権力を背景とした守護領国制が確立していく。しかし、河野氏においては内紛により分裂し、決して安定化した分国経営状態ではなかった。内紛とは、通義―通久―教通とつづく惣領家と、通之―通元―通春とつづく庶子家（予州家）との対立で、通義の死後、弟の通之が一三九四（応永一）年義満から守護職に補任された。その後、通義の子犬正丸は一四〇六（応永十三）年に湯築城で元服し通久と称し、一四〇九（応永十六）年通之から守護職を譲り受けたとされる。その後、通之の子通元が通久に敵対するようになり、幕府が介入する事態に陥っているほど内紛は深刻なものであった。背後には、庶子家を支持する細川氏の影響があったものと推察されている。また幕府も管領が畠山氏のときと細川氏のときでは、まったく逆の対応を取っていたのである。

通久は足利義教から当時混乱していた九州への出兵を命じられ、大内氏とともに豊後国に出兵したが、一四三五（永享七）年戦死した。家督は子の教通（通直）に継がれた。教通は予州家の通春と対立していたが、幕府側は安芸国の吉川氏や小早川氏らに命じて、教通を支援していた。しかし、一四五三（享徳二）年、管領細川勝元は勝手に伊予国守護職を任命する幕府発給文書を書きかえたという。一四五五（享徳五）年段階では、伊予国守護は細川勝元であったが、勝元の支持を受けていた通春が実権を握っていたと考えられている。寛正年間の守護職も細川氏である。一四六五（寛正六）年、河野氏家臣の重見・森山・南・得能・和田氏らは、細川氏と結んで土佐から派遣された細川軍を引き入れたという。このときばかりは敵対していた河野両家が協力し、大内氏の援助を受けて湯築城を攻撃し、まもなく反乱は鎮圧された。この合戦で土佐国守護代新開氏が討ち死にする。

応仁の乱の時には、東軍からは教通、西軍からは通春がそれぞれ守護に任じられた。応仁の乱後も通直（教通）と通春の覇権争いは激化していたが、通春は一四八二（文明十四）年、湊山城で死去した。子の通篤の時代にも対立が引き継がれるが、通直は一五〇〇（明応九）年湯築城で没する。通直の子通宣と通篤の対立は大永年間までつづくが、予州家の勢力は徐々に衰退し、一五二六（大永六）年通篤の死去によって、長年つづいた河野二家の対立は終焉を迎え、以後惣領家の支配が安定化する。

伊予の覇権をめぐっては、河野家分裂を巧みに利用した幕府や細川氏をはじめ大内氏、小早川氏、吉川氏などの介入により、それぞれの思惑が入り乱れ、伊予における守護大名による領国支配の確立が遅れた最大の要因はそこにあったといえるであろう。

河野氏による伊予国支配の実態は、一国全域に及ぶものではなく、分郡守護が置かれていたと考えられている。新居郡と宇摩郡の東予二郡は細川氏、喜多郡と宇和郡の南予二郡は宇都宮氏と西園寺氏である。また、矢野保の南部は摂津氏、その北部から佐田岬半島は宇都宮氏一族の萩森氏の支配領域であった。土佐国との国境に近い伊予最南部は御荘氏の領域であった。そしてこの時期の河野氏の支配領域は、伊予中央部の一〇郡にすぎなかった。この情勢は、結果的に戦国期を通じても継続されていくこととなる。

戦国期

一五一九（永正十六）年に通宣の後を継いだ子の通直（弾正少弼）の時代は、内乱や隣国からの攻撃・侵入が相次ぎ、まさに内憂外患の状態であった。一五二三（大永三）年には府中鷹取城主正岡経貞が、一五三〇（享禄三）年には府中石井山城主重見通種が反乱を起こした。また、一五三九（天文八）年には細川持隆が攻め込んできた。この時期はすでに湯築城の外堀を含めた大規模な普請が行われており、川岡はとくに、伊予侵略をもくろむ大内氏に対して警戒感を強め、湯築城の防御を固めようとした可能性を考えている。事実大内氏は、一五四〇（天文九）年から一五四二（天文十一）年にかけて、中島や大三島、忽那島に来襲し攻撃を加えている。これら一連の侵攻に対して、河野側として活躍したのが来島村上氏をはじめとする水軍力である。

当主通直と村上通康の結びつきは深く、通康を後継にしようとしたが、旧来の家臣は反発し通政（晴通）をたてて湯築城で戦ったという。通直は通康とともに辛くも逃れ、来島城に入った。通直から子の晴通に交代したが晴通は早逝し、予州家から通宣が迎えられた。しかし、まだ幼少であったため実権は通直が握っていた。それは、一五四四年以降の文書がすべて通直の発給であることから判断できる。通直の他に通宣の安堵状や宛行状などの発給文書が認められるようになるのは、一五五〇年以降のことである。

一五五〇年代から六〇年代になると大野氏や黒川氏、さらに和田氏など家臣の抗争が相次いだ。また、豊後国大友氏や土佐国一条氏・長宗我部氏

図12　来島通康肖像画

図13　河野通宣（左京大夫）肖像画

は、たびたび南予方面を襲撃した。一方、来島氏や能島氏は毛利氏に味方し、とくに来島通康は一五五五（弘治一）年の厳島の戦いで目覚ましい活躍をしたとされる。毛利元就は、その後一〇余年を経た伊予への援軍派遣を、「来島恩おくり」と表現していることからしても、来島通康に対して深い恩義を感じていたことが推察される。一五六七（永禄十）年、来島通康は南予の陣中から病のため道後（湯築城）に帰還したが没している。

　通宣は一五六八（永禄十一）年に引退し、家督を牛福丸（のち通直）に譲った。河野氏最後の当主牛福丸は、一族の野間郡高仙山城主の河野（池原）通吉の子といわれている。通吉は河野教通の孫で、妻は弾正少弼通直の女《むすめ》とされているが、西尾和美は、牛福丸の母は宍戸隆家嫡女で、すなわち毛利元就の孫であり、牛福丸は元就のひ孫であるとしている。そして牛福丸が当主になることを契機にした、「小早川氏の伊予への直接的関与の始まり」と評価している。

　天正年間になると土佐国長宗我部氏は一五七四（天正二）年、まず一条氏を豊後に追放し翌年土佐一国を平定する。さらに、四国統一を目指して阿波国・讃岐国そして伊予国へと侵攻する。一五八二（天正十）年阿波国を制圧し、一五八四（天正十二）年には讃岐国を制圧した。同時に南伊予にも侵入し、西園寺氏や御荘氏はよく抵抗したが、同年降伏し南伊予は長宗我部氏によって平定された。一方、東伊予は細川氏との関係においてもともと河野氏の影響力の弱い地域であったが、宇摩・新居二郡の実質的な実力者である金子元宅は、一五八一（天正九）年長宗我部氏と同盟を結び、敵対する毛利軍と激しい戦闘をくり返したが討ち死にした。この段階での戦闘は、河野軍との間で行われているのではなく、天下統一を目指す秀吉の意を受けた小早川軍と長宗我部軍の戦いであった。一五八五（天正十三）年七月、長宗我部元親は阿波の白地城で秀吉に降伏し、土佐一国を安堵された。

伊予では小早川軍の前に中予の諸城が落城し、いよいよ湯築城に迫ってきた。一五八五（天文一三）年、小早川隆景は通直に書状を送り、降伏するよう申し入れた。通直はそれを受け入れ、同年八月湯築城は開城されることになり、ここに河野氏の支配は終焉を迎え、小早川隆景が伊予国領主として三五万石を拝領し入部する。通直は道後に留まることを許されていたが、一五八七（天正十五）年六月に小早川隆景は築前国に転封となり、替わって福島正則が入部してきた。これによって通直は、室の里にあたる安芸国竹原に移住することとなった。そして同年七月、ほどなくして病没し、通直に嗣子がなかったので、ここに河野氏の血脈は断絶した。

4　河野氏と水軍

河野氏の盛衰の歴史をたどるとき、とくに十五世紀以降につねにその行動の背後に存在する、瀬戸内海を舞台として活躍した水軍との関係を忘れることはできない。

「水軍」という用語は、「海賊」と混同されて使用されることが多いのも事実であるが、「水軍」とは、『愛媛県史』古代Ⅱ・中世によると「水軍として最もよく組織が整備されていた村上氏を例に水軍一般を規定してしまうと無理が生ずる」としながらも、「海戦や海上警固に必要な軍船や兵員を保有する海上武装勢力くらいにしておくと間違いが少ない」としている。

瀬戸内水軍として名高いのは能島・因島・来島の村上三家であろう。しかし、その出自などについての史料は乏しく、実体がつかめていないのが現実である。

村上三家のはじまりは、一四一九（応永二十六）年に村上（北畠）師清の三人の子（雅房・吉豊・吉房）を三家に分立させたことによるとされている。一三六五（正平二十）年、細川氏との戦いに敗れた河野通尭は、今岡通任と村上義弘の率いる水軍に助けられたとされるが、確実な史料は残されていない。この村上義弘についても実態は不明瞭であり、義弘の代で途絶えたとされ、これを前期村上氏として村上三家と区別する考えもある。

一四三四（永享六）年、因島村上氏は幕命により遣明船の警護にあたった。時の実力者山名氏に取り入って力をつけていったことがうかがえる。一方、能島・来島村上氏は河野氏との関係において、たがいに独自の立場を保持していたと考えられる。能島村上氏は一四六二（寛正三）年、小早川一族や山路方とともに弓削島を押領しているが、当時の伊予国守護の細川氏と結びついていたと考えられている。これはすなわち反河野氏という立場であろう。片や来島村上氏の居城である来

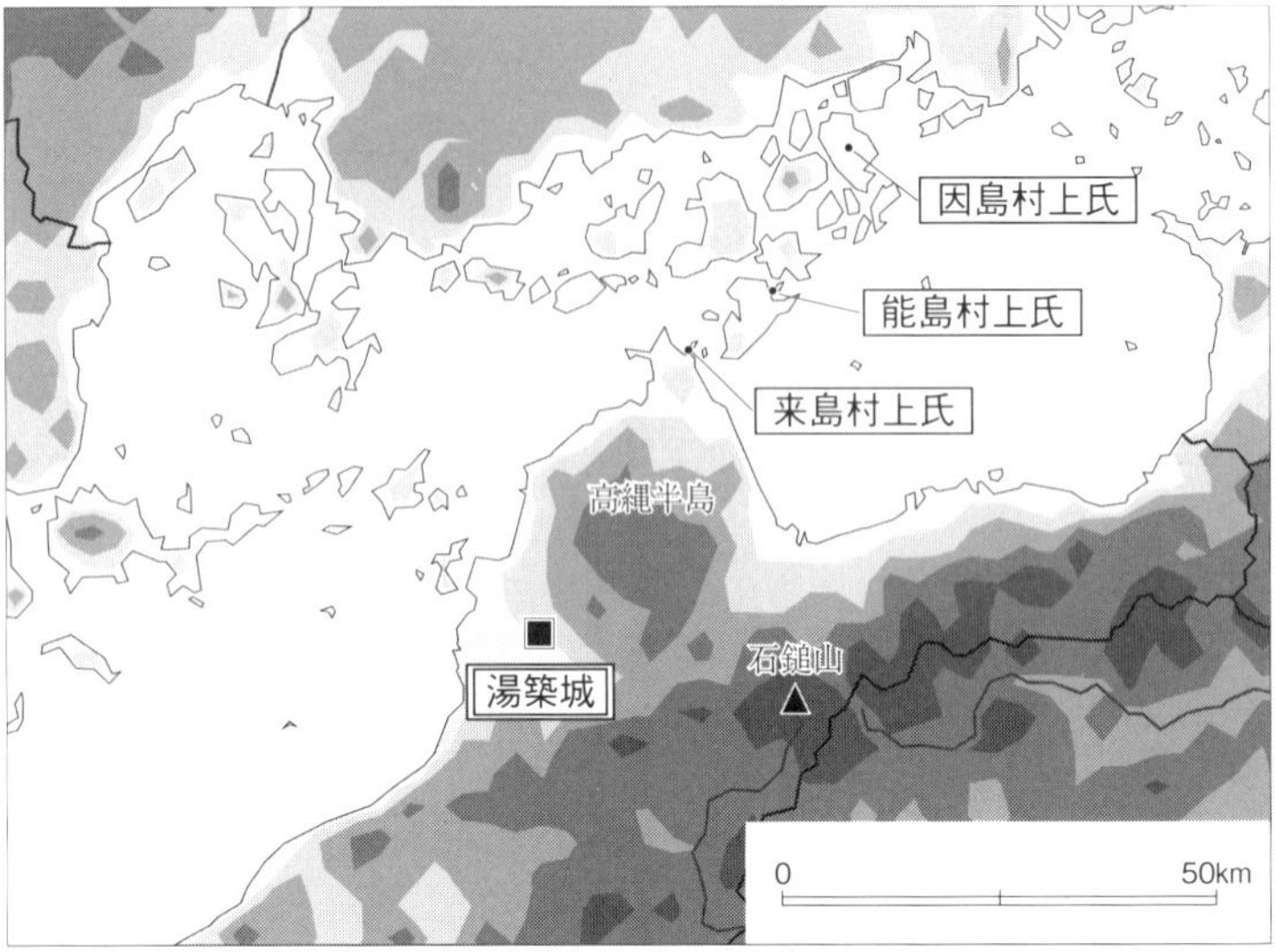

図14　各村上氏の本拠地

島城には、河野教通が在城した記録があり、河野惣領家と結びついていたことがわかる。

応仁の乱での三家は、県史によるとたがいに予州家の傘下にあったとされ、山名氏側の西軍に属していた。また河野通春を応援していた大内氏との結びつきによって、対外貿易などの面に有利であったとされる。とくに足利義尹の上洛に際しては、大内氏の要請に対して、能島村上氏の果たした役割が大きかったと評価されている。一五一九（永正十六）年河野通宣は来島城で病没しており、この段階では少なくとも来島村上氏は惣領家と繋がっていたことになる。

こうしてみると、三家はつねに一貫した権力との結びつきを保持したのではなく、独自の人脈や時代を読む能力によって、立場を自由に変えながら自らの力を蓄積していったことがわかる。そしてその動きは、戦国期にいたりますます顕著に

図15 村上通総肖像画

図16 村上景親肖像画

なっていくのである。

天文年間、来島通康は弾正少弼河野通直の娘婿となり、河野家の家督継承に絡んで旧来の家臣側と対立したことは、すでに述べたとおりである。一方の能島村上氏は、前代に結びつきの強かった大内氏との関係が悪化し、大友氏や尼子氏との関係を強め、尼子氏の要請に応じて一五四一（天文十）年、厳島において大内氏側と戦っている。また、能島義雅の死後に家督をめぐって内紛が起き、武吉が嫡男義益を追って家督を相続した。ただ、武吉は大内方であった。このような情勢のなかで家臣分裂を契機に求心力が低下したとされる通直は、大内氏との講和を選択した。しかし、その後の大内氏滅亡と来島通康の死によって、来島・能島の村上両家と河野家の関係はますます混迷を深めていく。

能島氏と来島氏の関係を悪化させた要因は毛利家に対する対応にあるといえる。一五六九（永禄十二）年、尼子氏との対戦で窮地に立った毛利氏は来島の援軍を受けていたが、能島氏が動かなかったため危うく敗北するところであった。これをきっかけに能島・来島両家は戦う事態となった。何度か和平や攻防をくり返したが、大友氏の仲介で一五七二（元亀三）年に和睦した。来島氏の河野家への反抗は永禄年間から始まり、一五八二（天正十）年の来島通昌の離反で決定的となった。その背景には織田信長の村上三家切り崩しが大きく影響している。すなわち、毛利対織田の図式のなかで翻弄された姿であった。

結果的には来島通昌の離反にとどまったが、河野氏自身も、このときすでに支配者としての立場は形ばかりで、芸州の思惑のなかで翻弄されていたといえる。信長の死後武吉は来島氏を攻め、村上通総は秀吉のもとに逃れた。この一件を発端として武吉は秀吉から疎まれることとなる。秀吉は通総の伊予帰国を毛利氏に命じ、しぶしぶ従わざるを得なかった。伊予帰国により来島氏は風早・野間の二郡を与えられた。

秀吉の天下統一により能島家は伊予国内の所領をすべて没収され、安芸国竹原へ移った。因島家も因島から備後国鞆へ移った。関ヶ原の合戦において能島・因島村上氏は西軍方、来島村上氏は東軍方に寝返ったことで戦後豊後国森へ転封となり、久留島と名乗った。能島氏は屋代島に移り、因島氏も長州へ移った。

ここに中世の瀬戸内海において、つねに権力者から独立した立場を維持し、縦横無尽に活躍した村上水軍三家は、天下統一の動きのなかで権力の構図に組み込まれたことによって、解体・離散の運命をたどってしまったのである。

Ⅲ　湯築城跡の調査結果

1　城の構造

城の全体形状

湯築城は南北二一〇メートル、東西約一〇〇メートル、標高三六メートルの独立低丘陵を二重の堀（内堀・外堀）と二重の土塁（内堀土塁・外堀土塁）によって取り囲んだ形状で、中央丘陵部と平地部が合体した平山城の形態をとる。規模は外堀を含めて最大で南北三五〇メートル、東西二九五メートルを測る。平面形は丸とも四角ともいわれているが、『伊予史談』二一号に所載されている江戸時代作図の「湯築古城之図」（以下「古城之図」と略す）では、外堀の形状は亀甲型に描かれている。形状の特徴の一つは北東部の隅欠きで、おそらく鬼門除けのために鉤型に折り曲げたものと考えられる。

城の内外をつなぐ門の位置は、「古城之図」によれば東に追手門、西に搦手門、北に北門、南に南門、北東鉤部に切抜門が描かれている。城の正面に当たる大手は東側になり、現在の電車通り側が裏門となっているが、どちらも今でも出入口として利用されている。北門は子規記念博物館があ

図17　湯築城縄張図（池田誠作図）

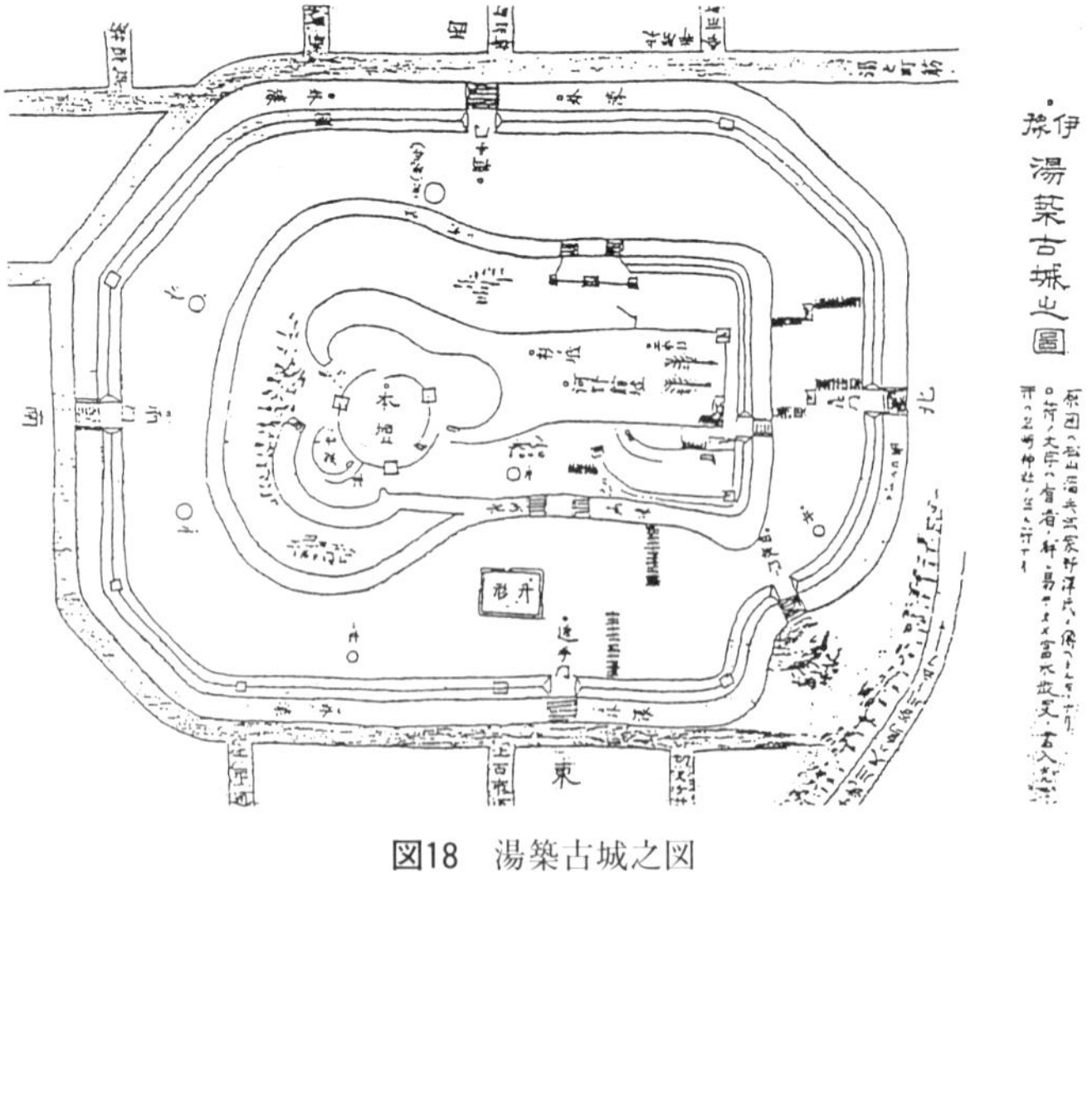

図18　湯築古城之図

るため確認できなかったが、この場所は古くから公衆浴場施設などがあり、事前調査の段階でも攪乱がいちじるしかった。また、切抜門と南門に関しては該当すると思われる箇所の試掘を実施したが、それらしい遺構の確認にはいたっていない。

基本土層と遺構の段階設定　外堀と内堀の間の空間に堆積している土は、肉眼観察による色調や含まれている岩石の種類・粒の大きさ・土のしまり具合・混入物などの差によって分層される。いかなる時代の遺構・遺物もまったく検出されない礫の堆積層を基盤（最下層）として、その上に自然堆積層が四層、その間に人工的に施された整地層が二〜三面認められる。また、基盤層の上に弥生時代（前期末〜中期）の遺構・遺物を検出する包含層が部分的に確認されている。

　城が機能した時代として該当するのはⅣ層以上である。Ⅳ層の堆積幅は五〇〜六〇センチあり、十世紀〜十二世紀（Ⅳａ）の平安時代末から鎌倉時代初頭と、十四世紀頃（Ⅳｂ）の鎌倉時代末から室町時代の大きく二つの時期に分けられ、とくにⅣｂ層は築城当初の年代（建武年間）に相当する。

　Ⅳ層の直上は整地層に覆われるが、この整地層のなかにみられる遺構の年代は、おおむね十六世紀前半の外堀掘削段階と推定できる。整地層の上

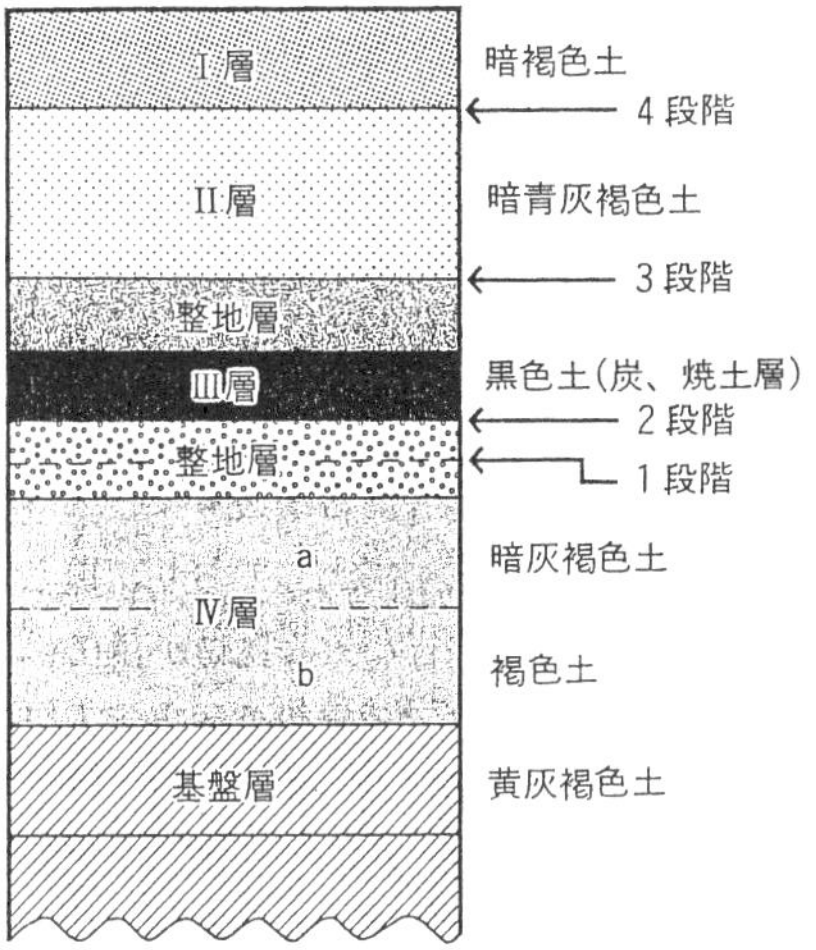

図19　基本土層

には炭と焼け土の混ざった厚さ五・〇程度《センチ》のⅢ層が堆積している。この層は火災によって形成された層で、建物エリアや道路面など広範囲に認められることから、城内で戦いが行われたことによって建物などが焼け落ちて形成されたものと考えられる。

Ⅲ層の上面はふたたび整地層に覆われているが、Ⅳ層直上の整地が全面に均質にていねいに施されているのにくらべて、急いで火事場の後かたづけをした感が強く、雑な整地の印象を受ける。事実、Ⅲ層の上下では遺構配置の規格性や建物寸法の統一という点において、規範が大きく崩れているとみることができる。このことは、Ⅲ層形成以前の確たる計画のもとに行われた城普請が、Ⅲ層形成以後には引き継がれていないことを表しており、Ⅲ層形成の要因が当主の権限存続に大きな変更をもたらすほどのものであったと考えられる。

文献と照合の結果、一五四一（天文十）年頃とみられる親子間による戦いの可能性が強いと判断した。ただし、柴田圭子は最近の研究で、さらに一〇年後に湯築で起こった戦いの可能性を指摘している。このⅢ層形成要因については、遺構・遺物の年代基準の最も重要なカギとなるため、Ⅴ章で詳述する。

Ⅲ層上面の整地層から上にはⅡ層が堆積し、Ⅱ層最上面が湯築城の最後の遺構面となるが、この面は広範囲に焼け土が認められることから、城の最後は建物も焼かれていたのであろう。そして廃城後、使われなくなった城内にⅠ層が堆積していった。

このように城内に堆積している厚さ一・〇《メートル》ほどの土層のなかには、湯築城が機能していた時期のものとして、大きく分けて四つの段階の遺構面が

図20　外堀屈折箇所（北東部）

検出された。最も古い一段階のものは、Ⅳ層の直上に施された整地層の上に築かれた礎石建物や土塀等の遺構で、文献研究の成果としておおむね一五三五（天文十五）年頃と推定される。次にⅢ層で焼け落ちた建物が建っていた面を二段階とした。一五四一（天文二十一）年頃である。三段階はⅢ層の上に施された整地層上に建てられた建物跡や柵などの遺構であるが、部分的な整地が幾重にも重なっている箇所もあり広範囲な改変ではなく、小規模で部分的な改変が行われていたようである。

　ここで注意しておかなければならないことは、この段階設定はあくまで、外堀が掘られて二重の堀と土塁に囲まれた形状となってから、廃城までの間のわずか五〇年足らずの時間だということである。湯築城の初現が一三〇〇年代の建武年間であることからすれば、外堀が掘られるまでの約二〇〇年間の、丘陵を取り巻く低地平坦部の利用形態などについては、ほとんど明らかになっていないのである。ただ、内堀土塁の構築技法を見るためにトレンチ掘削を行った際、偶然にも土塁基底面から火葬施設と掘立柱建物の柱跡が検出された。出土土器から十四世紀前半と考えられ、ちょうど湯築城初現期と合致した。トレンチ調査であるため建物の規模などは不明であるが、丘陵部の際まで利用されていたことが想定できるのである。

　次に、堀や土塁など全体形状の基本を成している大規模構造物について個別に解説していくが、

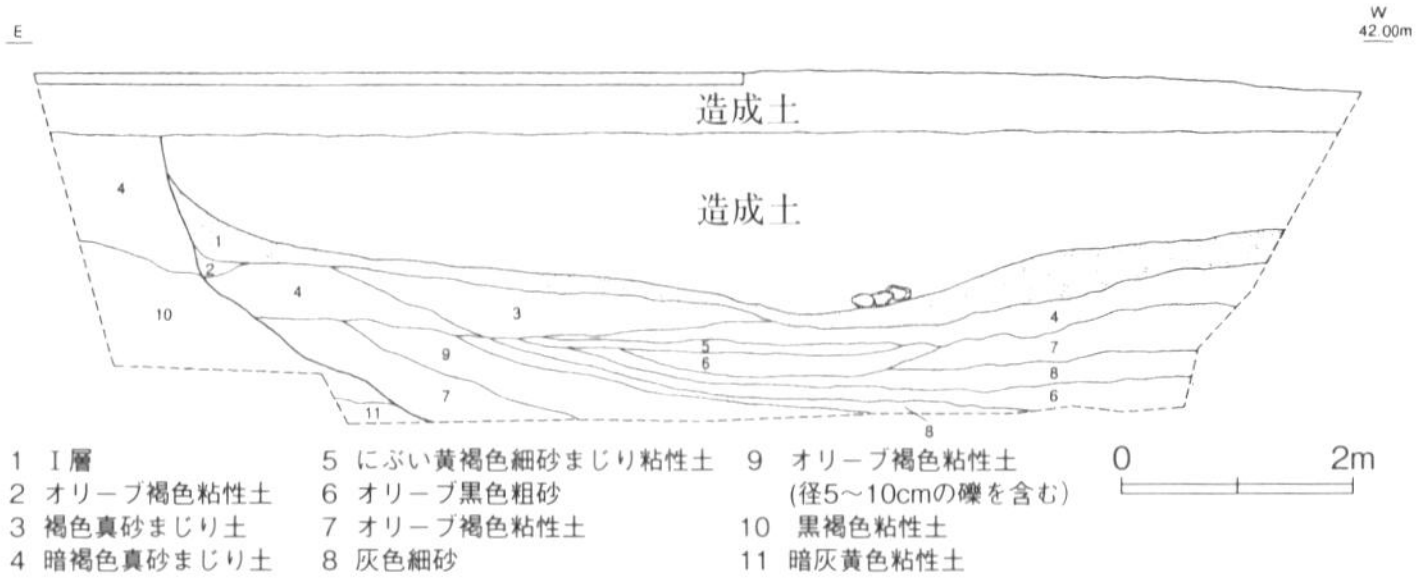

図21　試掘で確認された内堀土層

説明の便宜上、旧動物園区を西側居住区、丘陵の真南にあたる中央区、東側居住区の三区に分けることとする。

堀と土塁

現状の外堀は、子規記念博物館敷地を除いてほぼ全周する形で残存している。堀幅は北東鉤部が最も広く一七・五《メートル》を測る。逆に最も狭いのは南側で一〇《メートル》しかないが、これはおそらく堀外の道路建設の際に埋められて狭くなったためと考えられる。

内堀は丘陵部を取り囲むように掘られているが東側には現存していない。試掘調査の結果、岩崎神社昇降階段の取り付き部付近では、推定幅一二・〇《メートル》程度の堀を確認している（図21）。延長については道路下なので試掘ができなかったが、「古城之図」では全周していることから、丘陵東裾にも内堀は存在していたと考えられる。ただし、現存する南裾内堀の北端は地山の岩盤が露出していることから、堀は同じ深さでは連続していなかったとみられる。一方、西側中央部の島をもつ内堀については、「古城之図」には描かれていないことから、近代の公園化にともなって造形されたものと考えられる。

堀幅は最も広いところで一五・〇《メートル》、狭いところで六・〇《メートル》を測る。南西コーナー部のやや東側の内堀は丘陵側と土塁側から張り出しがあり狭く

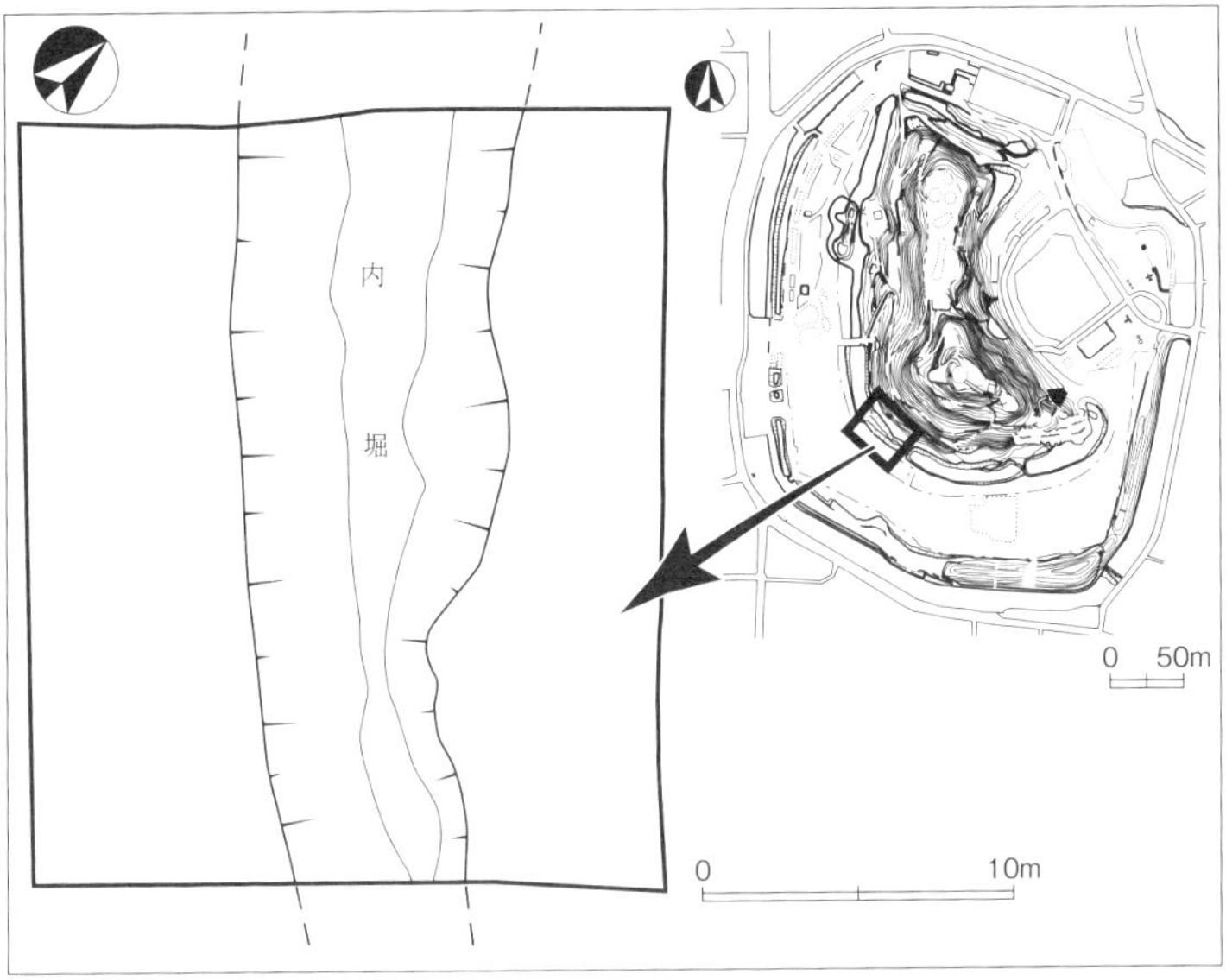

図22 内堀平面図

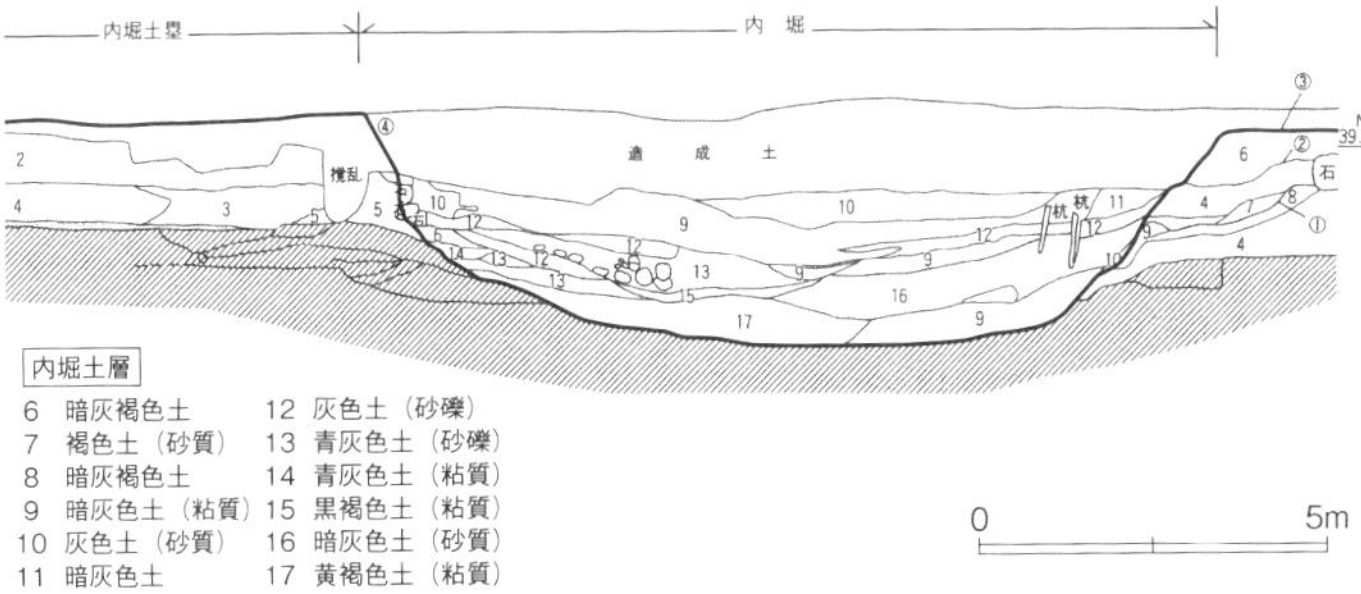

図23 内堀土層図

なっている。おそらくこの場所には橋がかかり、居住区から丘陵頂部への道がつくられていたものと推定できる。

堀の断面形状は立ち割り調査の結果、内・外堀とも逆台形状の箱型を呈している。

土塁は内・外ともに堀を掘った土を掻きあげて、一定の厚みで叩き締めていくいわゆる版築工法でつくられているの

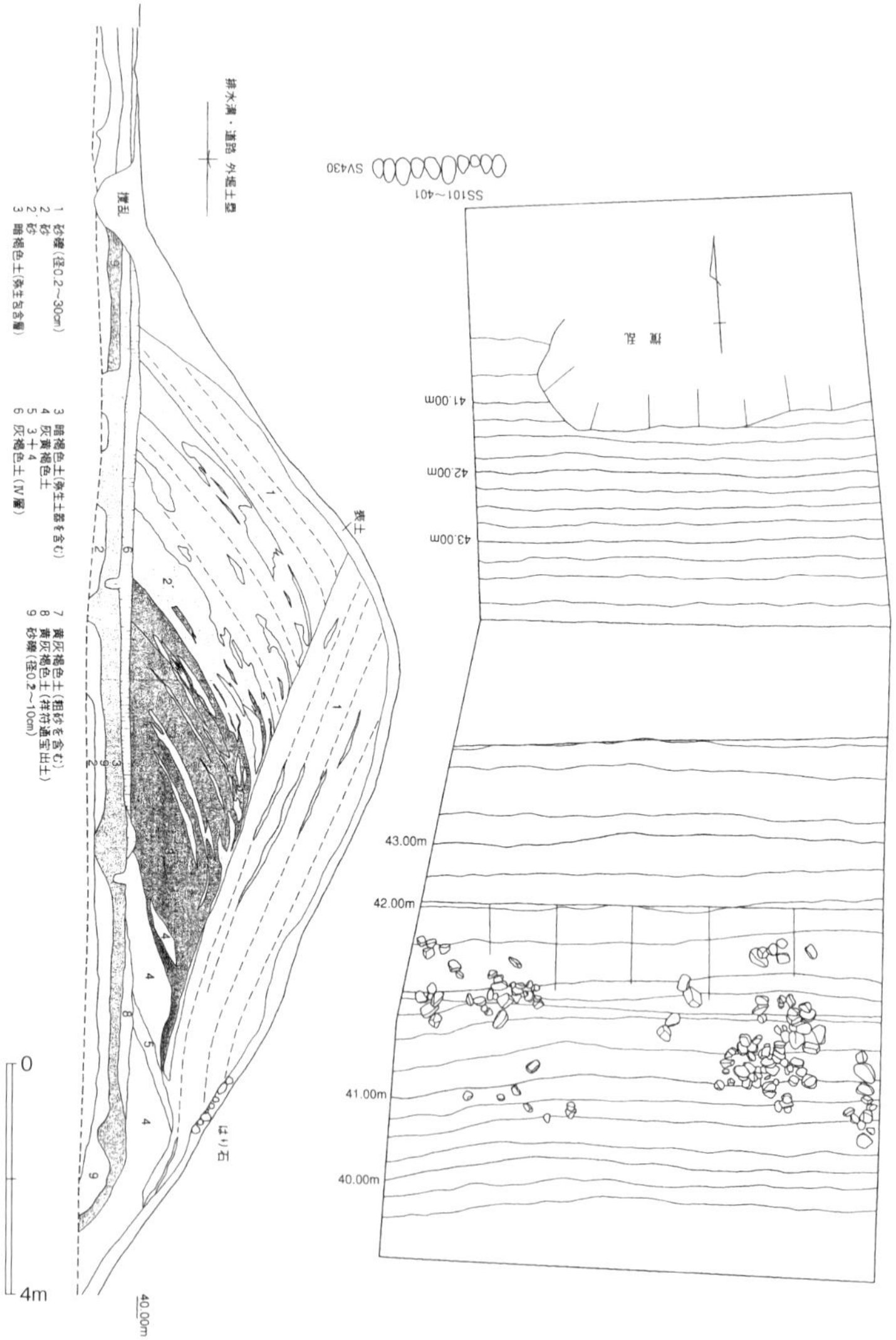

図24　外堀土塁土層図と平面図

で、堀と土塁は一体のものとしてとらえられる。外堀土塁は南部から東部の遺存状況が良好で、基底幅二〇メートル、高さ四・〇メートルを測り、土塁最頂部は約二メートルの平坦な通路となっていて、土塁断面は台形状を呈する。また、外堀側の斜面の一部には、幅一・〇メートル程度の狭い犬走り状の鞍部が認められる。他の箇所の土塁に関しては、削平の度合いが強く基底面から二・〇メートル程度の高さしか残存していない。内堀土塁はまったく現存していなかったが、トレンチ調査によって基底面と、わずかに掻きあげ版築土層が確認できた。規模は西側居住区から中央区にかけては、基底幅七・〇メートル、復元高一・五メートル程度であろう。東側居住区では、基底幅一二〜一三メートルと大きい。この土塁は、段階が新しくなって居住区の土地がかさ上げされるのにともない、実質的な高さを失い、徐々に本来の防御機能は果たせなくなっていった。

内堀土塁と連結している土塁はもう一カ所存在する。東側居住区と中央区の間に幅一三メートルにわたって礫原が認められるが、これは土塁基底面と考えられ、幅からみれば内堀土塁とほぼ同規模であったと推定できる。中央区との境界であると同時に、この土塁の存在によって東側居住区は完全に隔離された、城内でも防御性の強い空間となっている。ただ、最終の四段階では削り取られていたと考えている。

居住区内の内堀土塁の最も大手側では、石組排水溝の北側に土塁基底面が確認された。ここは大手から入ってすぐ左に折れた箇所にあたり、東側居住区の入口部である。この土塁は内堀土塁より基底幅も広く、高さも高かったと推定できる。外堀土塁とこの土塁の間には道路と排水溝が存在するのみであり、土塁端に門がとりつくと考えられ、大手側からの東側居住区に対する視認性をい

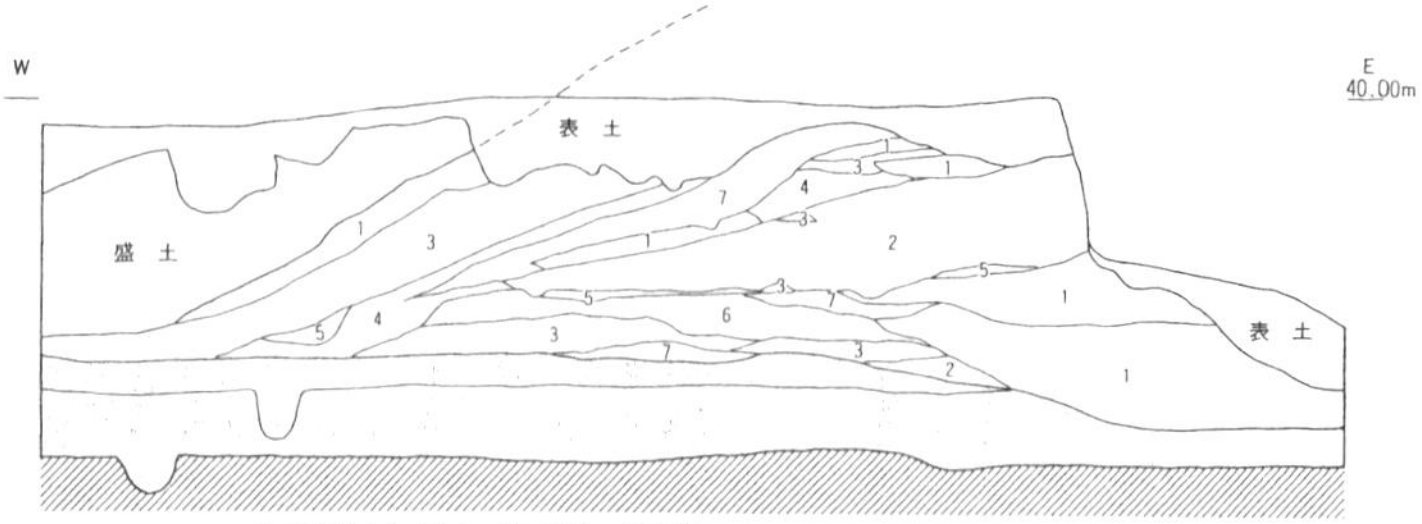

1 暗褐色土(一部カーボン含む)
2 暗黄褐色土
3 黄褐色土
4 黄褐色砂質土
5 細砂
6 細砂(小礫を含む)
7 粗砂

図25　内堀土塁の土層

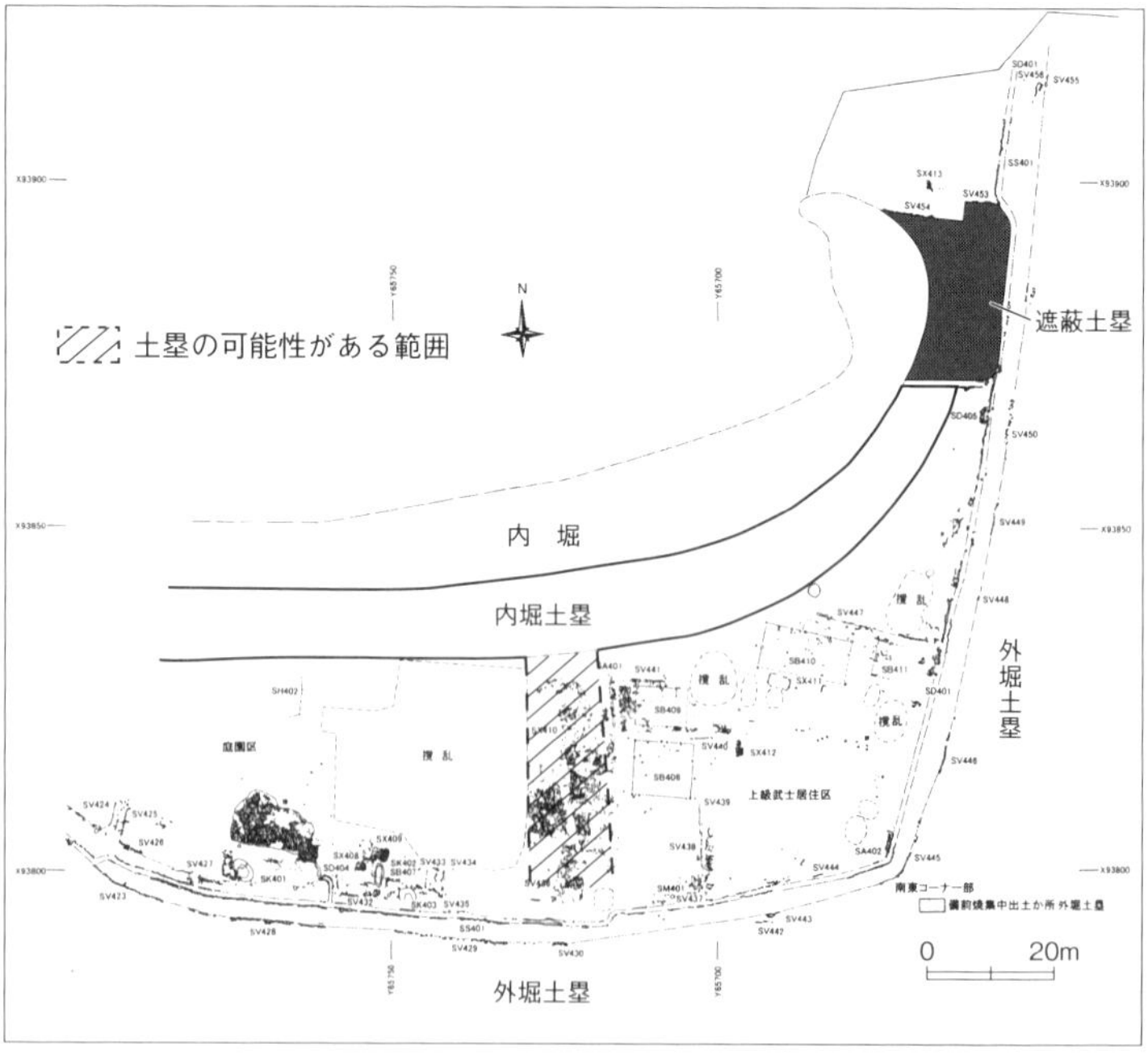

図26　エリアを区画する土塁（推定）

ちじるしく阻害することを目的とした構造となっている。よってこの土塁を特別に「遮蔽土塁」とよんでいる。

道後温泉側にあたる城の北側の土塁については

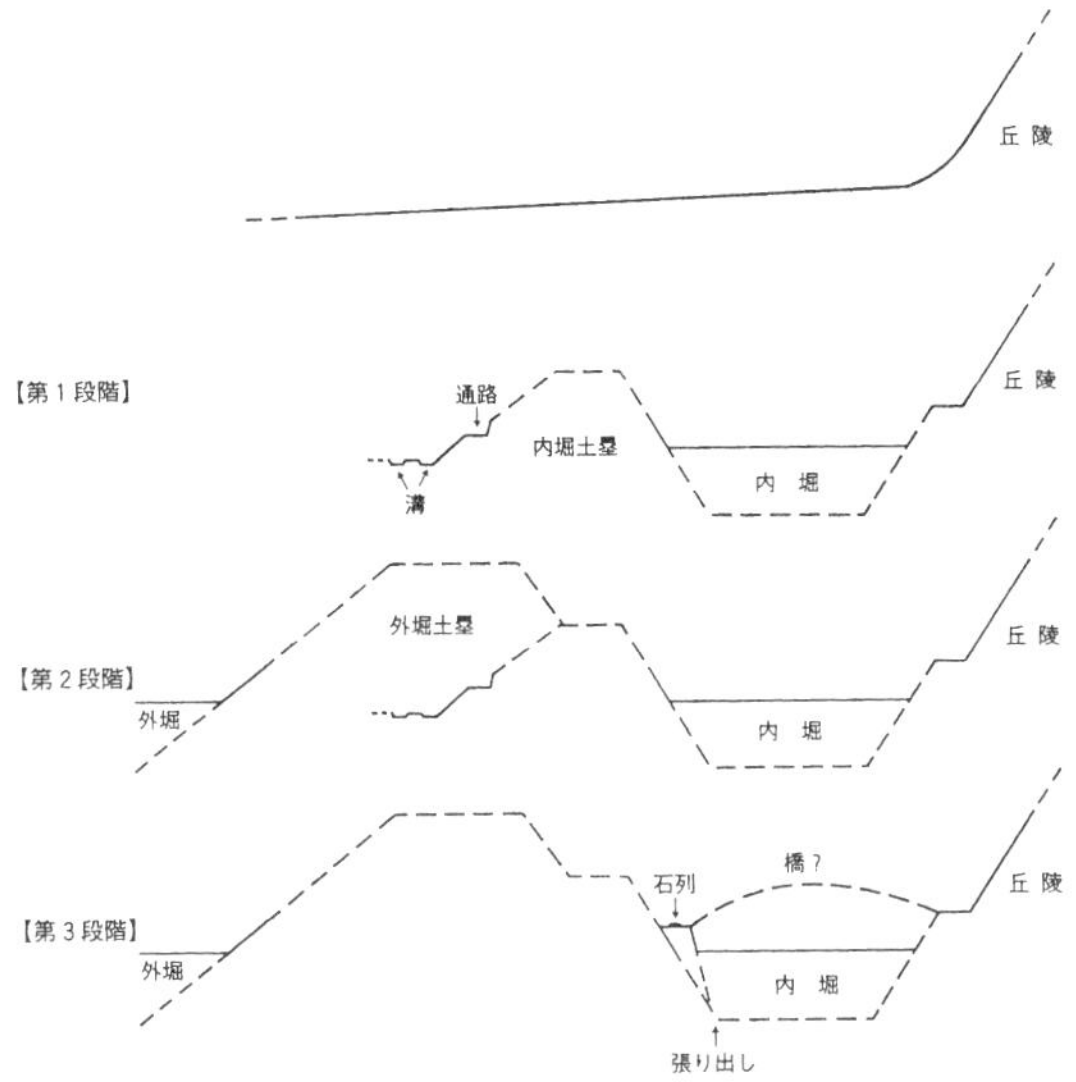

図27　北口遺構の変遷

試掘調査の結果、大きく二つの段階による構造変化が看取できる。第一段階では内堀が掘削され内堀土塁と通路、溝が併設される。第二段階になると内堀土塁の上に外堀土塁が被さり内・外土塁が一体化する。これは内堀と外堀の間隔がきわめて狭いことによるものであるが、内堀が先行して掘られていた事実は重要である。

城内道路と排水溝

外堀土塁の内側には幅二メートル程度の道路がめぐっている。土塁と道路の境界は大きな石を配する（「裾石」とよぶ）ことによって明確である。この石は土塁斜面の土の流失を防ぐ土留めの役割もはたしていると考えられ、裾石は二〜三段積みあげられている。最も高く積み上げられていたのは南東コーナー部で、土塁に切り込んだ形で、ほぼ垂直に積み上げられた約七〇センチの高さの石積みが残存していた。

図28　外堀土塁裾の石積（南東コーナー部）

　さらに、道路の内側には幅四〇《センチ》～五〇《センチ》、深さ四〇《センチ》程度の石積み排水溝がめぐっている。道路も排水溝も段階ごとに嵩上げが行われている。とくに道路では基本土層のⅢ層が認められるので、前後層や段階の把握が容易である。標高は大手側が最も高く南西コーナー部が最も低くなっている。最大二・〇《メートル》の高低差があり、近代の排水溝が外堀に向かって設置されていたことからみて、おそらく当時も外堀土塁の下に暗渠状の排水溝があったと想定できる。

　西側居住区の一段階の排水溝は、居住区側に設置されていたが、二段階になると区画6までは土塁側につくり直され、区画7との境で道路を横断（暗渠と推定）し居住区側になる。以後、四段階では横断部もつぶされて土塁側に直線的につくり直され、中央区との境で道路を横断し居住区側になる（図61）。中央区と東側住区では当初から居住区側に設置されている。東側居住区では内堀土塁の裾部に一段階の排水溝が検出され、二段階までは溝が存在していた（図62）。

　内堀のオーバーフロー用の排水溝も検出された。位置は内堀南西コーナー部のやや東側で、当初は外堀土塁に向かって直線的に延び、道路と併設された排水溝に合流させる。二段階では道路の手前一・〇《メートル》の箇所で流れを東に変え、ＳＤ２０７と合流するが、三段階以降は埋め戻されて使用されていない。

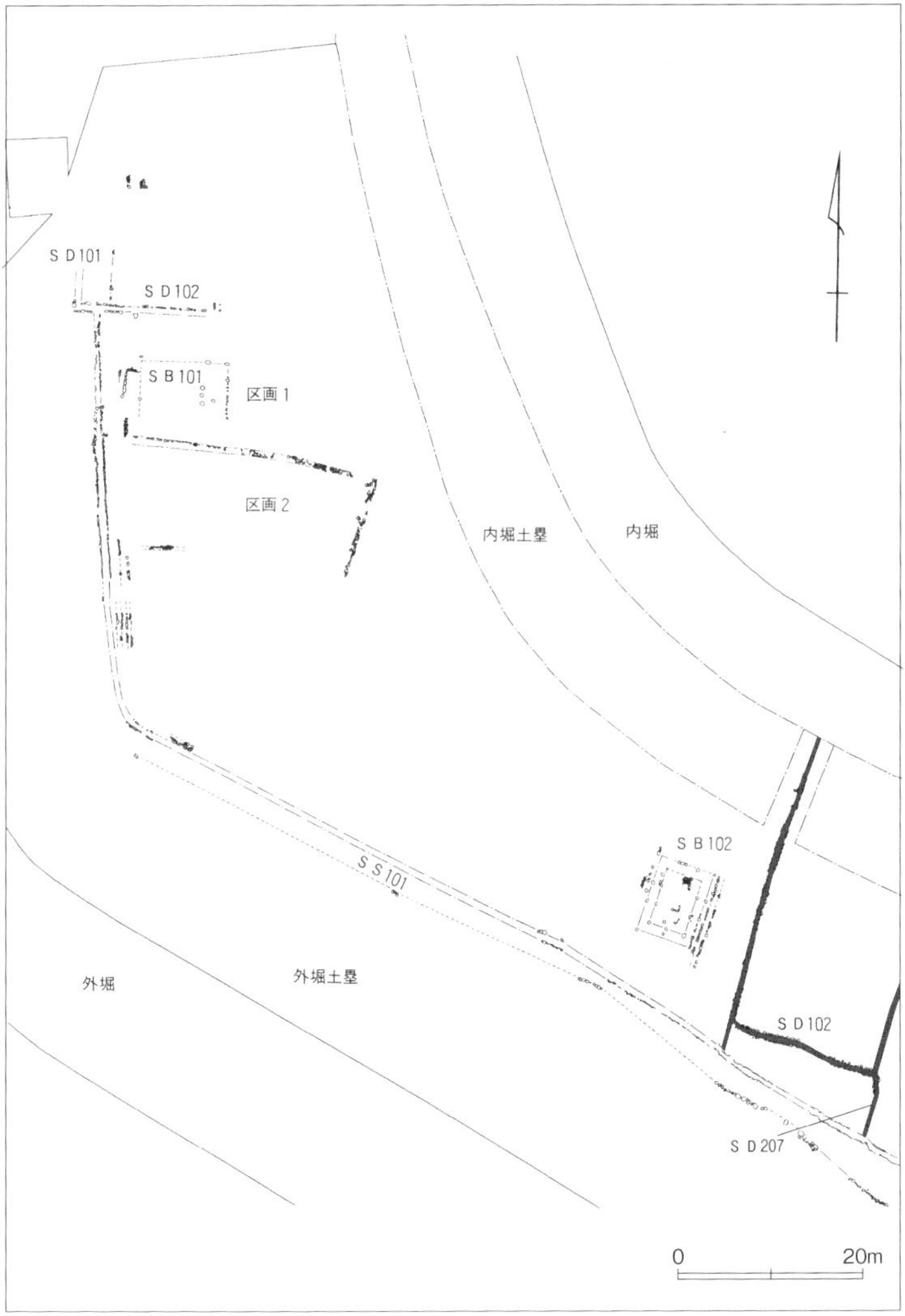

図29　内堀からの排水溝

礎石建物

広範囲に発掘された旧動物園区からは、建物跡として礎石建物と掘立柱建物が検出された。段階ごとに礎石建物跡が検出されているが、外堀を築いて内堀との間に居住空間を創出した一五三五年以降から、廃城までの約五〇年間に様相の変化がみられるので、段階ごとに解説する。ただし、東側居住区と中央区は、四段階の面から下は部分的な調査しか実施していないので、廃城直前の様相が中心となる。

西側居住区の一段階については、面的調査範囲の制約から部分的な状況しか把握できていない。礎石建物は二棟検出され、中央区に近いSB102は東西六メートル、南北八メートルの規模で、柱間は二メートル（六尺六寸）となっているが、一メートル（半間）内側にも柱間二メートルの礎石が配置されていることから、四周に縁をもつ建物と考えられる。建物の東側五〇センチには二列の石列があり、おそらく雨落ち溝であろう。

二段階は区画2と区画6で礎石の遺存状態が良好な建物が検出された。区画2の建物（SB203）は外周部の礎石が完全に残っており、柱間が四間×五間の大きさで、内部は三間×三間の部屋割りをもっている。また火災による焼失家屋のため一部の礎石の表面には焼けた柱の痕跡が明確に残っており、一四センチと一二・五センチの角柱が使用されていたことが判明した。柱の間隔は一・九七メートル（六尺五寸）に統一されていることも明らかとなった。建物の北側には半間の張り出しをもっている時期もあった。区画6の建物は南北六間、東西二間の建物で柱間は南北列が一・九七メートル、東西列は三・〇三メートル（一〇尺）であった。建物中央部の南北方向に五個の礎石と二カ所の礎石抜き取り痕を検出し、棟通りとみられる。他の区画でも建物の一部が部分的に残存していたが、柱間は一・

九七《メートル》を基本としている傾向がうかがえた。

三段階の建物跡は検出されていない。

四段階では区画3の建物（ＳＢ４０４）が全容を見せており、柱間は二・〇《メートル》（六尺六寸）が基本となっている。この建物からは大量の平瓦が出土しており、瓦葺建物であったことがわかった。

区画1で検出した礎石から計測した柱間は、一・九七《メートル》と二・〇《メートル》、またそれ以外の寸法もあり統一がとれていない。

東側居住区では、二段階の礎石建物を一棟検出

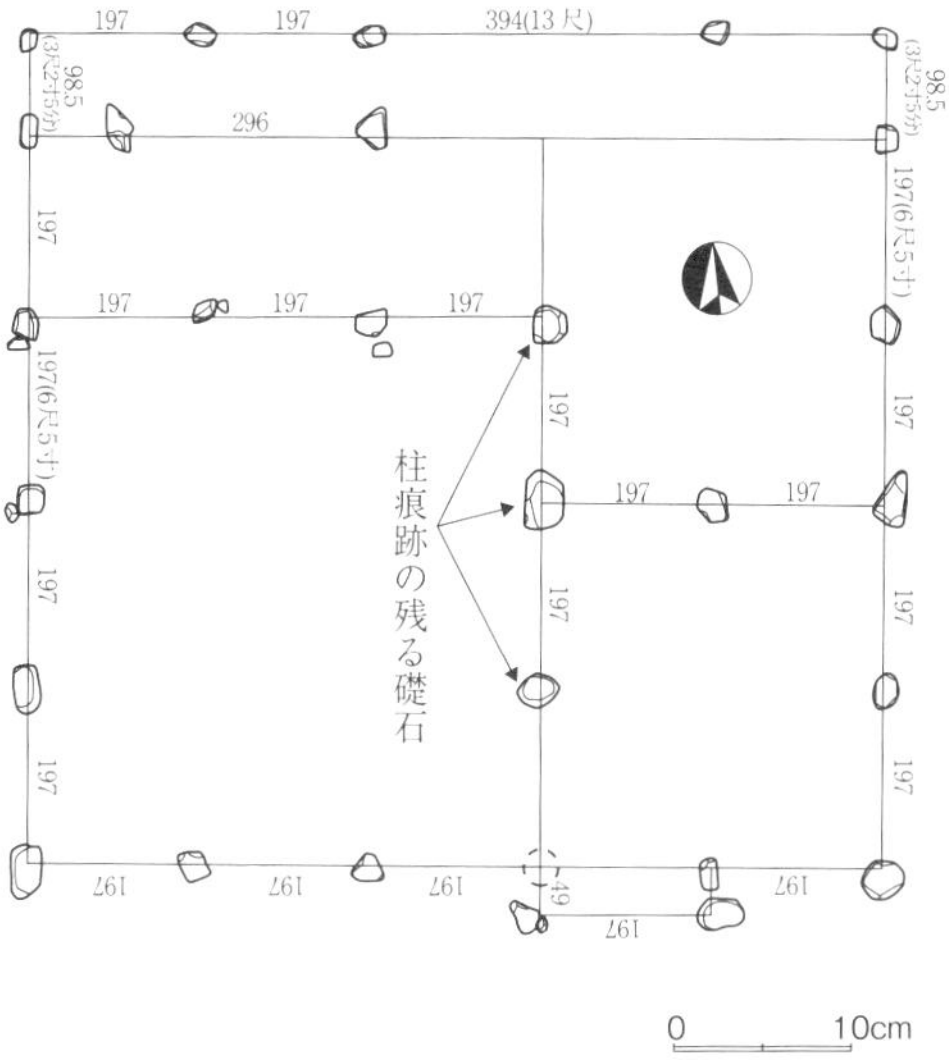

図30　礎石建物 SB203全体図（上）と礎石に残る柱痕跡（下）

した。この建物は柱間が一・九七メートルを基本としており、西側居住区の建物と共通する。四段階のものとして四棟の礎石建物が検出されている。ＳＢ４１０・４１１は柱間一・九七メートルを基準としているが、他の二棟は柱間に統一性がない。

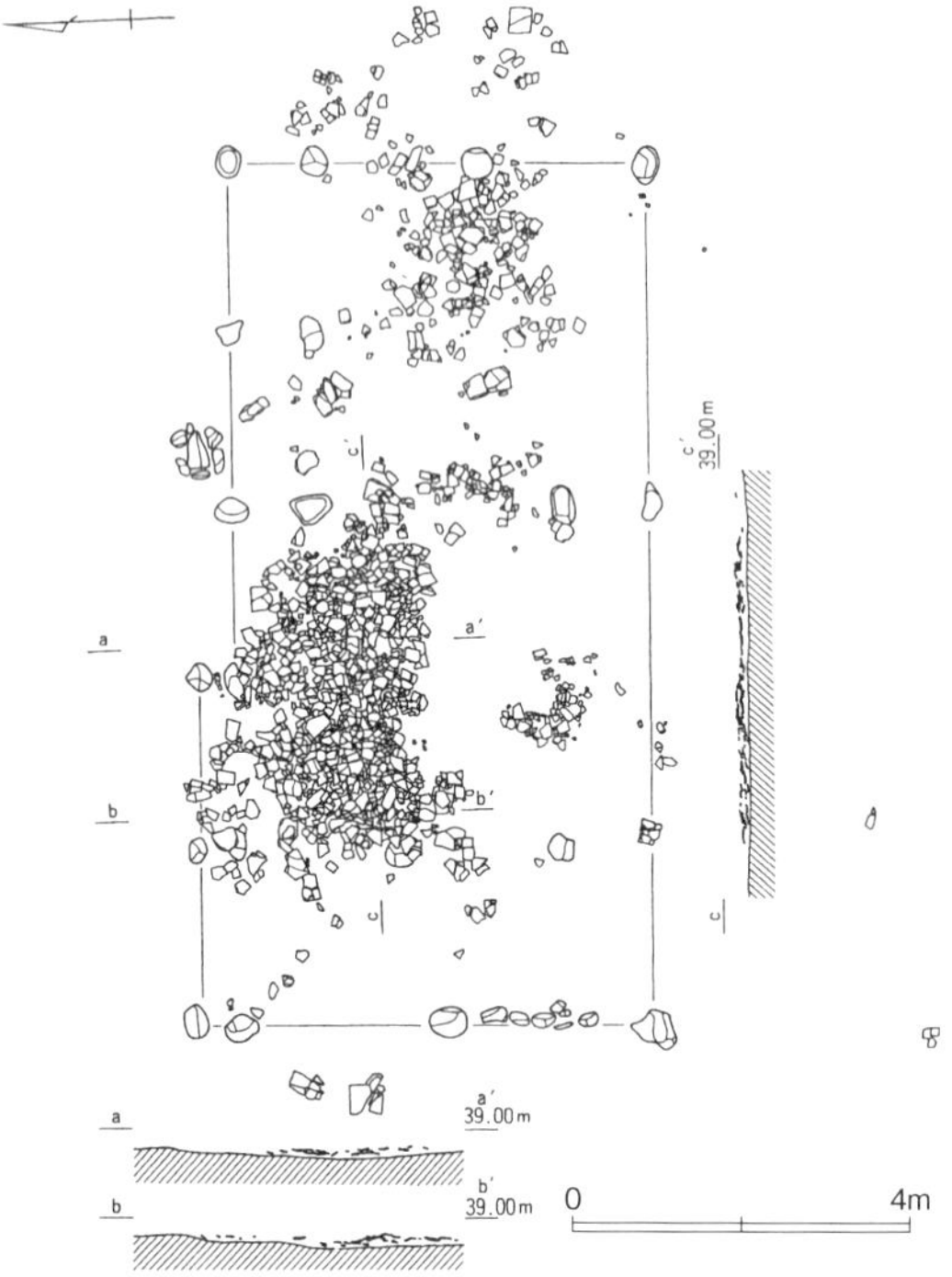

図31　礎石建物 SB404瓦出土状況

以上、礎石建物について概観したが、一・二段階の建物では柱間が一・九七メートルを基準としていること、逆に二段階以降の建物は柱間に規則性がないことが明らかとなった。ただ、東側居住区の四段階建物で一・九七メートルを基準としているものは、一・二段階で建てられたものがそのまま四段階まで使われた可能性と、建物のもつ機能（何をするための建物か）により構造が規格的である可能性が考えられるが、個々の建物機能については西側居住区のＳＢ２０３以外は不明である。

土塀

道路と一体化した排水溝の内側にめぐらせている、城内の平地部を大きく囲む土塀（外周土塀とよぶ）と、隣接する建物の間に設置された敷地の区画を目的とした土塀（区画土塀とよぶ）がつくられている。下部構造

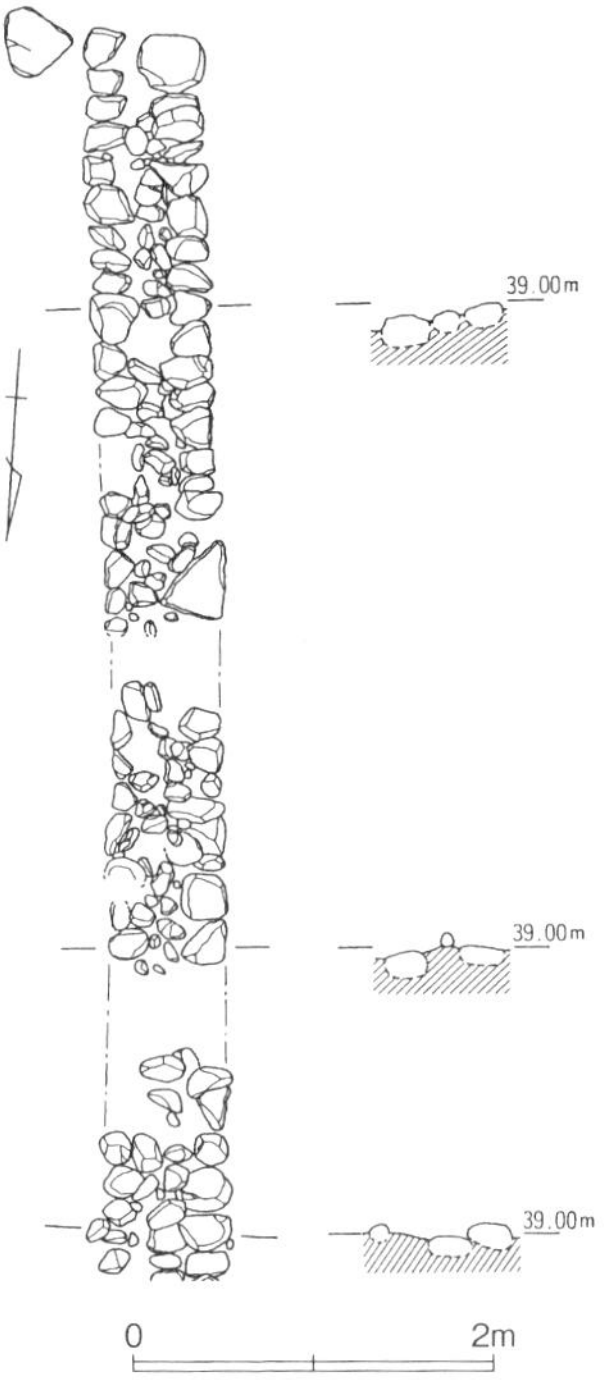

図32　土塀基礎

は、石を幅七〇《センチ》になるように二列に並べその間に礫混じりの土を充填し基礎としているが、外周土塀では排水溝の側石から連続して立ち上がっている箇所もある。これらの石で築いた基礎の上に練り土を積み上げて塀を立ち上げている。

門　跡

「古城之図」から城内には五カ所の門が存在していた可能性が考えられるが、確認できたのは追手門と搦手門である。とくに搦手門については、構造や変遷の過程などが明らかとなった。

追手に関した遺構確認作業のため、現在の東通用口で試掘調査を実施した。その結果、現在の道路面の下からは当時の道路が検出され、この場所が門などの通用口であることは間違いないことが確認できた。また、門の上屋構造に関連すると思われる平らな面を上に向けた三個の石列などが検出された。

搦手側は現在では道後公園の出入口として最も利用者が多いが、当時はここを城の裏側とみていた。

構造は図34のとおりで、外堀土塁がこの場所では途切れて、幅四・〇《メートル》程度の空間をつくりだしている。外堀土塁の裾石は、城内の裾石より一まわり以上大きな石が使われているのが目立っている。門の構造と城外通路には二つの段階

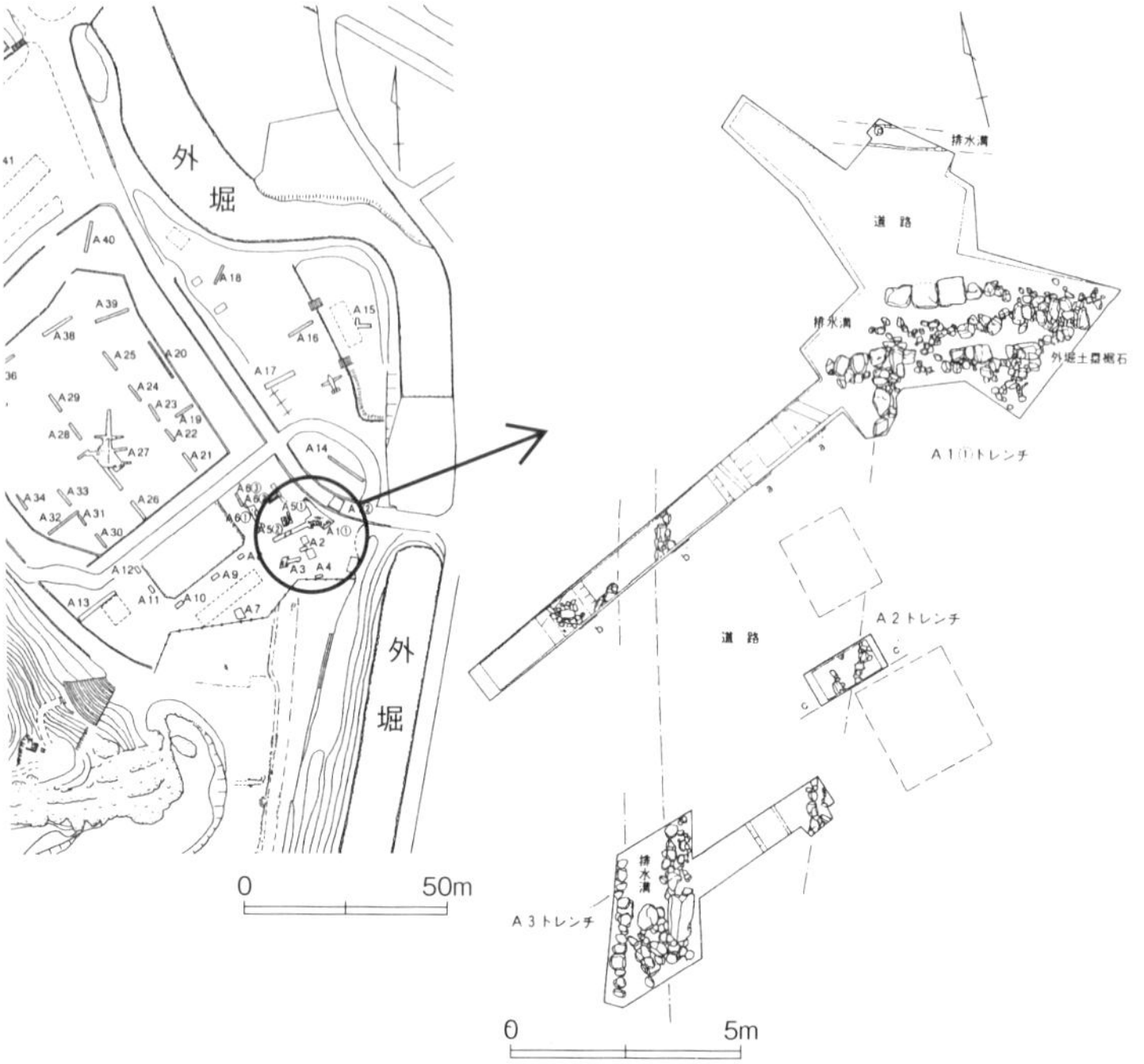

図33　追手側の遺構

（古・新）が存在する。古段階は、城外からくるとまず南北の外堀を連結している幅二・〇㍍の水路上に架けられた木橋を渡る。約四㍍進むと四個の礎石で支えられた門があり、ここから城内となる。門は正面幅三・八㍍、奥行二・五㍍の四本柱で、南側の礎石二個が検出された。城内通路には北側の外堀土塁裾から約一・〇㍍離れたところに幅五〇㌢の石組排水溝が設置され、城内から門を通りまっすぐ外堀に排水されるようになっている。

新段階は、基本的に通路幅の変化はないが、木橋のかかっていた水路は埋め戻され、外堀が南北に完全に分断された状態になっている。外堀土塁裾石は約五㍍にわたって上の石が取り除かれ（基底となる裾石は石の上に整地がかけられた状態で残存

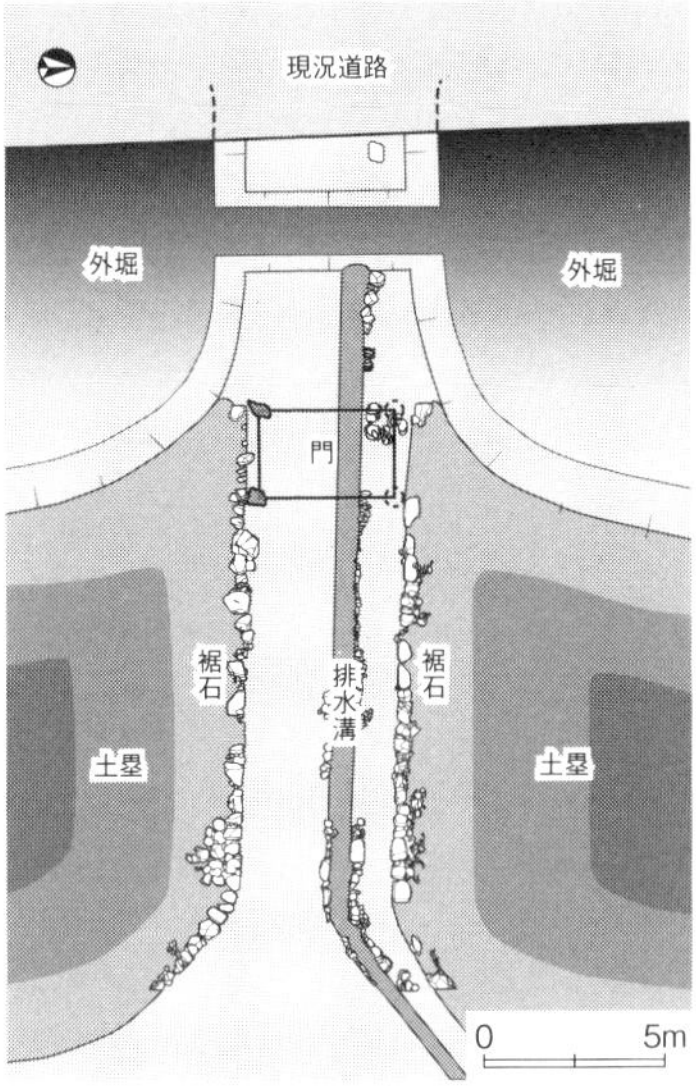

古段階の搦手イメージ図

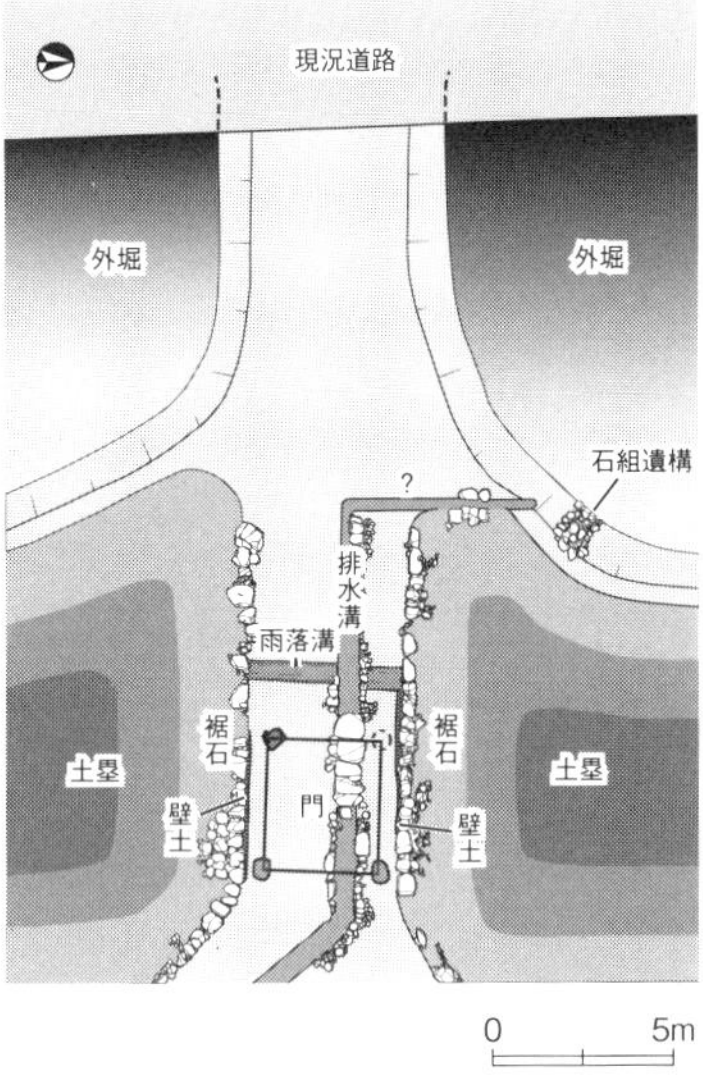

新段階の搦手イメージ図

図34　搦手門の段階変遷

していた)、土塁先端部が少し後退している。城内通路の最奥に門がつくられており、その構造は古段階同様の四本柱の門であるが、正面幅三・二メートル、奥行三・五メートルを測り古段階より大型化している。門の前面に雨落ち溝が検出され、外堀土塁裾石の内側には門構造に深くかかわると考えられる焼けた土壁が残っていた。また古段階から設置されていた排水溝は、流れが城内北側から南側に変化し、外堀土塁先端部で九〇度北に曲り外堀に流れ込む。また門のなかは溝に石蓋がかけられ暗渠となっている。このことから古段階の門とは構造が大きく異なると考えられる。

城内への通用門以外に、土塀等で区画された居住区へ出入りするための門も検出された。区画2のSB203へ行くためには外堀土塁側の道路から入る。区画3との境が約五・〇メートルの幅で土塀が途切れている。その間には二・四メートルの長さの石列

図35　池平面図

があり、これを境に階段状の段差が付いている。また、土塀の際から約八〇センチ道路側に、一辺二五センチの立方体をした石が、平坦面を上にして置かれていたことから、この石は門柱を支える石と判断した。よってこの箇所は区画2への出入口と考えられるのである。

さらに東側居住区でも、SM401には一対の礎石があり、その間には一列の石列がみられる。礎石間が五・

〇三メートルあり、門とするには広すぎるとの指摘もあるが、位置的に礎石建物とは考えにくいことや、他の礎石建物よりも礎石が大きいこと、また、内側にまったく遺構らしきものがないことなどから、門の構造は不明であるが、ここが東側居住区への出入口と考えられる。

池状遺構

丘陵南の平坦部のほぼ中央には、池と考えられる遺構が検出された。規模は東西一四・五メートル、南北八・一メートル、最深部は〇・八五メートルである。池の形状は、東西三・〇五メートル、南北二・五五メートル、深さ〇・二五メートルの多角形をした小さな池に、先述した大きな池が合体した形態で、小さな池の底面には扁平な石が敷き詰められている。また、大きな池の底面にも円礫などが検出されているが、敷き詰めた様子はみられない。池を形作る石は残存状況がよくないが、五〇センチ〜一・〇メートル程度の大きな石が組まれている。使用されている石の種類は花崗岩・砂岩・ホルンフェルスなど、近隣の河川などで採れる石が選ばれている。

池への取水方法は、外堀土塁と並行する道路と一体化してめぐっている石積み排水溝から小溝を分岐し、池へと導入している。排水については、周囲にそれらしき小溝が見られないので不明である。

井　戸

発掘調査によって検出された井戸は一基だけである。「古城之図」には、追手門を入って左手一カ所、中央区一カ所、西側居住区二カ所、切抜門北一カ所、中壇西斜面一カ所の計六カ所に井戸の記号が見られる。そのうち検出された井戸は、中央区のものが位置的に近いとみられる。規模は、直径八八センチの円形で、深さ二・二八メートル（湧水点）の石積み井戸である。上面から一・〇メートル下までと、さらにその下では使用さ

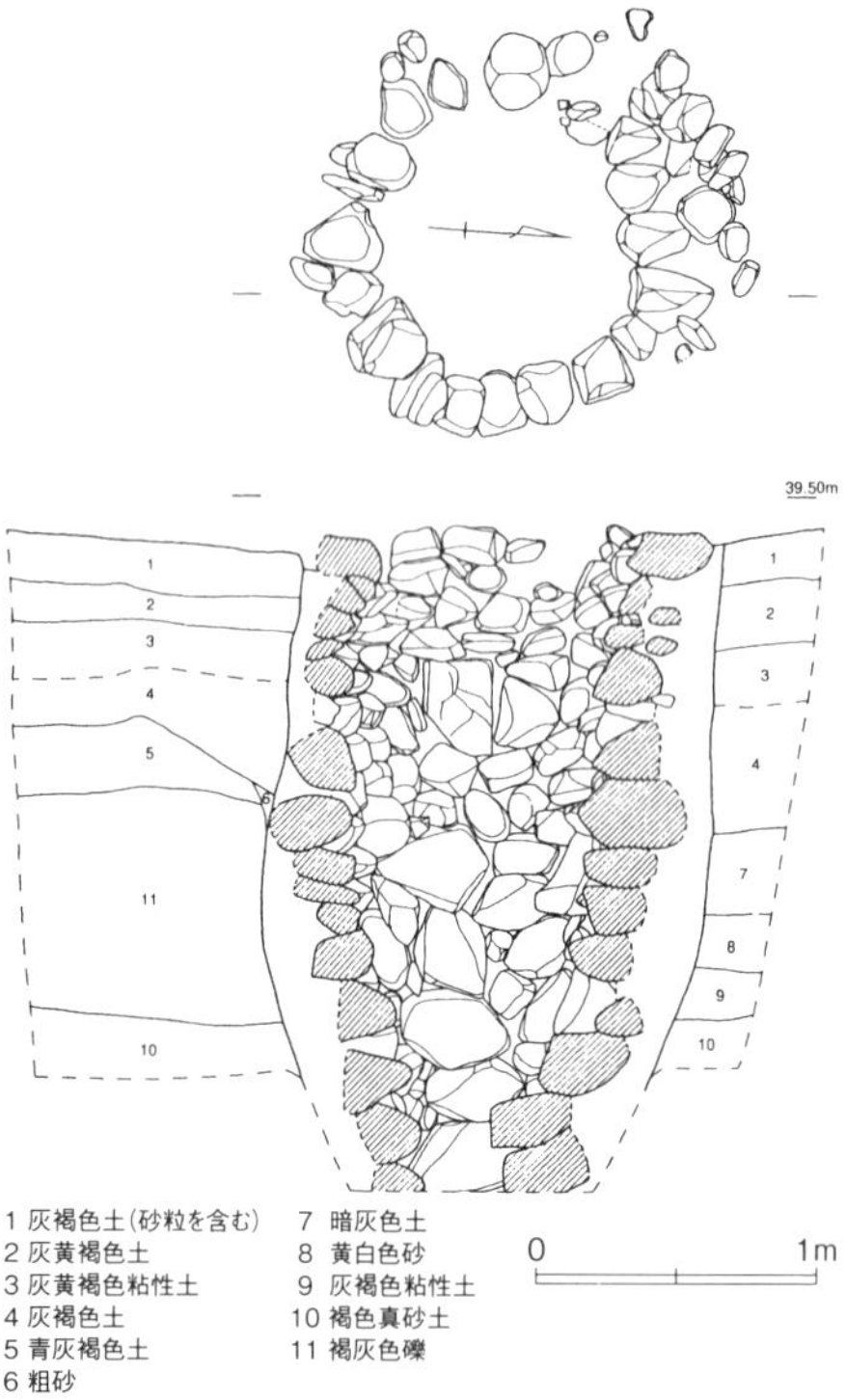

図36　石組井戸

れている石の大きさに違いがあり、下の方がより大きな石である。おそらく崩壊したので積み直した可能性があると考えられる。この井戸のなかには炭・焼土層が堆積しており、石の上面も同じく炭・焼土層で覆われていたことや検出面の高さからみて、基本土層のⅢ層とみられることから、二段階以降は使用されていないと判断できる。

　西側居住区の内堀土塁南西コーナー付近にも円形石積遺構が検出されているが、上部の大半は攪乱により失われている。「古城之図」の西側居住区内にみられる井戸位置に近いが、底面の高さは自然湧水レベルに達しておらず井戸と断定することはできない。

　同じく西側居住区では、九区画の内六区画（二段階一カ所で、他は四段階）の入口側（外堀土塁側）に、井戸とよく似た石積遺構がある。楕円形（二つ）と円形（四つ）があり、石の積み方も直に積み上げるものと、上に向かって広くなるよう傾斜をもたせて積み上げるものがある。また、底面に石を敷いているものと敷いていないものがある。井戸とすれば底面に

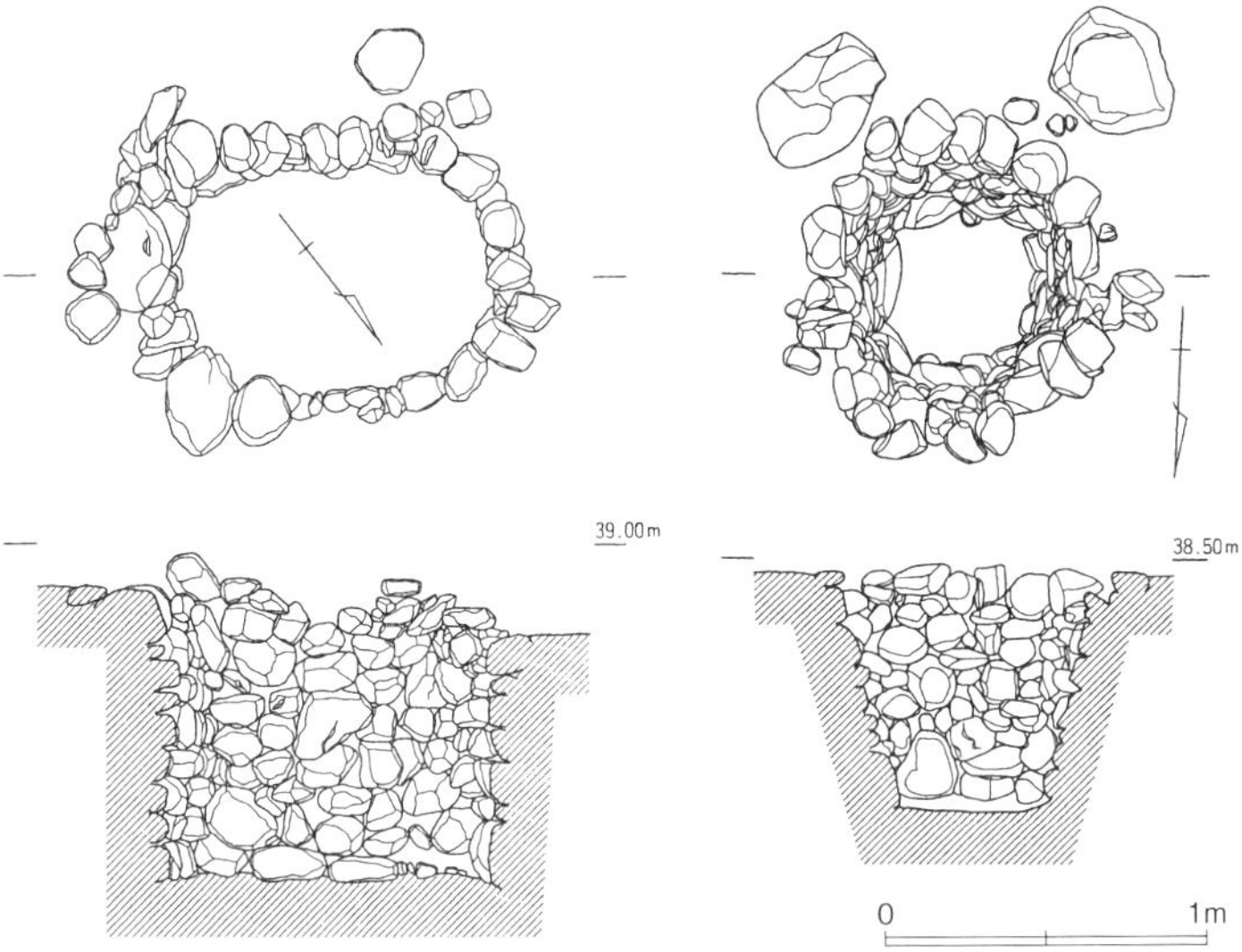

図37　機能不明の石積遺構

石を敷くことは考えられない。その上、いずれの位置も自然湧水レベルに達していない。よって井戸とは考えられないのである。

　それでは何かということで、便所の可能性も視野に入れて、土の自然科学分析を実施した。その結果、便所として使用していたことを示す寄生虫などがまったく検出されなかったことから、便所と考えることもできない。西側居住区だけに存在することも含め、現段階では何のためにつくられたのか不明といわざるを得ない。

廃棄土坑　遺物を掘った穴にまとめて捨てた跡が検出された。この遺構を廃棄土坑とよんでいる。捨てられたものの大半は土師器皿と杯で、他には陶磁器の碗や皿などもある。とくに中央区の内堀側で検出された廃棄土坑は六・八《メートル》×三・四《メートル》、深さ五二《センチ》の城内最大の規模で、ごみ焼物以外に魚骨や貝類も出土したことから、ごみ捨て穴として使われていたことがわかった。ここからは総破片数三万点もの土師器皿・杯が出土している。捨てられた土器のまとまり具合から何度かの廃棄の単位がよみとれる。最後の単位は完全な形に近い土師器皿を三〇点ほどまとめて廃棄していた。東地区の内堀側でも内堀土塁裾部をめぐる排水溝を壊す形で土坑が掘られ、土師器皿などが大量に廃棄されていた。

城内での廃棄の方法は、低地に築かれた居住域ではこのように穴か内堀に捨てるが、丘陵部では斜面に投げ捨てるように廃棄している。

丘陵部

城の中心に位置するこの丘陵は、標高二六《メートル》の頂部平坦面と南東下に二カ所の郭、さらに西下と北下にも郭がつくられ、中壇には丘陵部最大の郭が構えられている。中壇からやや下がった北東部には二段の郭が存在する。丘陵の東斜面は急角度で切り込まれているのに対して、西側の斜面は傾斜が緩く、中壇からさらに下がった位置に幅七・〇《メートル》の帯郭があり、その下の内堀際には土塁をもつ郭がつくられている。まったく予測されていなかった遺構として、試掘調査によって中壇平坦部の南端に堀切が確認された（図96参照）。幅二・四《メートル》、検出長七・〇《メートル》、深さ一・五《メートル》で、法面は南が四五度、北が七五度の傾斜で底面が平坦な箱堀の形態である。

頂部の南下は切岸となり、中壇から伸びる横堀がつくられ、その先につづら折りの石階段がある。また東側の岩崎神社からも岩盤を削って横堀が掘られている。先述したとおり横堀下の斜面は、別名「かわらけ谷」とよばれているくらい大量の土師器皿などが出土する。おそらく頂部の建物で行われた宴会などで使用されたものを廃棄したためと考えられる。このような斜面部への廃棄行為は中壇の東西斜面や北斜面でも確認できる。

図38　中央丘陵部の横堀

丘陵頂部の北下郭からは大きく二時期に分かれる礎石建物が検出された。炭・焼土層に覆われた礎石建物は柱間が二・〇メートルで統一され、内部に土間状のたたき締められた床をもつ。建物の北東隅に土堤状の円形高まりがあり、そのなかから水晶製五輪塔と思われる小破片が出土している。また、周囲には炭化した麦が散乱していた。上層の整地層中にも礎石建物が検出され、柱間は下層の建物と同様で二メートルを基準としていた。出土遺物からみて十六世紀初頭頃にさかのぼる可能性があり、城内では最も古い礎石建物となる。

　中壇の平坦部では焼けて赤化した平瓦が出土している。瓦葺の礎石建物があったと思われるが、礎石の遺存が悪く建物規模などの推定が不可能である。また、平坦面の北側の一角で多数の鍛冶炉が検出されている。分析の結果、砂鉄を原料とした精錬鍛冶が行われていたことが明らかとなった。出土遺物が十六世紀前半のものが多いことや、丘陵部では他の郭からも鍛冶炉が検出されていることから、外堀を掘削し城の縄張りを拡張しているときに、城内の要所に鍛冶炉をつくり、道具の修理や釘などの製作を行いながら城普請を実行していたものと考えられる。

　丘陵の北西裾部の郭（図39のA）では、内堀側に土塁がつくられていることが確認できた。また、この郭から多量に出土した土師器の杯や皿などが、一五三五年の外堀掘削段階よりも古いと位

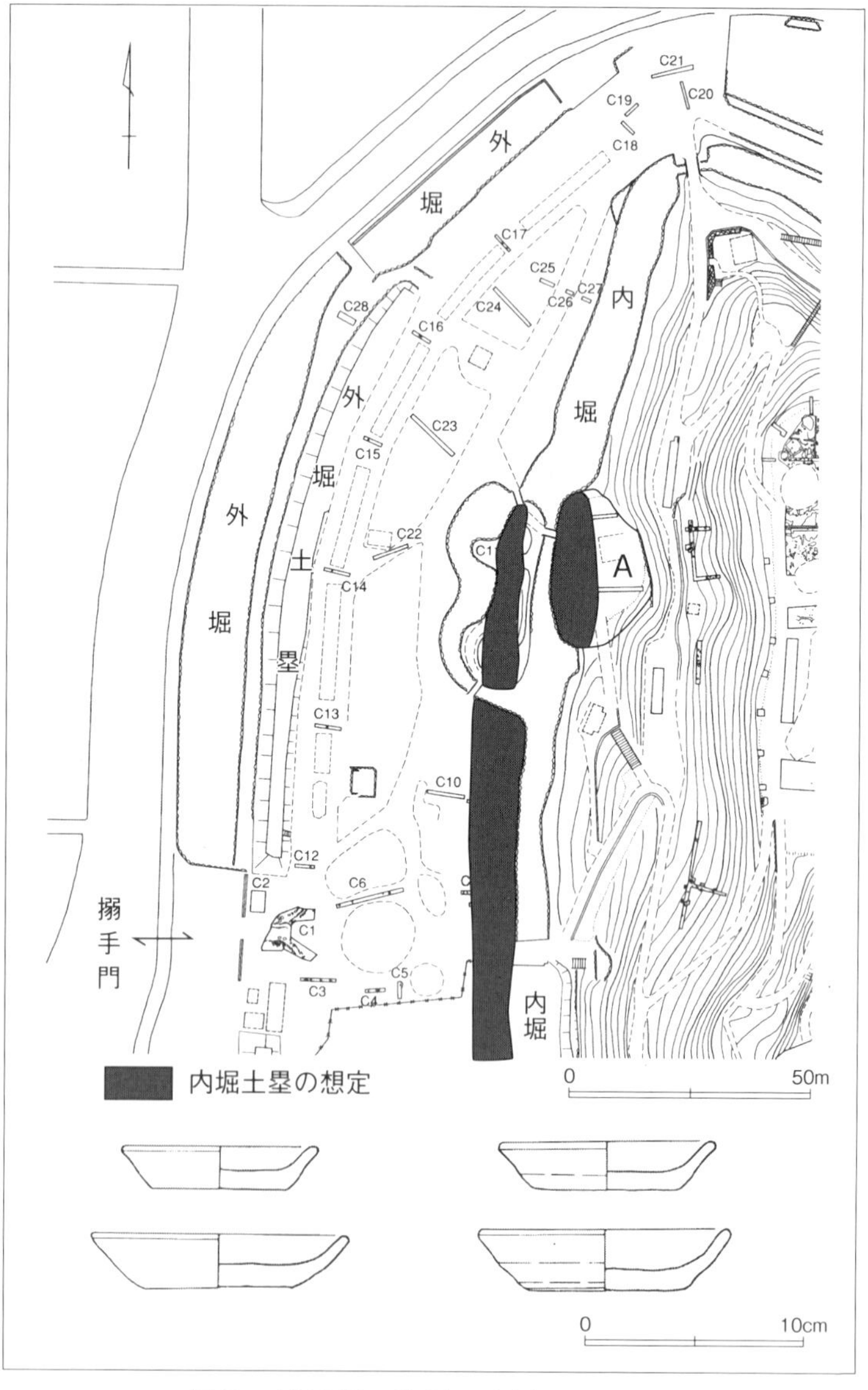

図39　内堀土塁の復元とＡ区出土の土師器

置づけられることから、外堀掘削以前の湯築城の様相を検討することができる好資料である。

文献に初出する当時の湯築城は、丘陵部のみの城であったと推測されていたが、その実体について具体的証拠は皆無であった。しかし、試掘調査を入れたことによって一五三五年以前にさかのぼる遺物が出土し、遺構にも古い年代のものがあることがわかった成果は大きい。

2　出土した遺物

城内の調査では約三〇万点の遺物が出土した。種類は豊富で、土師器（皿・杯・釜・鍋・鉢・錘）、瓦質土器（鉢・甕）、貿易陶磁器（中国陶磁器・朝鮮陶器・タイ陶器・元青磁）、国産陶器（備前焼・常滑焼）、瓦、石製品（臼・硯・砥石・鉢）、金属製品（鏃・斧・鎌・切羽・笄・鍔・刀子・釘・小札・兜金具・銅銭・煙管・釜）、食物残滓、めずらしいものとしては、土製人形・土壁・鹿角などがある。中世以外のものとしては、弥生時代前期〜後期の土器・石器、古墳時代の須恵器、古代の瓦・石帯、近世陶磁器なども出土している。

伊予国内での生産・流通品

遺物で圧倒的に出土量が多いものは土師器の皿・杯で、城内のどこからでも出土する。一般的に皿は深さがなく、杯は皿にくらべると深い器というイメージであるが、区別のつけにくいものも多い。成形技法は、回転台使用のものがほぼ一〇〇％に近い比率となり、底部には回転糸切りや静止糸切り、またはヘラ切りの痕跡が残っている。他県（大内館・大友館・勝瑞館など）で見られるような、手づくね成形で製作された、原型に近い京都系土師器皿などは出土していない。伊予国の土師器皿・杯・

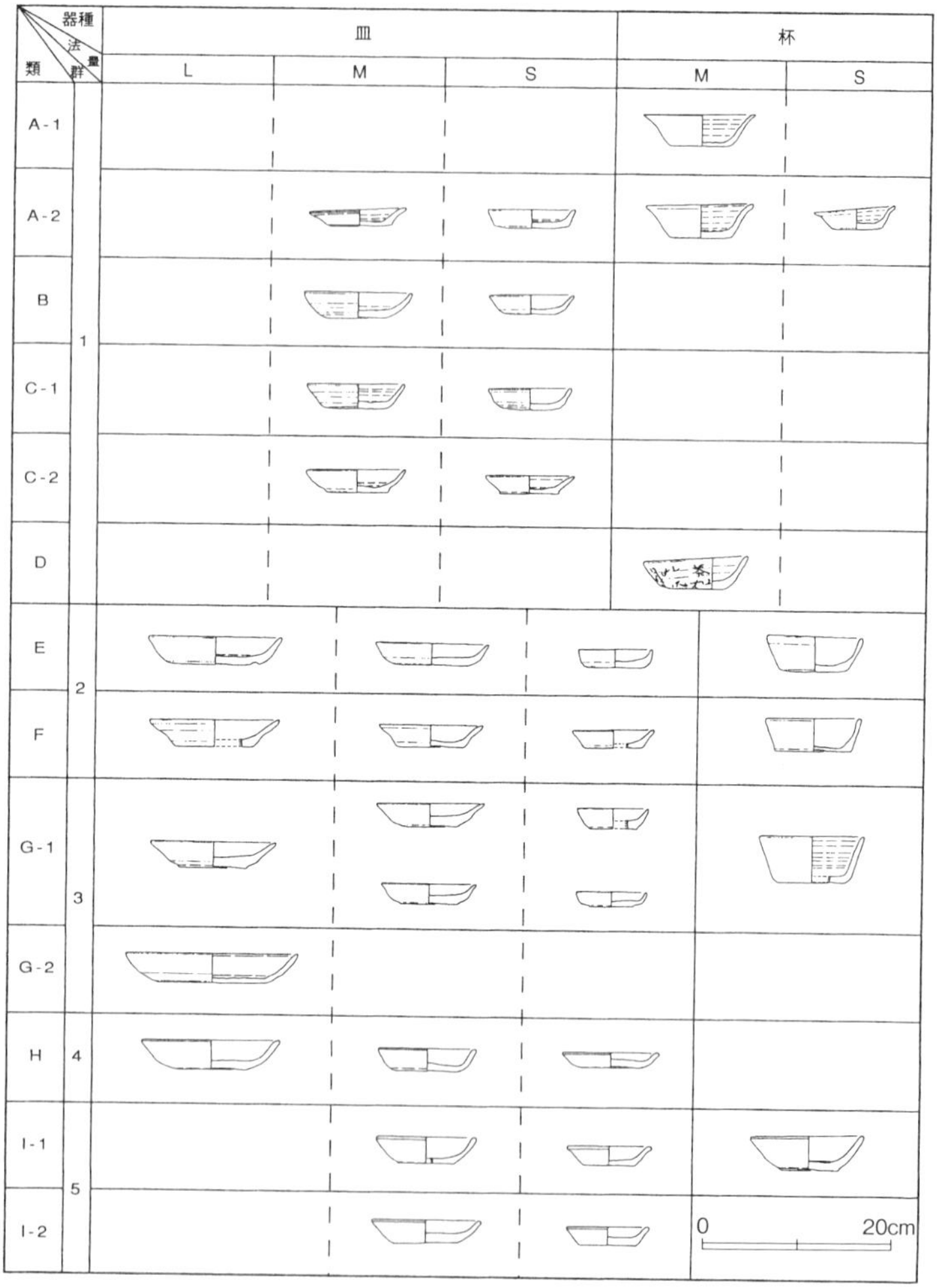

図40 土師器皿・杯の分類

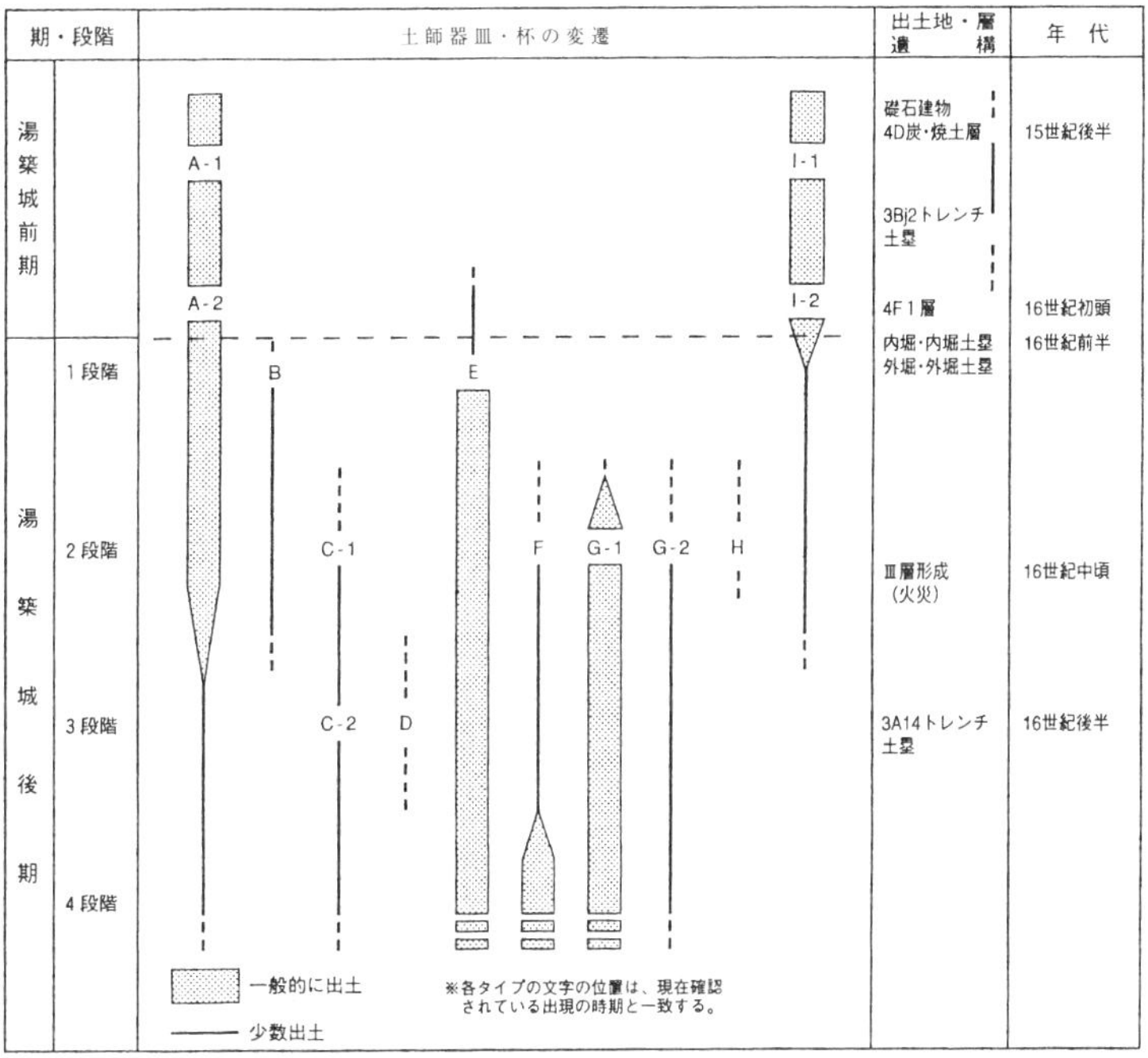

図41　土師器皿・杯の変遷

椀については古代末から回転台成形によって製作されていることが明らかで、中世を通しても基本的に変化はない。ただ、回転台成形で製作された一群の土器のなかにも、体部外面の下半に指頭圧痕が施されているもの（E類の一部）や、底部の周囲を削り取り、底部外面の切り離し痕跡をわざわざ削り取っているものがある。これらの土器を柴田圭子は京都系土師器系譜の範疇でとらえている。

報告書掲載の分類案を参考に概説する。大量の土師器皿・杯は、口縁部の開き具合や、底部から体部下半の形状などによって、大きく一三のタイプに分類できる。また、各タイプのなかには口径サイズによってL・M・Sに細分できるものもある。AとI類がともに十五世紀後半からみられる

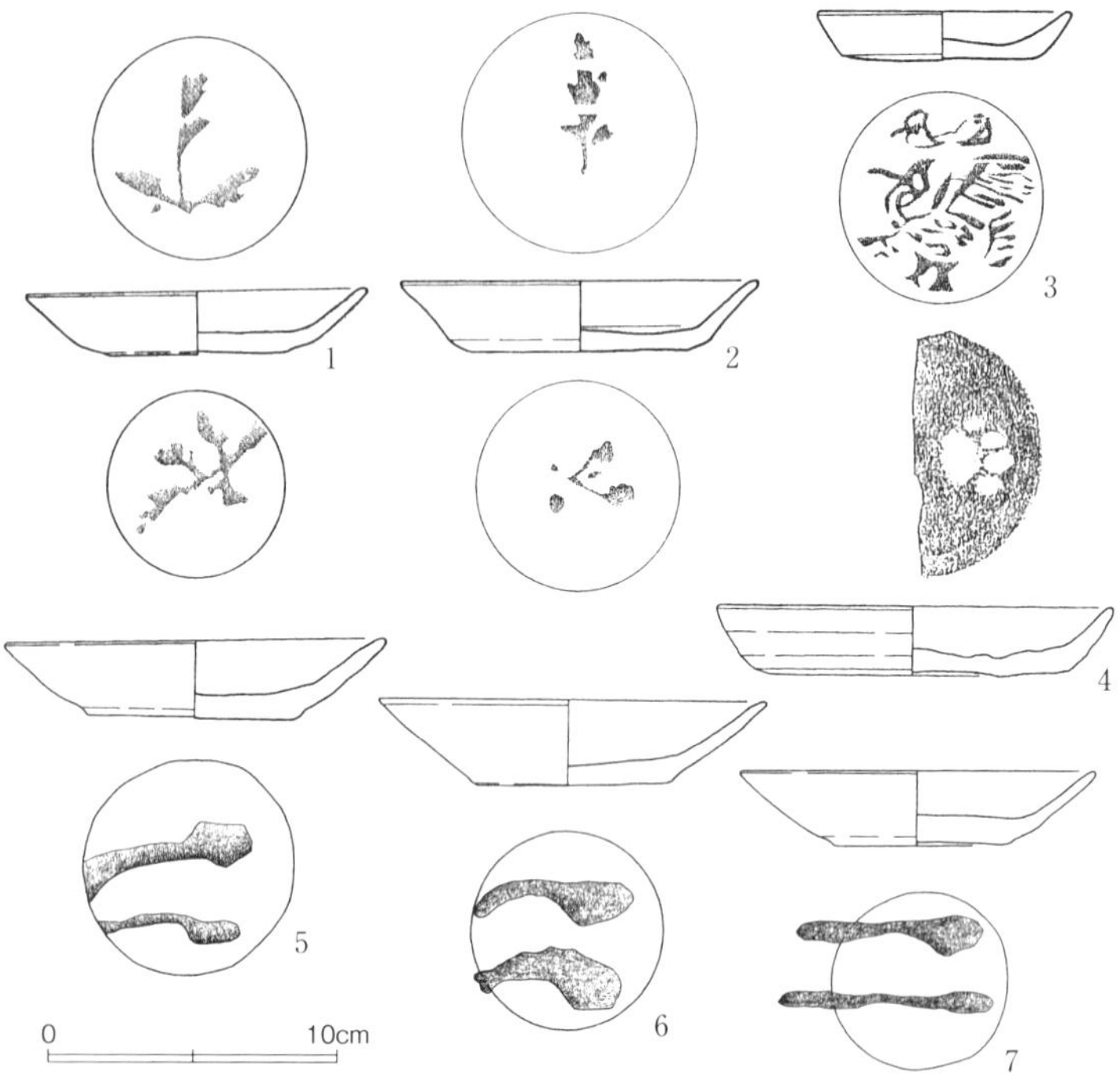

図42　特殊な土師器皿

1～3：焼付痕、4：猫足痕、5～7：指痕

古いタイプの土器であり、底部はヘラ切りである。A類が十六世紀半ばまで一定量みられるのに対して、I類は十六世紀初頭から出土量が減っている。十六世紀を通して最も普遍的なものはE類で底部は回転ヘラ切り、次にG—1類であるが底部は静止糸切りが主流である。DとH類に関しては、きわめて出土量が少なくまた、継続性もない。なお、土器の胎土分析を実施した結果、各分類による土の違いが明らかになっており、この時代最も使い捨ての激しい土師器皿・杯類は、生産地が複数存在していることが判明した。

湯築城だけでみられる特徴的な土師器皿（G類）がある。底部の内外面に草花の模様が赤く焼きつけられている。おそらく備前焼などにみられる藁を使った火襷《ひだすき》と同じ方法で、草花を置いて焼いたものと考えられる。とかく土師器皿などは規格的で味わいのないものであるが、この土器は一点一点違った文様で、遊び心を感じさせる。また、土師器皿を焼く前の乾燥段階で、偶然であろうが猫の足跡がついたものもあった。

また、底部外面から体部下半の表面に不整形な痕跡が見られる土器（G―1類）が一定量出土している。この痕跡は製作実験を行って検証した結果、回転台から切り離した土器を移動させるときに、指の腹に乗せたために付いたことが明らかとなった。この土器は松山平野内の南斎院土居北遺跡と、粘土塊等の出土により土器製作が行われていたと考えられる土壇原遺跡で出土していることがわかった。土器の寸法や形態、色などすべてが一致することから、土壇原遺跡で製作された製品が、湯築城や南斎院土居北遺跡に流通していることが明らかとなったのである。

土師器の皿と杯は、宴会や儀式などのときに一回限りの使用によって捨てられたと考えられている。洗って使い回しをしないがゆえに、製作時に残された微細な痕跡も消え去らないと考えられ、そのことが一回きりの使い捨てを証明しているといえる。また、三遺跡で出土したことは、土器の生産や流通の姿を具体的に示す稀少な事例といえるだろう。

外面に墨書がみられる杯がまとまって出土している。東側居住区の南西コーナー付近で検出された土器溜３０１は、「右京之二人」・「妙祐」・「土州様」・「茶〇」などの文字が判読できた。他の箇所からも「月」・「太」・「仲」・「〇兵衛　大部」などと書かれたものが出土している。

他に出土量の多い土師器製品は、口縁部に断面

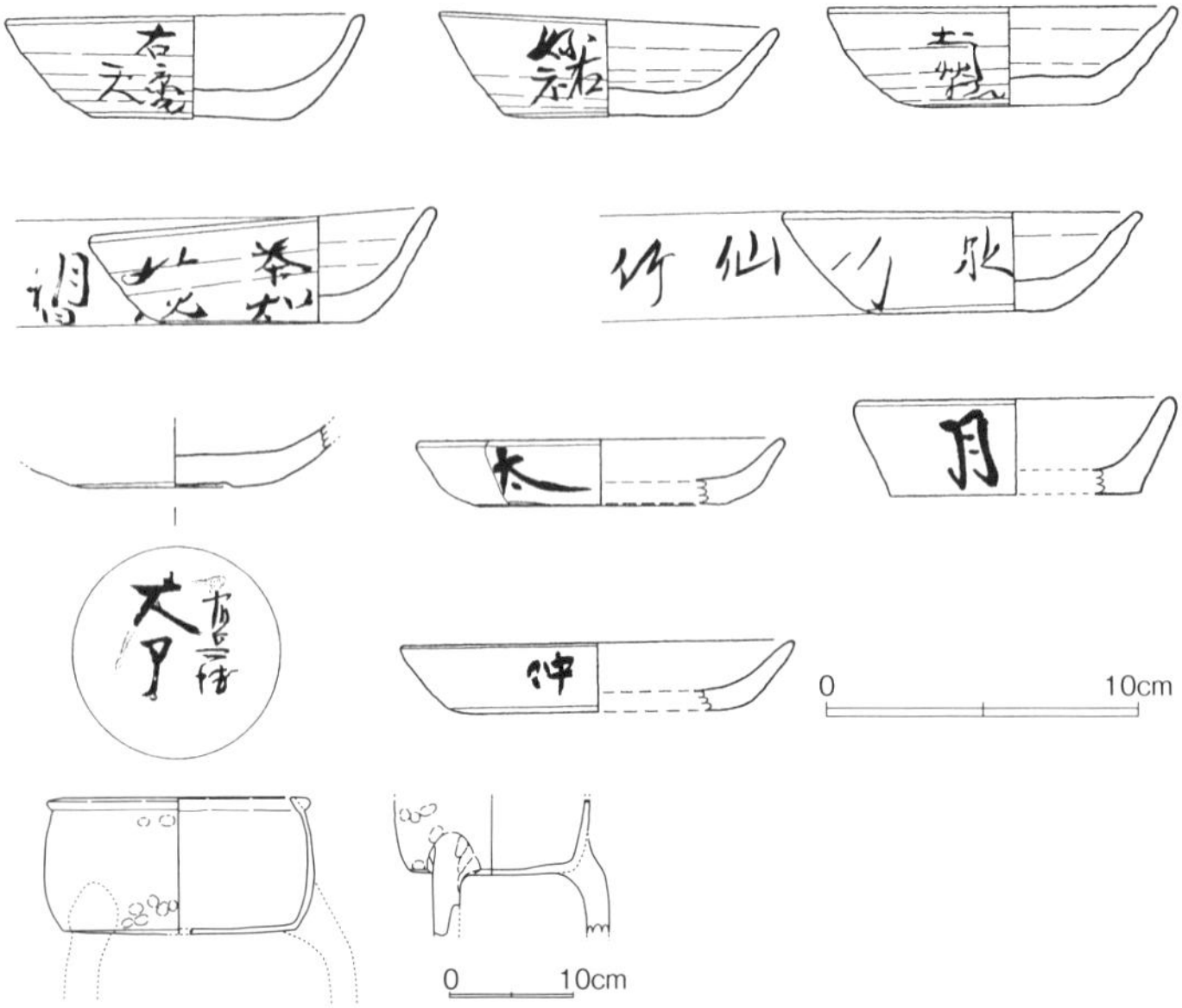

図43　墨書土器・三足土釜

が三角形に近い鍔状の貼り付けをもち、体部下端に三本の脚を付けた釜（三足土釜とよぶ）である。この釜は中世初頭から伊予国においては煮炊に使われる道具の主流で、移動しながらどんな場所でも使用可能である。

瓦は城内の八カ所で出土しているが、量がまとまっているのは西側居住区の四段階建物ＳＢ４０４で、ひとまとまりで廃棄された状態であった。また、大手を入ってすぐ左に折れた箇所の排水溝上にも廃棄された瓦が出土している。これは試掘によって出土したため全体量などは不明である。さらに丘陵中壇の平坦部からも焼けた瓦が出土している。この平坦部北端からも平瓦を敷いた状態で出土しているが、この瓦は近世瓦の可能性が強い。

土器以外にも石製品の砥石が伊予国原産品である。伊予の砥石は古くは奈良時代の「正倉院文書」に伊予砥三類が課せられたことや、平安時代の「延喜式」に伊予国産物「外山《とやま》産砥石」五類が納められたことが記載されている。江戸時代以降はこの石を砕いて砥部焼が焼かれるようになる。石の種類は流紋岩系で、おもに中砥石として利用されており、県内中世遺跡ではよく出土し、湯築城跡でも多数出土している。

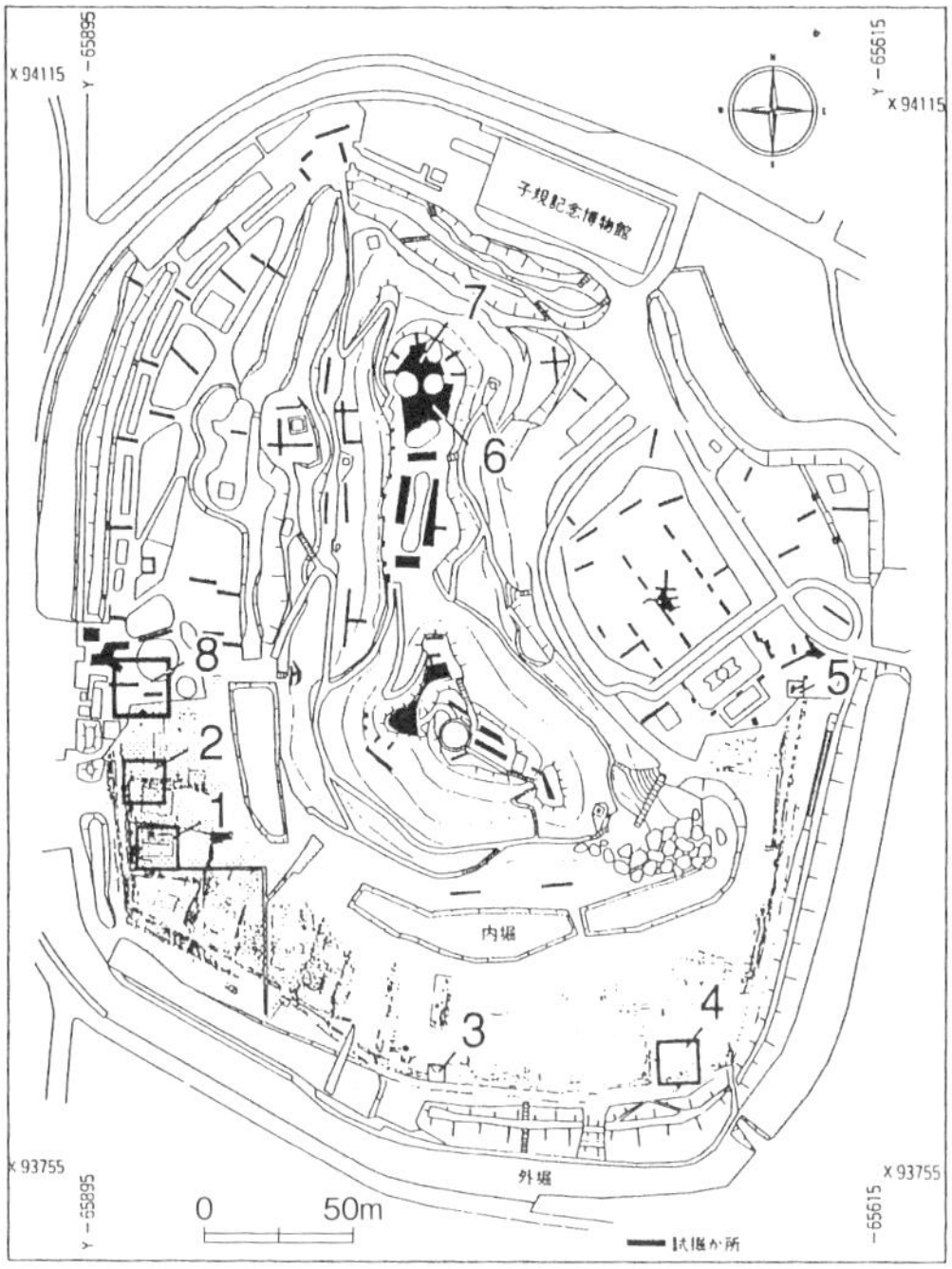

図44　瓦出土位置図

面的調査を実施した丘陵南の平坦部では、石臼一六五点の破片が出土している。その内訳は粉挽き臼二七点、茶臼一三八点で八割以上が茶臼である。さらに茶臼の割合を調査区別にみると、西側調査区では八割、東側調査区と中央調査区では九割五分で、東側調査区では茶臼の出土比率がきわめて高い。一方、トレンチ調査を中心としたその他の地区でも、一九点の出土のうち、茶臼が一四点と多い傾向にある。全体的にみると平坦部では万遍なく石臼が出土しているが、丘陵部では一点も出土していない。

次に臼の特徴についてみてみよう。粉挽き臼は上下臼ともに出土している。臼面はいずれも六分割で共通し、目と目の幅は約

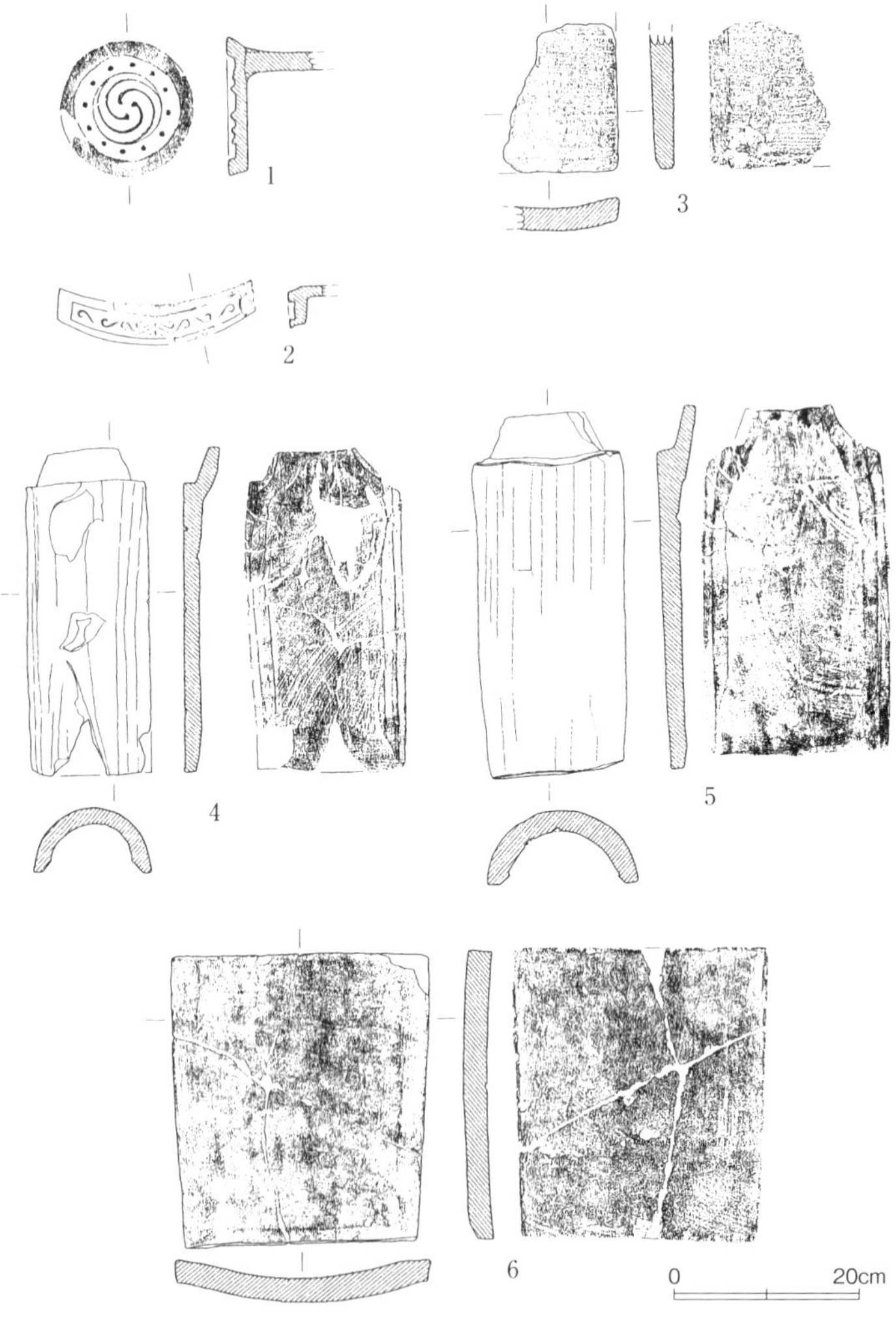

図45　城内出土瓦

1：軒丸瓦、2：軒平瓦、3・6：平瓦、4・5：丸瓦

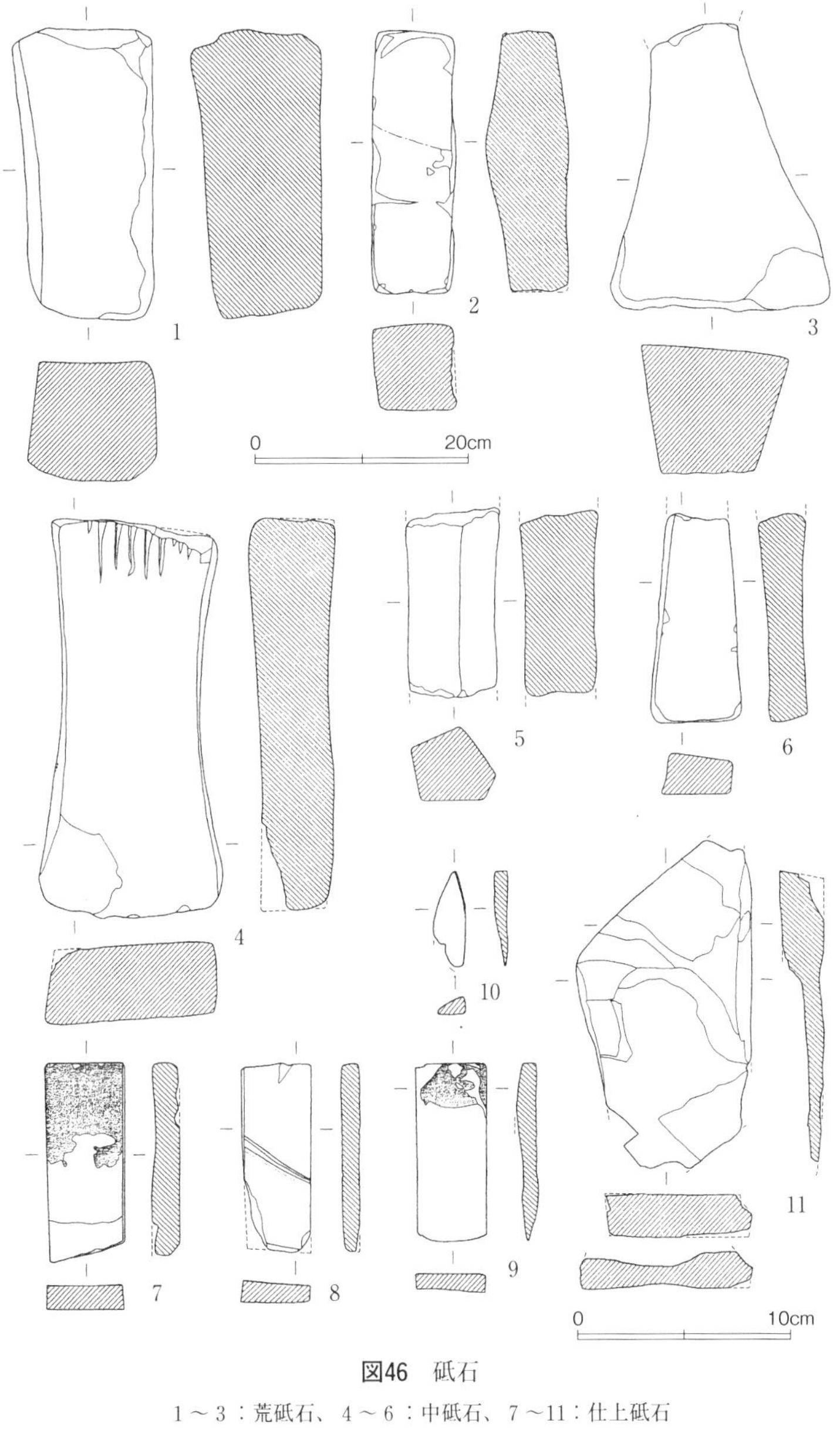

図46　砥石

1～3：荒砥石、4～6：中砥石、7～11：仕上砥石

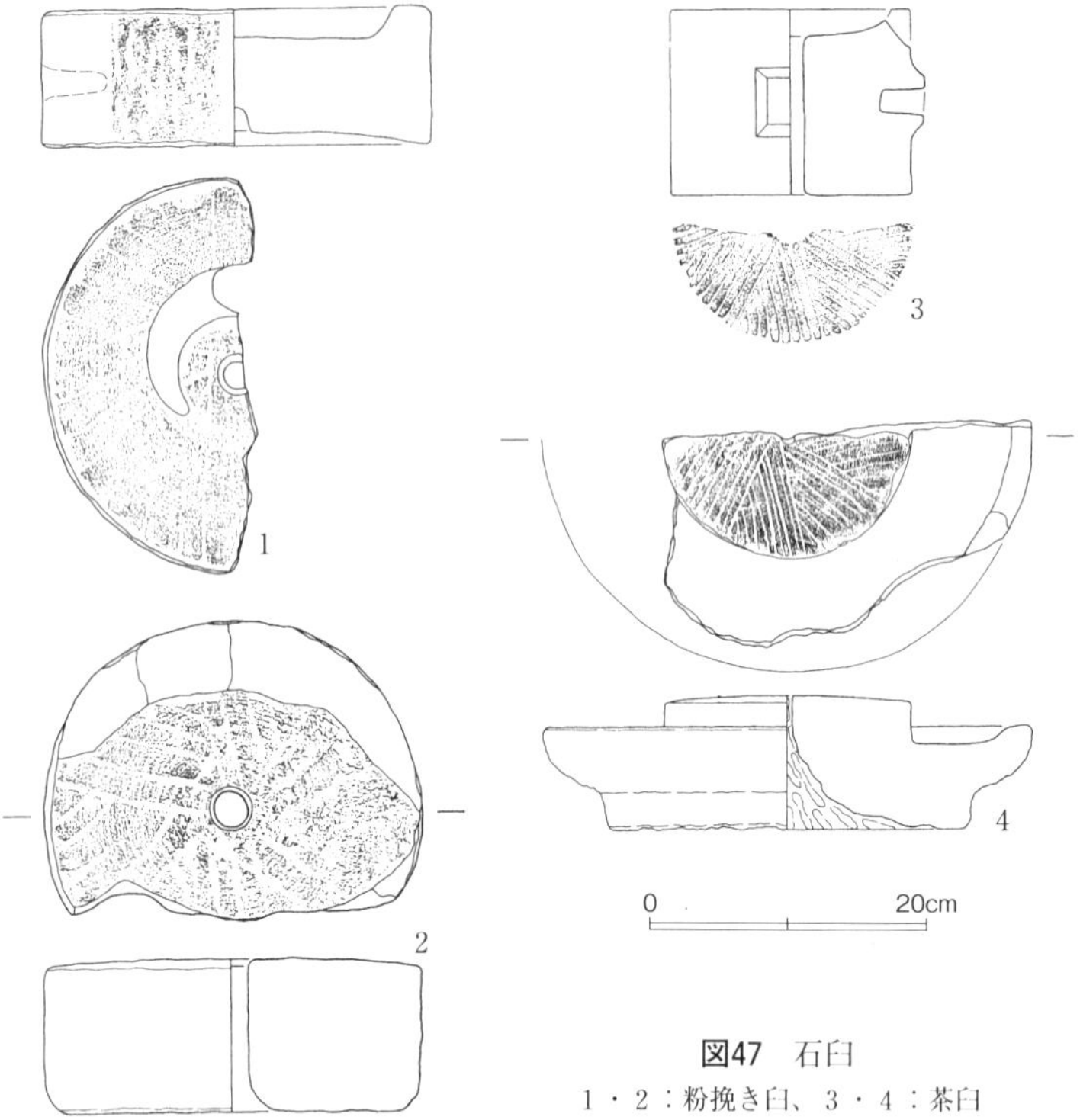

図47 石臼
1・2：粉挽き臼、3・4：茶臼

一・五センチで、周縁まで丸溝が刻まれている。石材は安山岩・礫岩・砂岩などで地元での調達が可能な石材である。茶臼も上下臼ともに出土している。上臼や下臼の受皿部はていねいに磨かれている。受皿の外面にはハツリによる整形痕が明瞭に残る。臼面はいずれも八分割されており、目は〇・七センチ間隔で、周縁まで丸溝で刻まれているが、目の断面を「V字」に刻むものもある。目を切りなおしたものについては、間隔が〇・五から一・二センチあり揃っていない雑な切り方である。石材は砂岩と安山岩で、粉挽き臼と同様に地元で調達可能である。

他国での生産・流通品

火鉢や香炉などの瓦質の製

品が多数出土している。岡山の亀山焼を除いて、室町期あたりから出土量の増える瓦質製品の大半は、大和地方からの搬入品と考えられている。湯築城では口縁部外面に雷文や巴文のスタンプをめぐらせた香炉や火鉢などに混じって、瓦質の茶釜も出土している。

土師器焼成の香炉も多数出土している。口径一七センチ前後の小型で、平底に三脚が付く。口縁部外面や体部下半には幅一センチ程度のスタンプ列をもつ。土師器製品は基本的に在地生産と位置づけているが、火鉢も含めて土がよく水簸されていることや、外面を磨いている点などていねいな土器作りが行われていることから搬入品の可能性も考えられる。

次に出土量の多い岡山の備前焼であるが、貯蔵容器としての甕や壺、調理具としての擂鉢、花器の可能性があるものなどが出土している。甕は二石・三石入りなどの大甕と、通称で水屋甕といわれる小型の甕がある。壺には貯蔵を目的としたものと徳利などがある。擂鉢の出土量は多く、なかには使い込んで擂り目がほとんどなくなっているものもある。同じく岡山生産の亀山焼も量は少ないが、甕や擂鉢が出土している。

亀山焼の甕に関しては、生産地の土器と胎土分析による比較を行い、胎土に含まれる成分の数値が岡山県の亀山焼の領域に入っていることを確認した。同時に実施した瓦質の鉢についても甕と同じ領域であったが、鉢の窯資料がないため亀山焼であるとの断定にはいたらなかった。

海外で生産され輸入された陶磁器は一万三〇〇〇点も出土しているが、そのなかで最も出土量の多いのは中国の陶磁器である。青磁と白磁の碗や皿、青花（染付）などが中心で、とくに基本土層のⅢ層下は遺物の遺存状況が良好である。なかで

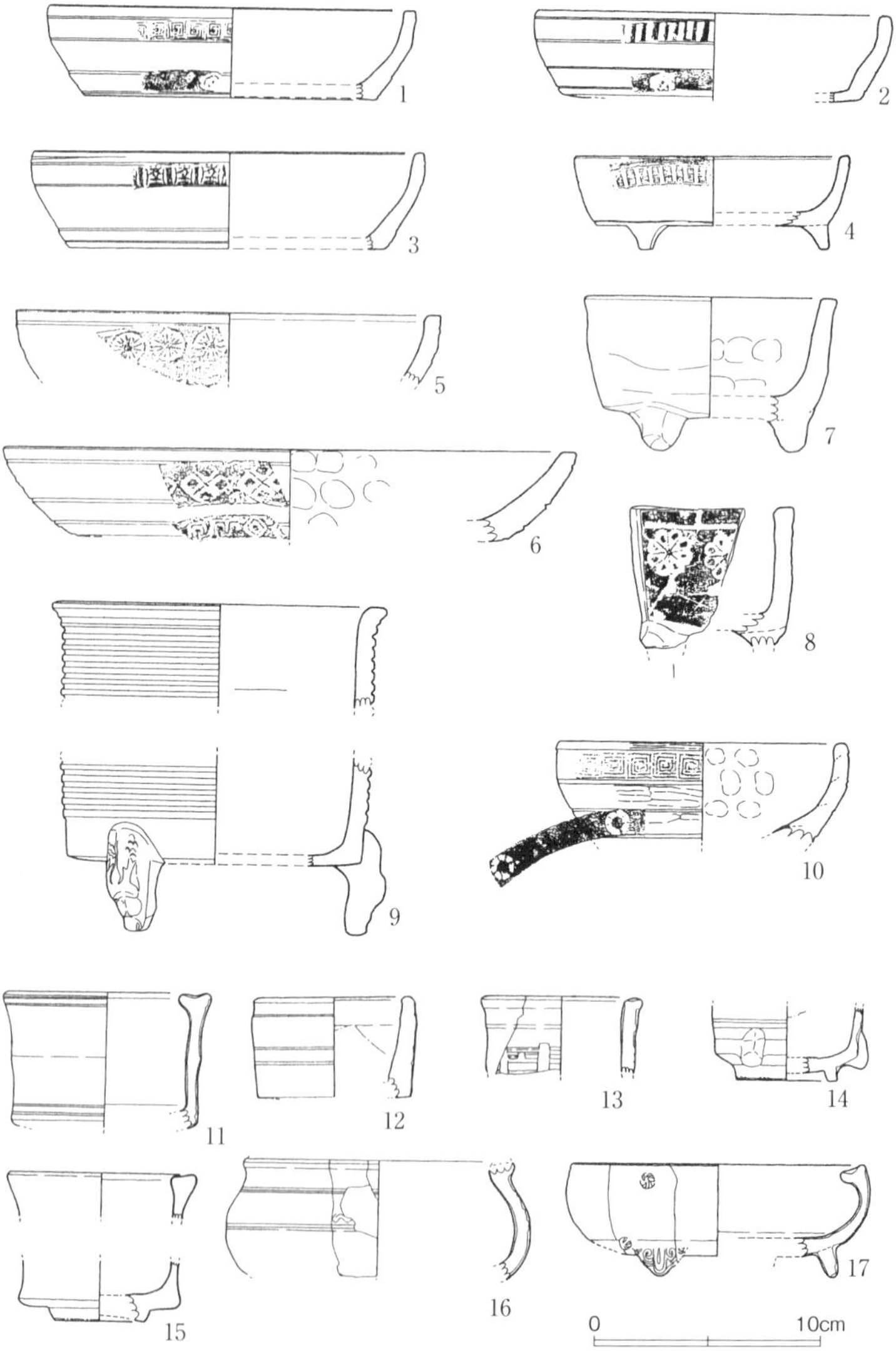

図48　香炉

1～8：土師器、9・10：瓦質、11～17：青磁

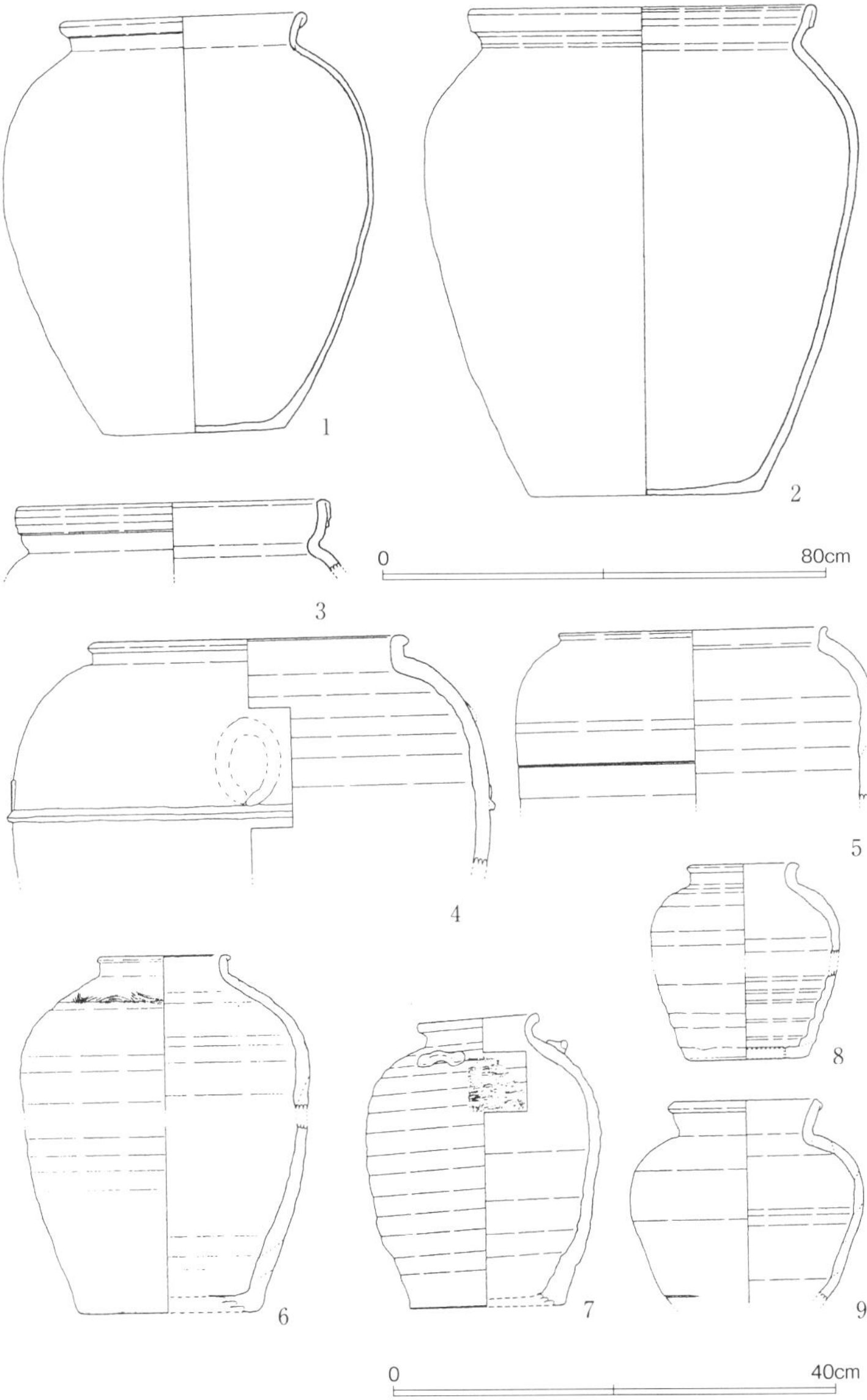

図49　備前焼（１）

１～３：甕、４・５：水屋甕、６～９：壺

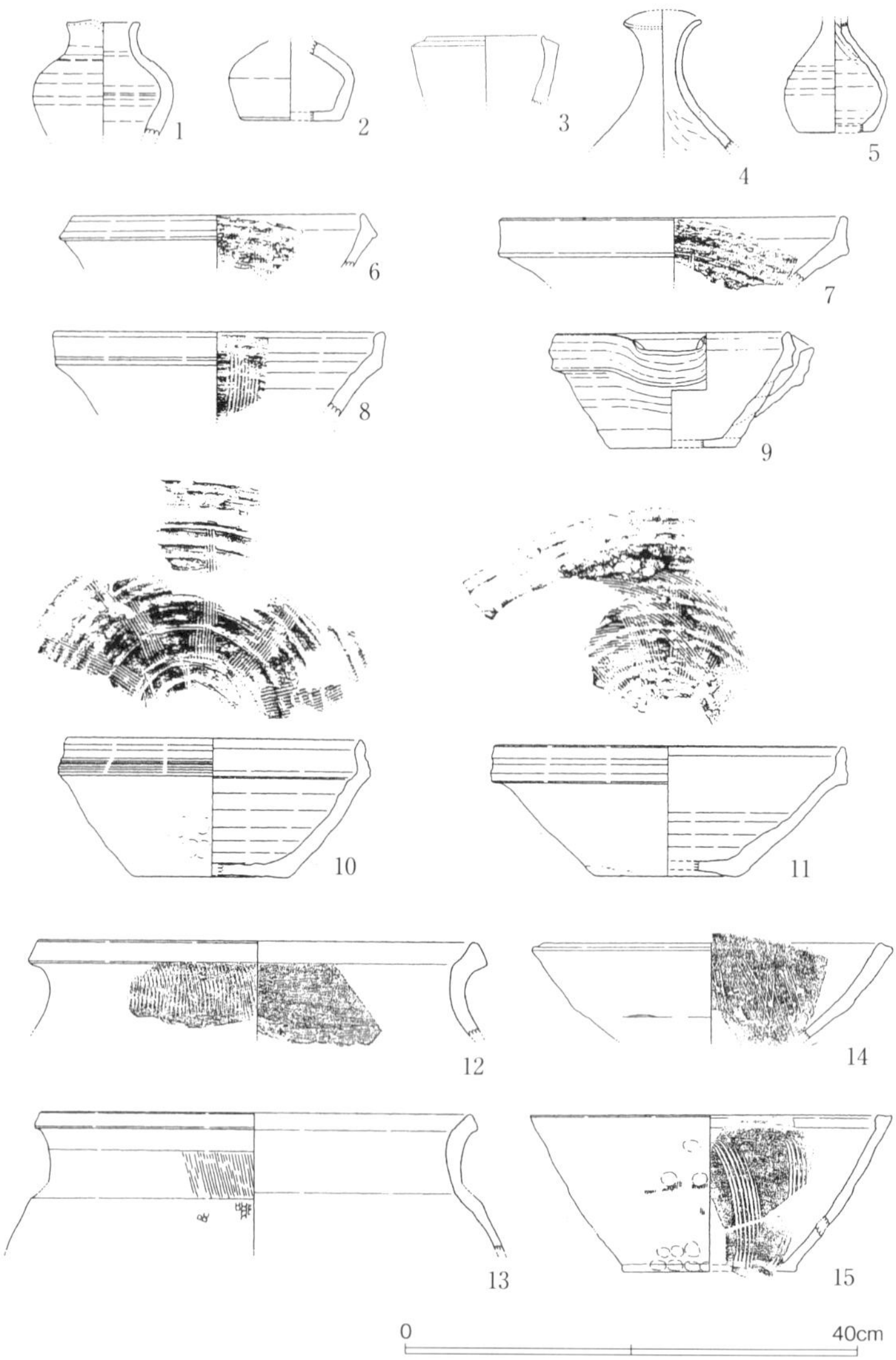

図50　備前焼（２）

1～５：壺、６～11：擂鉢、12・13：亀山焼甕、14：亀山焼擂鉢、15：防長系瓦質擂鉢

も区画2の礎石建物203と区画7では、碗・皿・鉢・杯・壺・香炉などがまとまって出土している。また、東側居住区全域でもまとまった出土が見られる。多いものでは同一器種のものが一〇個体以上も出土している。

これらの陶磁器は、一五三五年頃に外堀を築いて後、約五〇年間使用された城であるから、十六世紀後半のものも出土するのが当然と思われるが、実際には十六世紀前半から半ばにかけての生産品が大半を占めており、後半のものはわずか五%程度しかない。この原因は、十六世紀後半に陶磁器類がごくわずかしか搬入されていないと考えるか、あるいは移動にともなってもち運ばれた結果ということであろう。しかし、前半の搬入状況からすると、数十年もの間輸入されていなかったと考えるのは無理があろう。陶磁器類は廃城へのプロセスのなかで人の移動にともなってもち運ばれたと考えるのが最も妥当ではないか。すなわち、前半の天文年間に起こった城内での戦闘によって、当時使用していた土器類は砕かれ、建物が焼かれてできた炭や焼土（基本土層Ⅲ層）とともに出土している状況からみれば、陶磁器類が残っていないということは、後半の天正年間の湯築城内は直接的に戦闘に巻き込まれていなかったことを示唆しているととらえられるのである。この解釈は文献研究で言われている、小早川氏に対して無血開城したとされていることと矛盾しない。

中国窯では竜泉窯系や景徳鎮窯・華南窯系などの製品が中心であるが、中央区から出土した吉州窯の製品はめずらしい。また、中国以外では高麗青磁や李朝・タイの製品も出土している。器種では碗・皿といった一般的なものの他に香炉・鉢・盤・瓶子・梅瓶・瓶（鉄絵）・水注（三彩）・壺

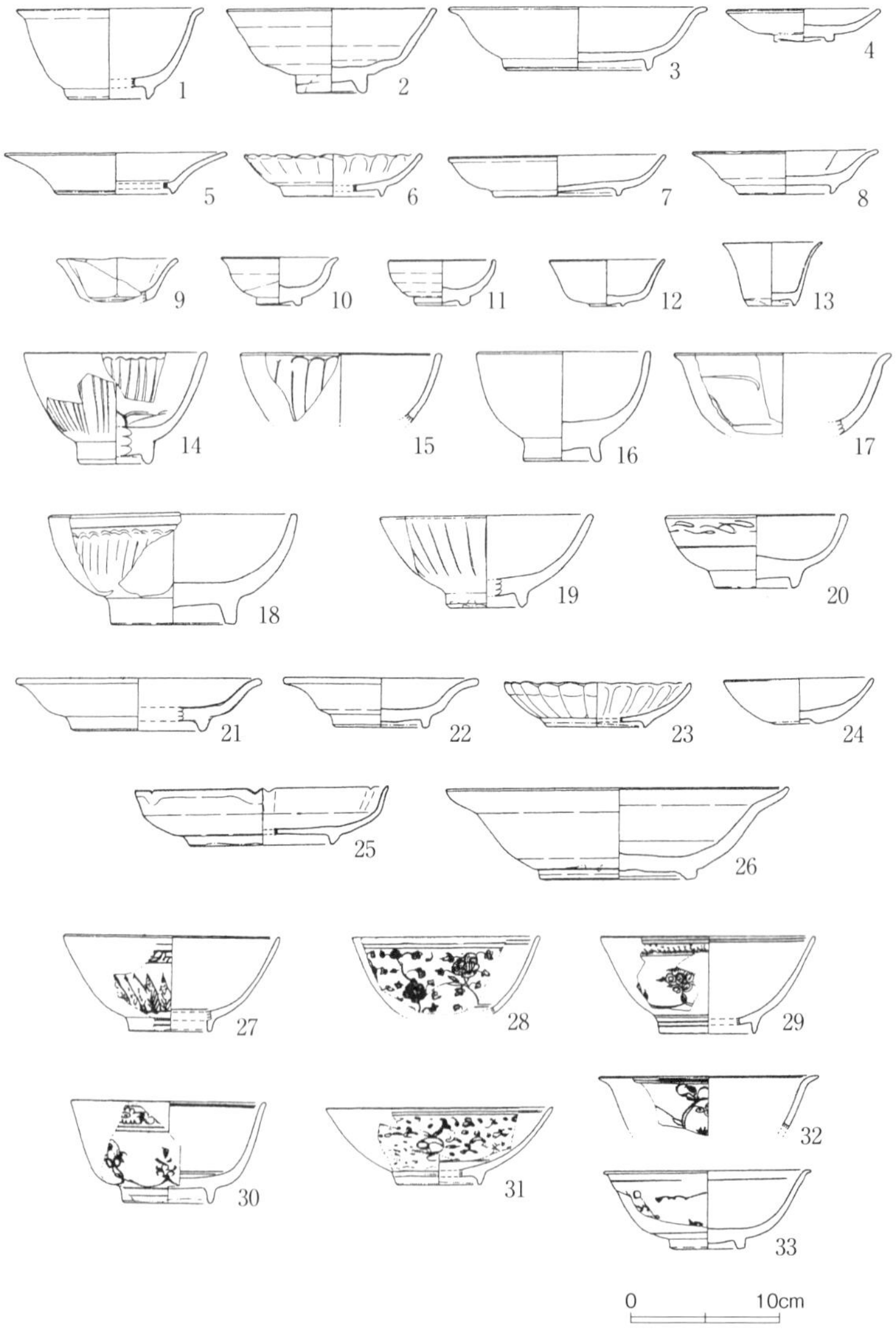

図51　中国陶磁器（1）

1～13：白磁、14～26：青磁、27～33：青花

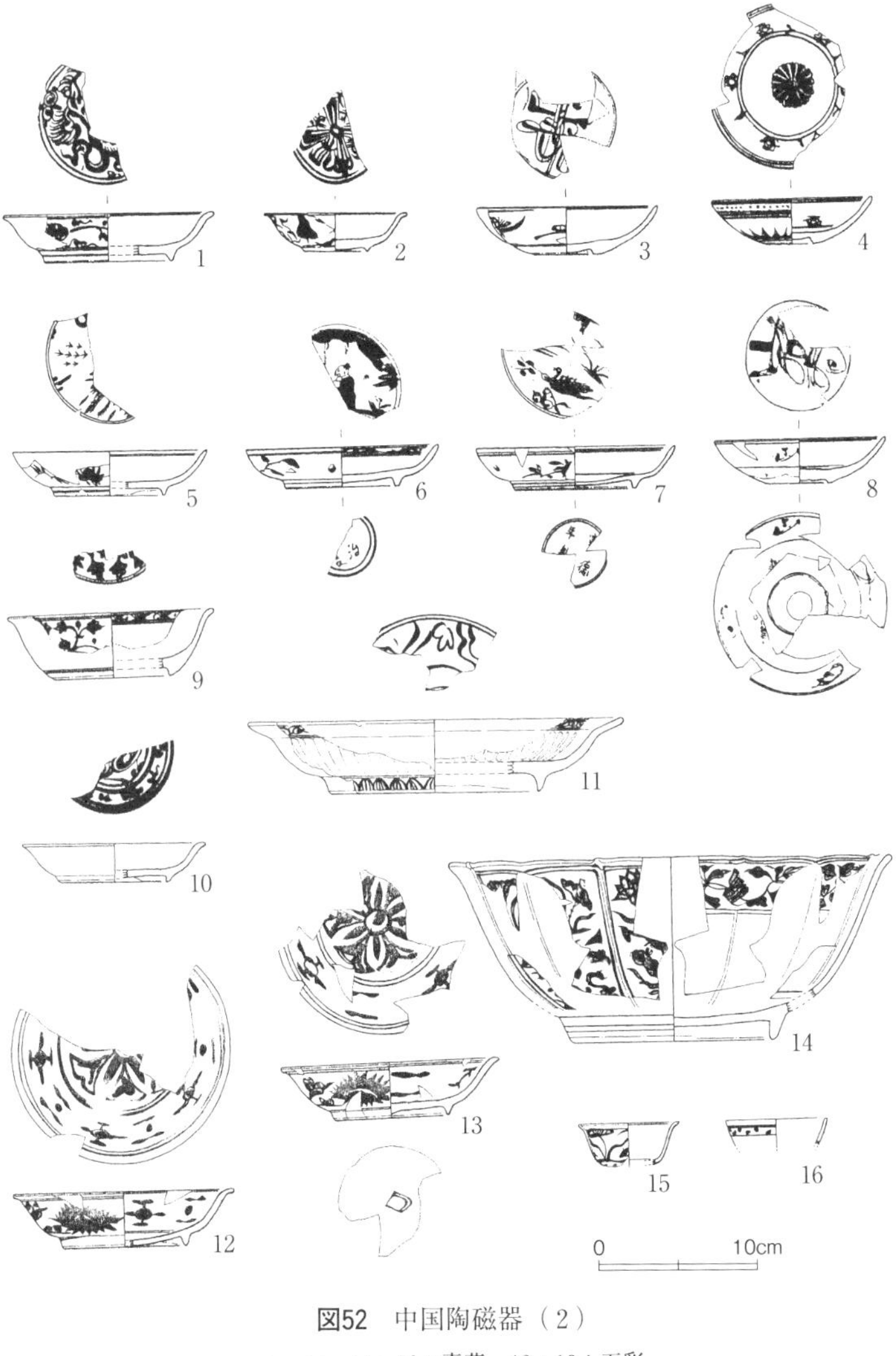

図52　中国陶磁器（2）

1～11・14～16：青花、12・13：五彩

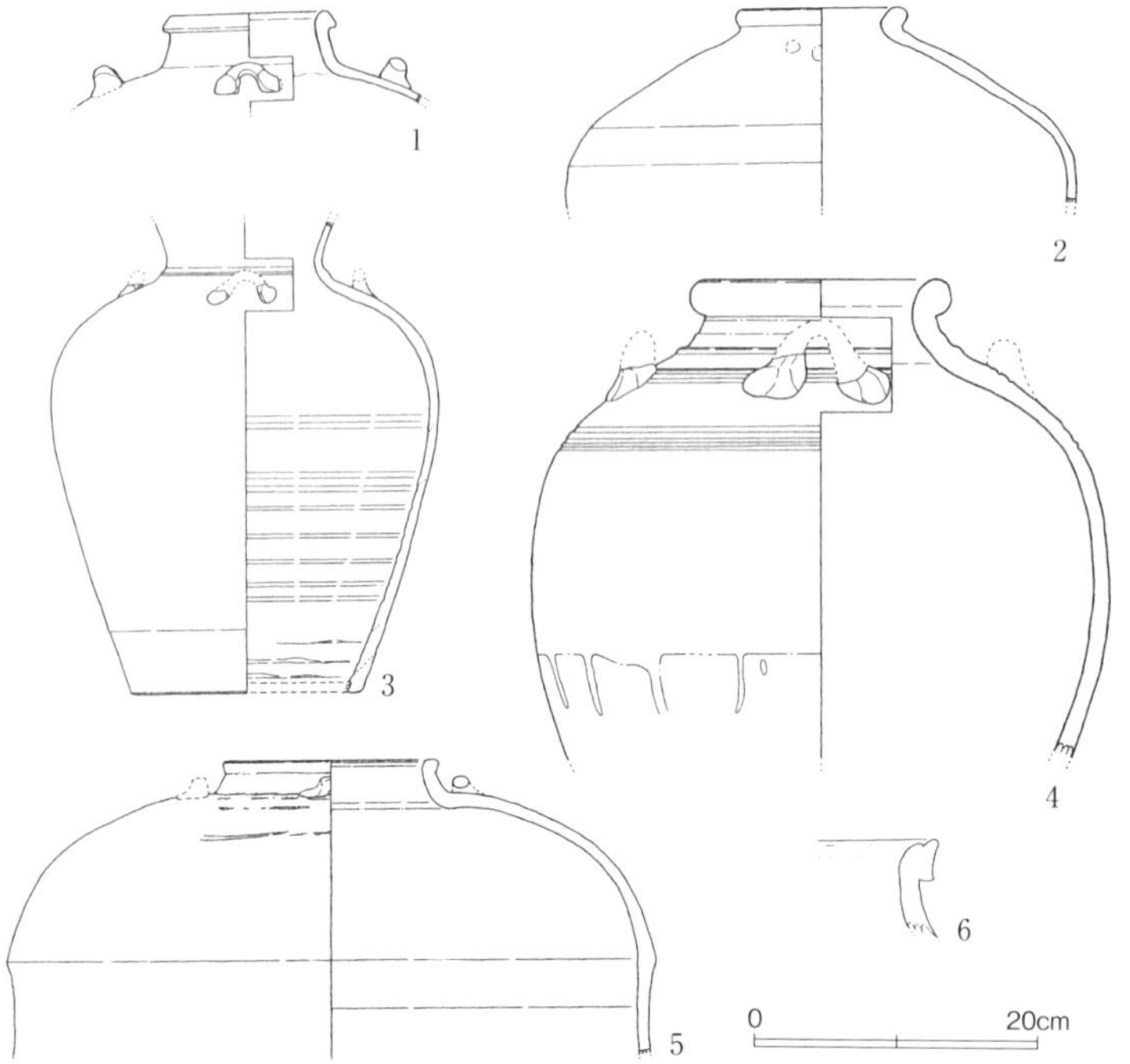

図53　貯蔵容器各種

1・4：焼締陶器壺、2・5：褐釉壺、3：黒褐釉壺、6：常滑焼甕

（酒会壺）・青釉小皿なども出土している。これらのなかにはもっているだけで権威づけされると考えられている、いわゆる「威信財」といわれるものもある。

石製品のうち硯はとくに西側地区で多く出土している。形態は楕円形の一点を除いてすべてが短冊形をした長方硯である。縁角が直角のものと隅丸や丸のものがある。また、裏面（硯陰）に高台をつくりだしたものや、平坦なものなどバリエーションが豊富である。寸法がわかる製品はきわめて少ないが、天地長一三・〇センチ、横幅六・六センチのものが二点出土していることから、当時の規格寸法の一つと考えられる。この大きさを現代の和硯の寸法と

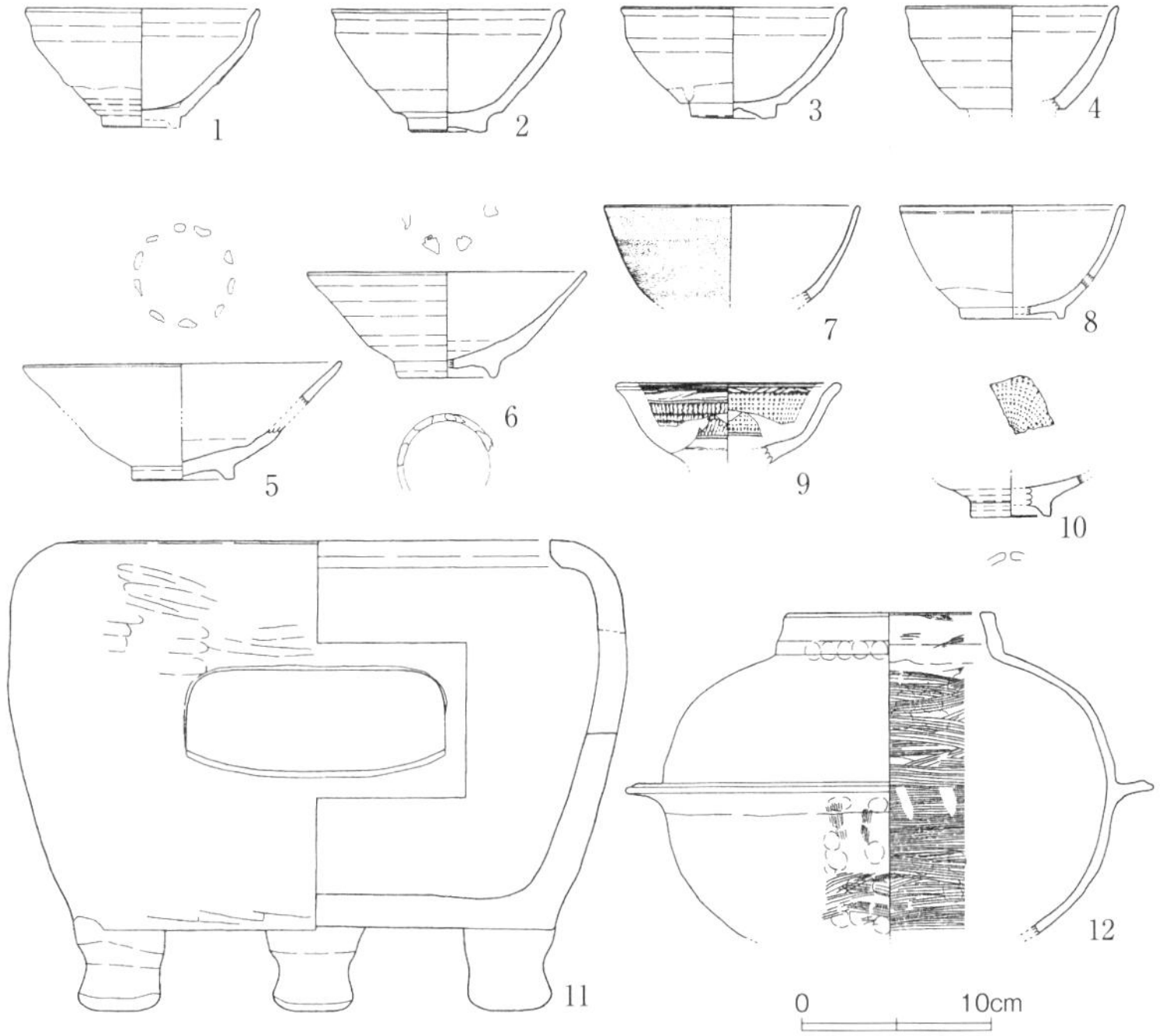

図54　喫茶道具

1～4：天目茶碗（1：中国産、2～4：瀬戸・美濃産）、5・6：灰青釉碗
7：褐釉碗、8：黒釉碗、9・10：粉粧灰青沙器碗、11：土師器風炉、12：瓦質茶釜

比較すると、天地長では四五平（一三・五センチ×七・五センチ）が、横幅では四二寸（一二〇センチ×六・〇センチ）が最も近いが、その他の製品の横幅は三センチ台、四センチ台、五センチ台、七センチ台があり、三センチ台と五センチ台の製品がない現代の寸法とは、規格が一致していない。他にも一〇・五センチ×四・一センチ（現代和硯の三五度一〇・〇センチ×四・五センチに近い）の製品もある。石質は楕円形の硯が緑色珪質岩なのを除いて、すべて赤色頁岩であることから、これらの硯は山口県の赤間硯ではないかと考えられる。

　砥石について中砥石は伊予国砥部の産出・生産品であることは先述したとおりであるが、荒砥と仕上砥石については伊予国外に産地をもつ流通品であ

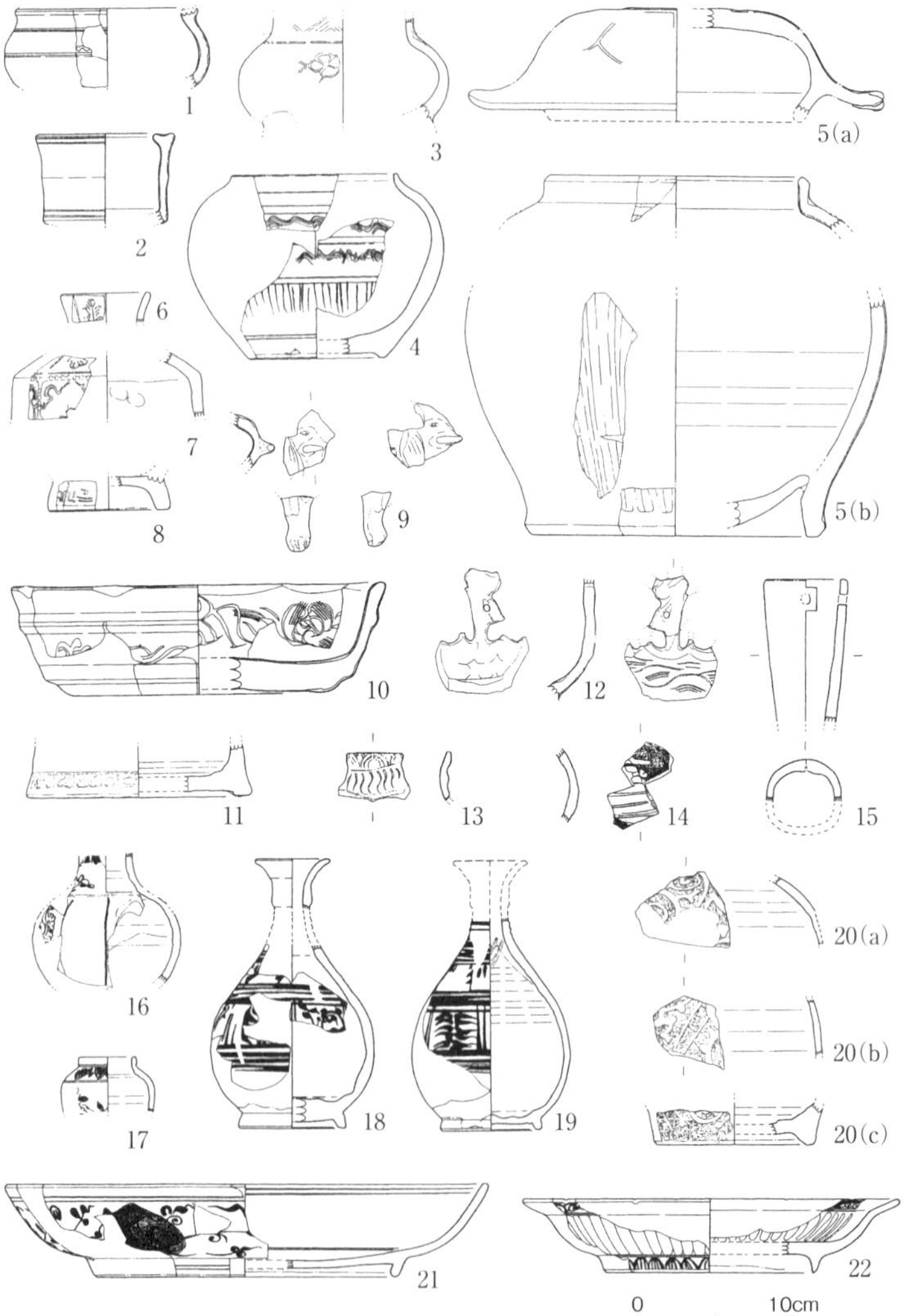

図55　威信財と考えられる製品

1～3：青磁香炉、4～8：青磁壺（5は酒会壺)、9・12：青磁（袋物)、10：青磁盤
11：高麗青磁、13・14：華南三彩鳥形水注、15：白磁（花生)、16：青花壺
17：五彩壺、18・19：鉄絵壺、20：黒釉壺（吉州窯系)、21・22：青花皿

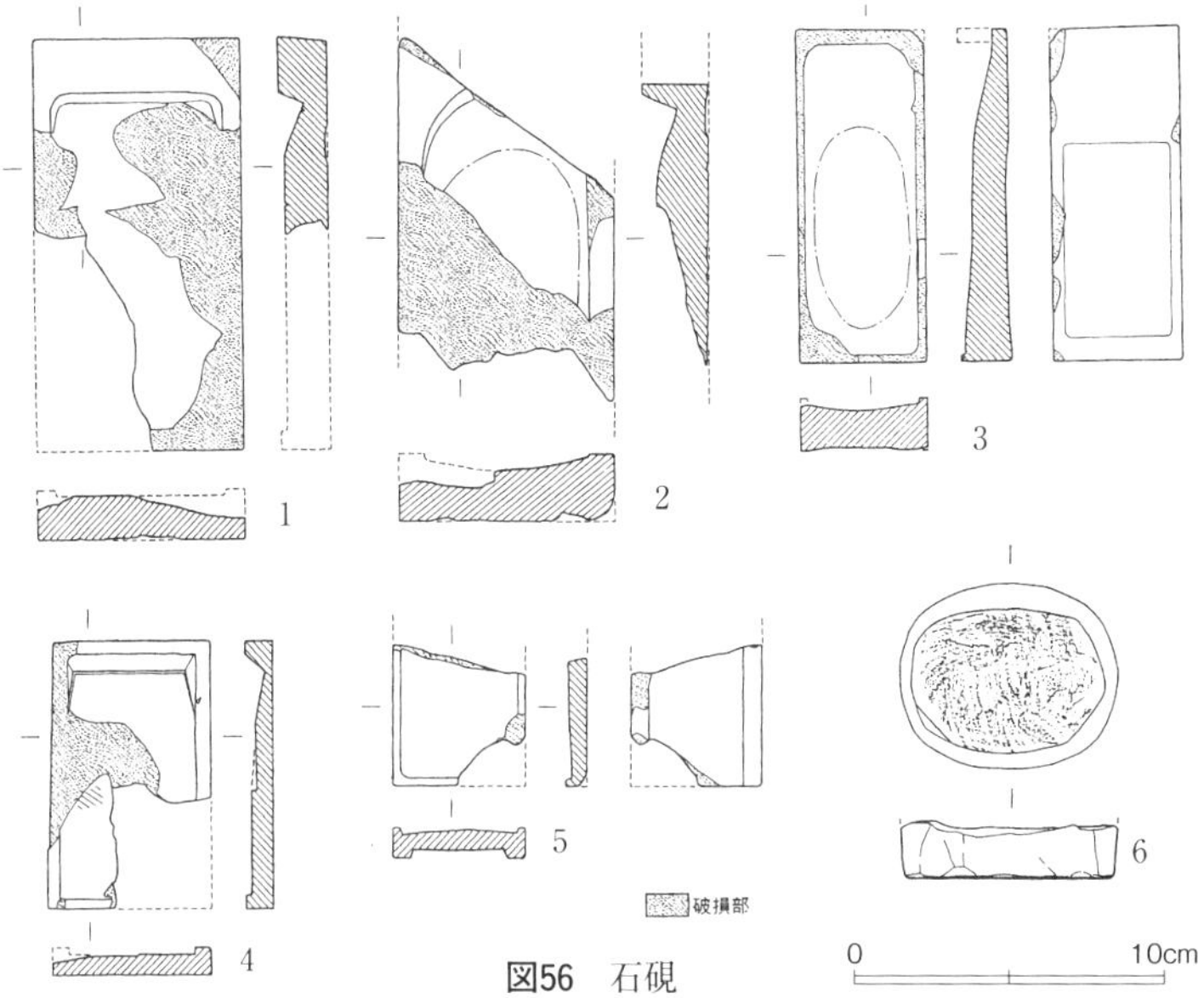

図56　石硯

1～5：赤間硯、6：不明

る。荒砥石は長さ二六センチ×幅一二センチ、厚みも一一センチを測る大型品がある。石質は砂岩で長崎県大村産の可能性が強い。仕上砥は頁岩製で短冊型の規格品が多数出土している。最も多い寸法規格は、横幅を三・三センチ前後にそろえているが、長さについては八センチ位から一〇センチ程度、厚みも五ミリから一・五センチ程度までさまざまである。

また、幅については六センチのものもあり、原材から切りそろえて製品化する際に、おおよそ一寸幅を基調としていたことがうかがえる。ただ、出土品のなかには同じく頁岩製であるが不定形で、切りそろえた痕跡のない端切れ（屑）のようなものもあり（図46の11）、かならずしも統一規格のもとに製品化されていたものだけが流通していたのではないことがわかる。幅が四センチのものなどは、おそらく端切れから切って使用していたものと推定できる。また、砥石の先端部には漆の付着した

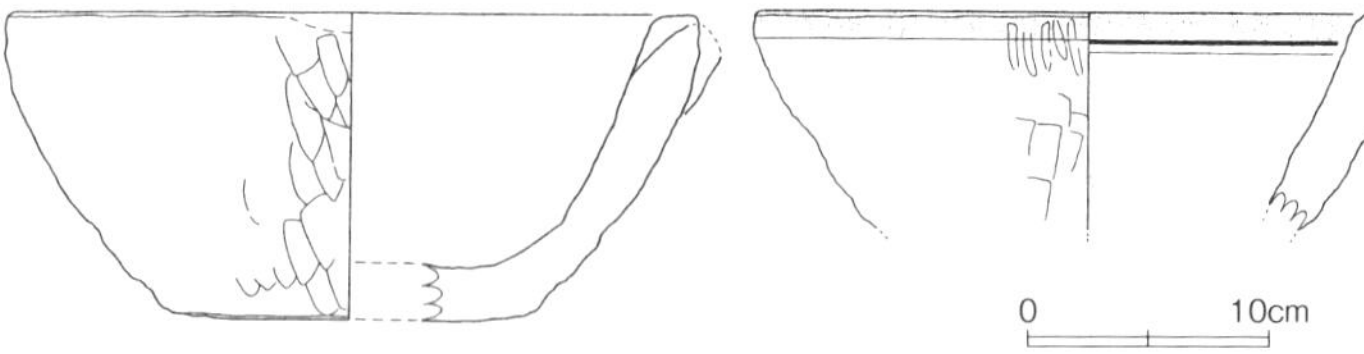

図57　石鉢

ものもあり、研ぎ出し以外にも緊急的か一時的な武具の補修などのときに、塗りの段階でも使用していた可能性が考えられる。これら頁岩製の仕上砥の産地としては、京都の鳴滝が有名であるが、これらの砥石も京都鳴滝系のものと考えられる。

　西側居住区では凝灰岩製の鉢が四点出土している。口径二九センチ程度で底部から内湾しながら立ち上がる。片口がつくのが特徴で、器壁は二～三センチと厚く、外面には整形段階のハッツリ痕跡が明瞭に残る。いずれも内面に被熱を受け赤化している。坩堝として使用した可能性も考えられる。

金属製品　出土した金属製品は武具・日常生活品・建築関係品・その他に分けられる。

　武具では刀装具や鏃、鎧装具・鉄砲玉などがあるが太刀の頭や鐺、小柄・笄などは表面の細工がまったく施されていないか、簡素な細工に止まっているものが多い。薙刀の石突も出土している。弓矢の先端に装着される鉄製の鏃は平根・尖根・雁又などの種類が出土している。一部の製品について含有成分等の科学分析を実施した結果、岩鉄系素材を使用した鍛造品であるが、焼き入れは行われていないことが明らかとなった。鎧装具では、先端がハート形を呈するいわゆる伊予小札や長方形状の平小札が出土している。伊予小札についても科学分析を実施した結果、岩鉄系素材の使用が明らかとなった。鉄砲の玉が一点出土している。直径一二・〇ミリ、重さ八・六グラムの鉛玉である

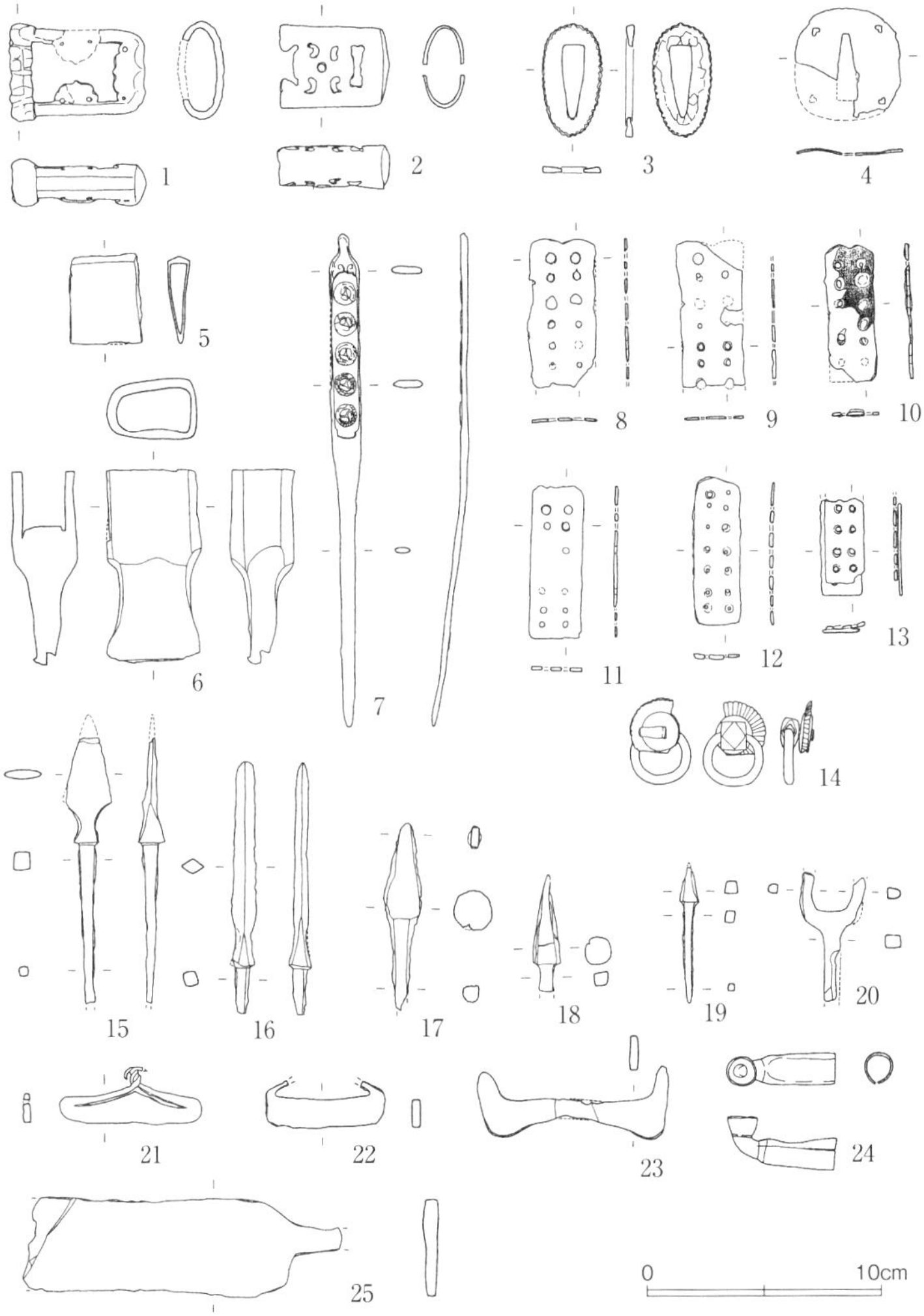

図58　金属製品（1）

1～5：刀装具（1：頭、2：鐺、3：切羽、4：鐔、5：鎺)、
6：薙刀の石突、7：笄、8～13：小札、14：兜金具、15～20：鏃、
21・22：火打金、23：苧引金、24：煙管、25：包丁

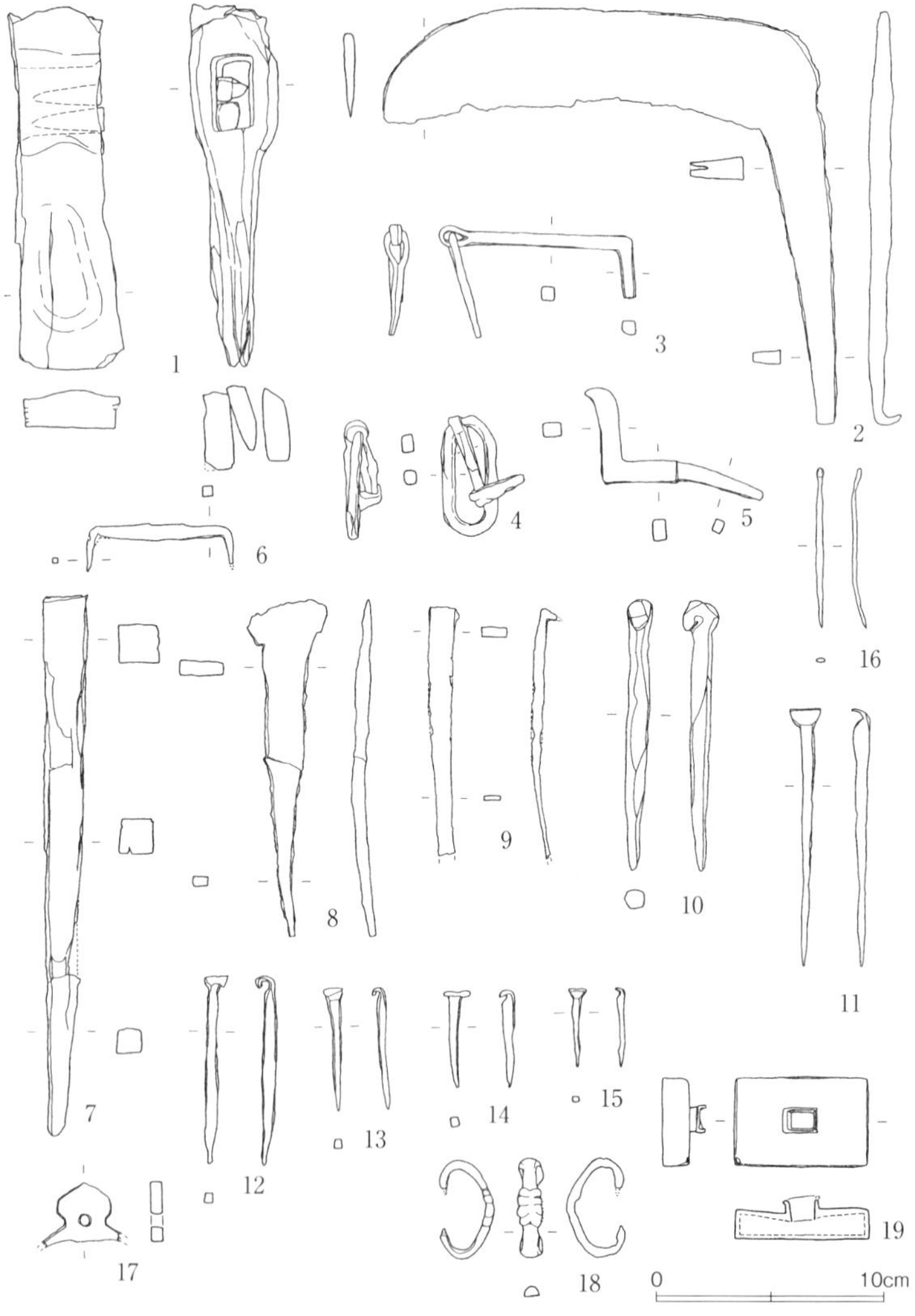

図59 金属製品（2）

1：斧、2：鎌、3・4：煽り止め、5：鉤状金具、6：鎹、7：鏨、
8～15：釘、16：耳掻き、17：調度金具、18：不明、19：水滴

銭名	国・王朝	初鋳年	出土数
開元通宝	唐	621	7
太平通宝	北宋	976	1
淳化元宝		990	1
至道元宝		995	1
咸平元宝		998	3
祥符通宝		1009	4
天禧通宝		1017	3
天聖元宝		1023	2
明道元宝		1032	1
皇宋通宝		1038	16
至和元宝		1054	2
嘉祐元宝		1056	4
治平元宝		1064	2
治平通宝		1064	1
熙寧元宝		1068	6
元豊通宝		1078	9
元祐通宝		1086	4
紹聖元宝		1094	4
元符通宝		1098	1
聖宋元宝		1101	2
大観通宝		1107	4
政和通宝		1111	4
宣和通宝		1119	1
正隆元宝	金	1157	1
洪武通宝	明	1368	2
永楽通宝		1408	43
嘉慶通宝	清	1769	1
道光通宝		1821	1
寛永通宝	日本	1636	11
不明			35
合計			177

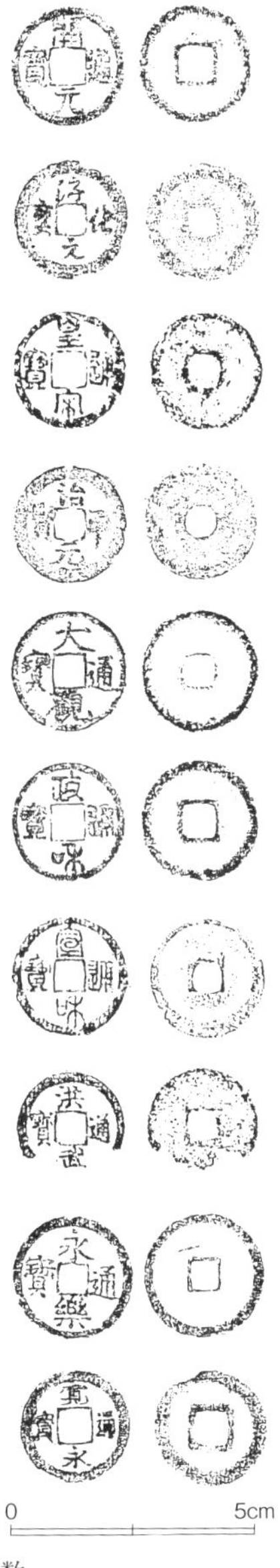

図60　銅銭の種類と出土数

ことから、火縄銃は最も一般的といわれる二～三匁の細筒であることがわかる。

日常生活のための道具としては、火起こし道具の火打ち金、包丁や鎌・手斧などが出土している。喫茶に使われたと考えられる鉄製の鍔釜もみられる。包丁は菜切り包丁の形態である。鎌は刃部の厚みが五ミリ程度と薄いことから草刈り鎌とみられる。手斧は柄の差し込み部に三本の楔が打ち込まれており、木質が残存していた。

建築関係品では和釘の出土が最も多い。大小・長短さまざまなサイズの釘がみられるが、釘頭の形態により階折釘と巻頭釘に分けられる。一般的に階折釘は丈夫で錆びても頭が飛びにくいので、建物外部の造作に使用する。一方、巻頭釘は頭が目立ちにくいため、内部造作に使用される。釘の一部を成分分析した結果、砂鉄を原材料として鍛造により製作されたことが明らかとなった。釘の他には、煽り止め金具が出土している。それ以外のものとしては鏨状の製品や煙管があるが、断片的で使用方法の不明な製品も多い。

銅銭は一二一枚出土した。そのうち、寛永通宝など江戸期のものが一一枚で、文字の判読不明なものが三五枚ある。初鋳年の最も古い銭は「開元通宝」で、出土枚数の最も多いのは「永楽通宝」の四三枚である。

Ⅳ　湯築城の特性

ここでは、前章において個別に説明した各遺構の配置を再度段階ごとに復元し、遺物の種類・量・出土状況などを加味した上で、城内における旧動物園区の機能について考察を行い、湯築城の特性がどこにあるのかを明らかにしたい。

1　遺構構成と遺物出土状況

一段階の遺構構成

発掘調査は、旧動物園区のなかでも西側地区の一部分で行われているにすぎず、広範囲な配置については正確に言及できない。よって部分的にみられる遺構からの推定となる。

道路内側の排水溝は、北端ではクランク状の屈折をもち、道路の内側を流れている。クランクから分岐し、そのまま居住区側にも延びている。旧動物園区内の東側居住区でも、排水溝は道路の内側にしか検出されていないことから、外堀掘削当初段階の排水溝は、全体的に道路の内側をめぐっていることが推定できる。部分的に入れた確認トレンチでは、排水溝の内側に土塀基礎が検出されており、居住空間では少なくとも二カ所の区画が

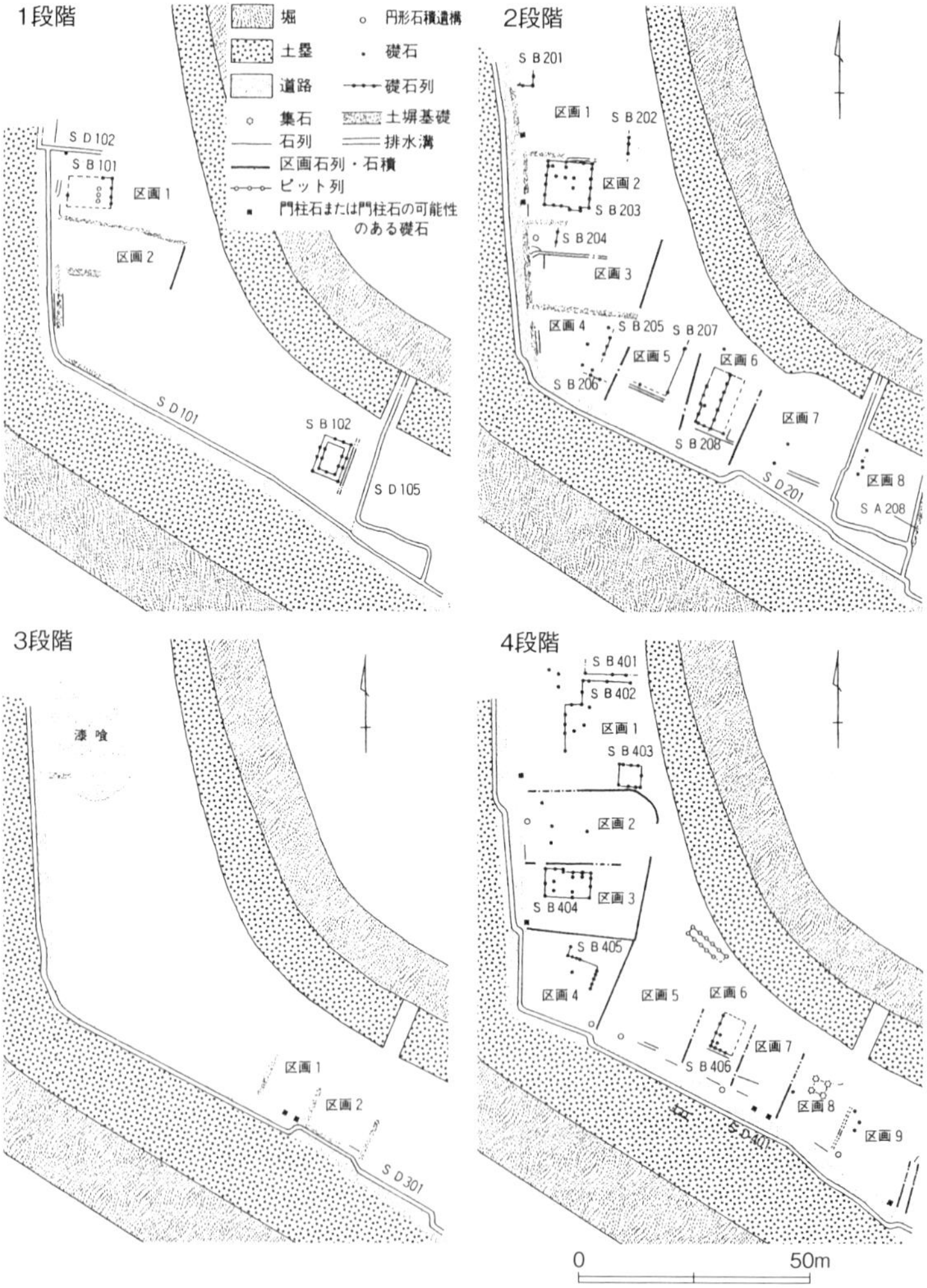

図61　西側居住区段階別遺構配置

確認できる。区画1はクランクから伸びる排水溝とその南約一三メートルのところに、長さ二五メートルにわたって東西方向につくられた土塀基礎が検出され、その間に礎石建物が一棟建てられている。礎石が部分的にしか残存していないので、建物の全体規模や間取りは不明である。区画2は土塀基礎の南側になるが、内堀側に南北約一〇メートルの石列があり、これが敷地の奥行の境界の可能性がある。南西コーナー部から約六〇メートル東側では礎石建物が検出された。この建物については第Ⅱ章で詳述してある。建物の東端から六メートル東側に内堀からつづく排水溝が検出されたが、この溝については、エリアの境界となっている可能性を指摘しておきたい。

　中央区では、南北方向の石列が一条検出されているだけで十分な様相把握はできない。

　東側居住区では、排水溝の内側に土塀基礎が検出されている。また、内堀土塁の裾に石積みの排水溝が検出されている。ただ、西側居住区では内堀土塁裾に排水溝の痕跡が検出されていないので、連続してめぐっているのか不明であるが、中央区と東側居住区の間の南北方向に、内堀土塁が「T」字状になる土塁（図26）が存在する可能性が高いことから、西側には連続していない可能性も考えられる。

　全体を見渡すと、西側居住区の一段階では道路の内側に排水溝がめぐり、さらに土塀による各区画があり、区画内には最低一棟の礎石建物が建てられている。東側居住区も同じく排水溝が道路の内側にめぐり、さらにその内側に平行して土塀がめぐっており、細かな区画のない広い空間が広がっていたと考えられる。

一段階の遺物出土状況

　とくに建物内からの出土量や種類が少ないことか

ら、特別な機能を抽出することはできなかった。ただ、四周に縁をもつ建物をどう評価するかということだろうが、今のところ答えをもちあわせていない。

二段階の遺構構成

最も遺構・遺物の充実した段階である。道路内側に取り付いた一段階の溝は埋め戻されて、外堀土塁側に新たにつくられるが、区画7のところから東では道路内側となる。道路の内側には土塀がめぐる。土塀によって各区画境がつくられている構造は、第一段階と変わりない。ただ、南西コーナー部から東側居住区については、明確な土塀基礎は検出されておらず、小礫を配した石列が目立つ。明確な土塀基礎が検出されているのは、中央区との境のＳＡ２０８となる。このことから、西側居住区の中央区よりは、柴垣などの簡易な区画施設であった可能性が考えられる。その場合、北側の土塀で区画された居住区にくらべると、柴垣などによる簡易な区画の独立性は弱いと考えられる。

このように西側居住区からは、中央区までの間に土塀や石列などによって、八区画が存在することが明らかとなった。

中央区では、内堀のオーバーフロー用排水溝と道路内側の排水溝と合流する箇所で、溝が大きく鉤型に屈折するため、道路幅が狭くなっている。他にはＳＡ２０８の東側四《メートル》に石組排水溝が検出され、内堀側では石組井戸がつくられ機能している。構築段階の明らかな遺構はこれだけである。

東側居住区では、一段階と確認された土塀基礎を壊して、その上に同じく土塀基礎が再構築されている。この土塀は道路側の排水溝と平行につくられていることから、一段階と同様に居住区のまわりを取り囲んでいるものと考えられる。この地区の遺構配置の最大の特徴は、西側居住区と対照的に、まわりを土塀で囲まれただけで、細かな区画が存在しない広い空間に、礎石建物や廃棄土坑などが構築されていることである。

全体を見渡すと、西側居住区では八カ所に区画された中に建物が建てられ、その区画は中央区との境で終わり、東側居住区では中に区画のない広い空間に建物が建てられているという景色となる。

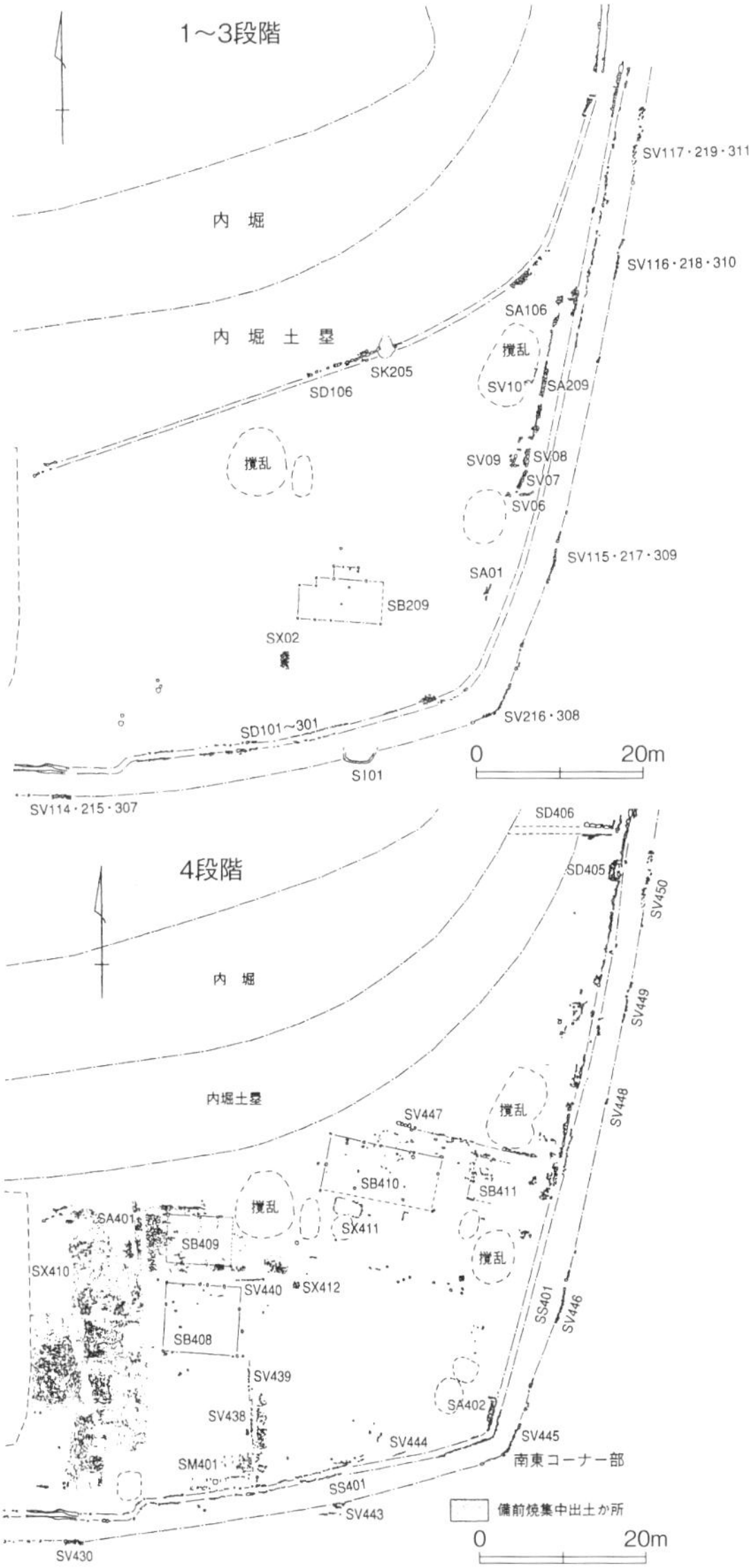

図62　東側居住区段階別遺構配置

二段階の遺物出土状況

西側居住区では遺物遺存状況が良好で、多種・多量に出土している区画２・３・６・７の遺物についてまとめる（表１）。

輸入陶磁器の供膳具（碗・皿・杯）はいずれの区画でも出土が見られ、その量も多い。とくに区画２と７は青磁碗・白磁皿・青花皿などが多数出土しており、同種の物をまとめて所有していたことがわかる。区画３では五彩皿が同様である。

貯蔵具では、区画２・３・６は備前焼大甕が七個体から一〇個体と多く出土している。中に何を貯蔵していたのかにもよるが、一石（約一八〇リットル）入りの甕で考えても一軒の屋敷に一〇個体はかなり多いという印象がある。

一方、区画７では三個体と少ない。壺では備前焼の製品が多く、区画２と６では一〇個体前後所有している。中国製・李朝・タイ製は区画７でまとまっているが、区画６では出土していない。

煮炊具・調理具の鍋や擂鉢はどの区画からも出土しているが、とくに区画７に多い。土師器の擂鉢は全体でも出土量は少ない製品であるが、区画２からは出土している。

臼は粉挽き臼と茶臼があるが、茶臼の出土量が多いことは、Ⅲ章で先述したとおりである。粉挽き臼は区画２だけで出土しているが、区画７では二種とも出土していない。

砥石・硯・武具などはいずれの区画からも出土しているが、とくに区画２に多い傾向がある。

奢侈品（高級・贅沢品と位置づけられ、出土のめずらしいものや茶・香関係品）はいずれの区画でももっているが、とくに区画２と７で種類が豊富である。

次にＳＢ２０３出土の土器の接合率と、出土位置などの状況をみる。

表１　２段階区画別遺物出土状況

出土遺物の種類＼区画		区画２ SB203	区画３ SB204	区画６ SB208	区画７
輸入陶磁器供膳具	青磁碗	●●●●●●●●●●●(11)	●●(2)	●●●(3)	●●●●●●●●(8)
	青磁皿	●●●●●●(6)	●(1)	●●●●●(5)	●●●●●●●●(8)
	白磁碗	●●●(3)		●(1)	●(1)
	白磁皿	●●●●●●●●●●●●●●●(15)	●●●●●(5)	●●●(3)	●●●●●●●(7)
	白磁杯	●●●●(4)	●●●●(4)		●(1)
	青花碗	●●●●●●(6)	●●●●●(5)	●●●●●(5)	●●●●(4)
	青花皿	●●●●●●●●●●(10)	●●●●●●●●●●●●(12)	●●●●●●●(7)	●●●●●●●●●●●●●●●●●●(18)
	五彩皿	●(1)	●●●●●●(6)		
貯蔵具（大）	備前焼大甕	●●●●●●●●(8)	●●●●●●●●●●(10)	●●●●●●●(7)	●●●(3)
	類亀山焼甕	●(1)		●(1)	
貯蔵具（中・小）	備前焼甕	●(1)	●●●(3)	●●(2)	●(1)
	備前焼壺	●●●●●●●●●●●●●(13)	●(1)	●●●●●●●(7)	●●(2)
	中国壺	●●(2)	●●●(3)		●●●●(4)
	李朝壺	●●(2)			●●(2)
	タイ壺				●●●(3)
煮炊・調理具	土師質釜・鍋	●(1)	●●(2)	●●(2)	●●●●●(5)
	備前焼擂鉢	●●●●●●(6)	●●(2)	●●●●●(5)	●●●●●●(6)
	土師質擂鉢	●(1)			
石臼	粉挽き臼	○			
	茶臼	○	○	○	
砥石	砥臼	○	○	○	○
文房具	硯	●●●●●●●(7)	●●(2)	●●●●(4)	●●(2)
武器・武具	刀装具・鉄鏃・小札など	●●●●●●(6)	●●(2)	●(1)	●●(2)
奢侈品・珍品	青磁香炉	●●(2)		●●(2)	●(1)
	青磁大型品他	鉢・壺・水滴？	壺		盤
	白磁		壺？・合子？		
	青花	鉢	鉢		大皿
	天目茶碗	●(1)		●(1)	
	その他	人形			褐釉碗・粉粧灰青沙器碗

備前焼も含めた土器の区画２内での接合率は八六%と高いことから、出土遺物が元からこの区画内で使用されていたことは明らかで、火事の後も遺物の散逸がなく、区画内での火事場整理が行われていたことが推測できる。全体的には建物のなかでもとくに三間×三間の部屋に多い傾向が明らかであるが、土師器皿・杯に関しては入口側かその奥の部屋に多い傾向がある。また、備前焼大甕は建物外の北西隅から集中的に出土しており、屋外に甕が数個並べて置いてある状況が想定できる。

この建物に特有の三間×三間の間取り（九間）の存在から、ＳＢ

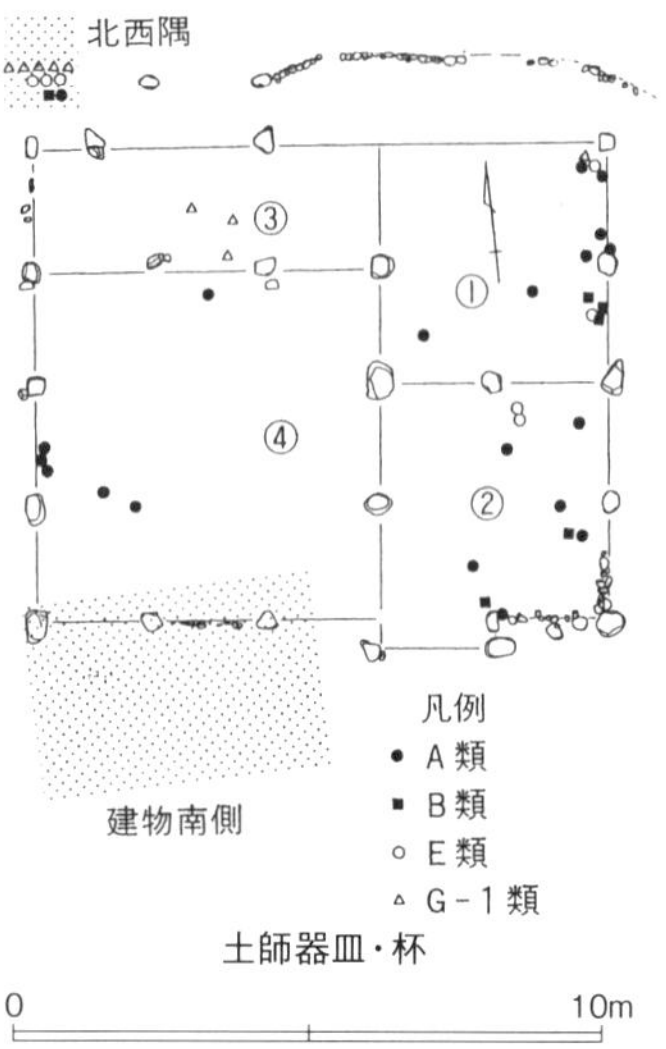

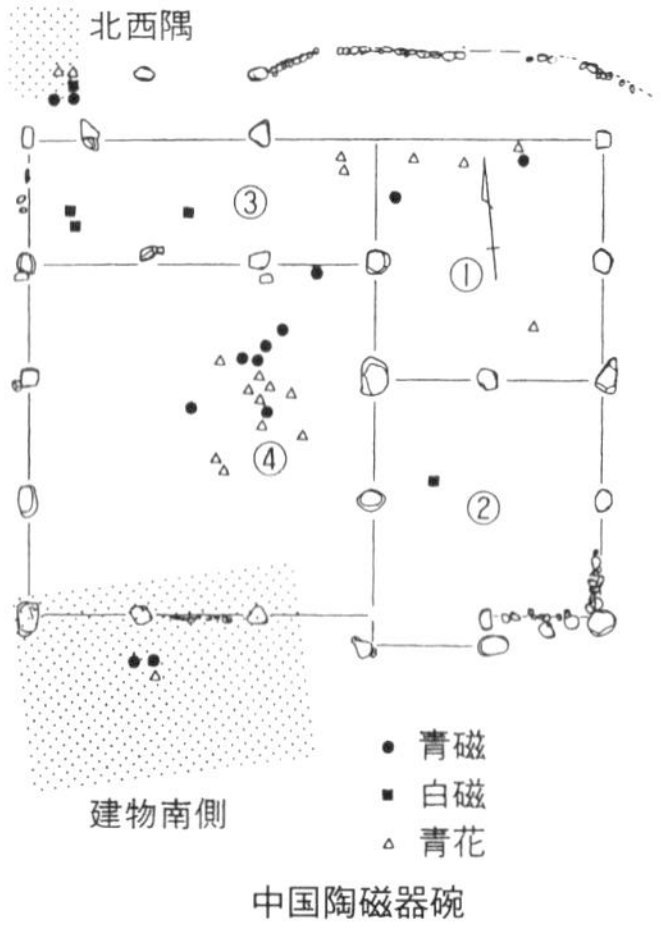

	区画内接合率	区画外接合率
SB 203	85.9%	14.1%
区画 7	91.3%	8.7%

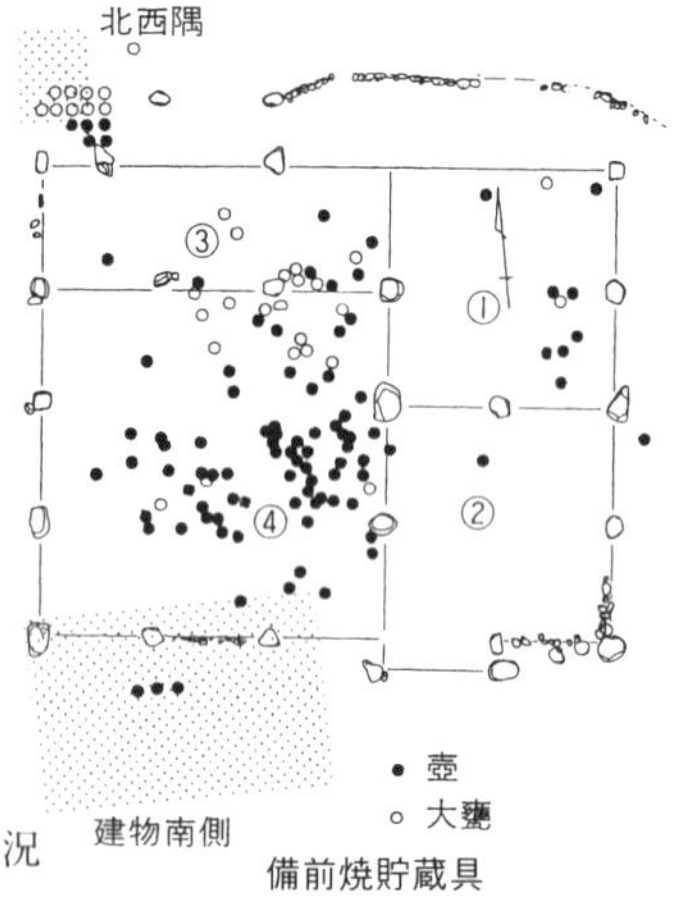

図63　礎石建物203種類別遺物出土状況

２０３の建物は会所として機能していたとも考えられ、接客場としての必要性から出土意義を解釈することも可能である。

西側居住区全体を見ると、量の多寡は存在するが、いずれかの種類の遺物が数量的に大きく突出している傾向はみられない。このことは、西側居住区全体がいわば平均化された状況と解釈できる。さらに、奢侈品についてはその種類や量が個人の地位や建物の格式を表すとする考え方もあるが、どの区画でも出土していることから、絶対的な甲乙は付けがたい状況である。このような状況を整理した柴田圭子は、土師器皿・杯を加味して解釈した。それは、格式の高い儀礼・饗宴などに使われ一括廃棄される土師器皿・杯を捨てた土坑が、区画7の一カ所でしか検出されていないことから、西側居住区は儀礼や儀式にあまりかかわりのない地区であったと推定したのである。さらに、結論として「内容に偏りのない、比較的均質な生活の場＝家臣の居住区」と位置づけた。

中央区は下面の調査があまり進んでいないので、出土遺物の種類や量は少なく、とくに地区の特徴を示す遺物はなく、奢侈品なども見られなかった。二段階でどのように使われていたのかを遺物から発信できる情報はない。

東側居住区でも二段階の遺構は少ない。そのなかにあって、土師器皿・杯が廃棄されている土坑からは、他に中国陶磁器の青磁碗・白磁皿・青花皿・褐釉壺、備前焼の甕・壺・擂鉢、土師器擂鉢、瓦質擂鉢、さらにきわめてめずらしいものとして丹波焼の擂鉢が出土している。これらの遺物はとくに地区の機能を推察できるものではないが、旧動物園区で二番目に大きな土師器皿・杯の廃棄土坑であることから、この地区内に儀礼・儀式に関連の深い建物や人物が居住していたと推定できる。

三段階の遺構構成

この段階の遺構は二段階の遺構が火災で焼け落ちた上の整地層に検出されるが、先述のとおり均質な整地が行われていないため、むしろ上層のⅡ層をはがして検出された遺構ととらえた方がよい。

西側居住区では、中央区との境の西側に、道路に直行する三カ所の土塀基礎が検出され、区画が存在することがわかった。この箇所以外では調査区北端にわずか一メートルではあるが土塀基礎が検出されている。また、ここには二五メートル×一五メートルの広範囲に厚さ五ミリの漆喰が平坦に貼り込まれているが、遺構との関連は不明である。全体像は不明な点が多いが、中央区に隣接する箇所では、明確な区画意図があったことが明らかである。

中央区では、城内最大の土師器皿・杯の廃棄土坑が検出されていることから、近くに儀礼・儀式関連遺構の存在が想定できる。他に短い石列や集石がみられるが、全体構造の復元はむずかしい。

東側居住区では、トレンチによる試掘調査においても、この段階と認定できる遺構は確認できておらず、中央区以上に把握が困難である。

三段階の遺物出土状況

この段階は遺構の認定でも明らかなように、一つの面として同質な判断がむずかしい現実がある。遺物においても同様であることを断わっておく。

西側居住区では、とくに土坑の一括廃棄品が多い。大半は土師器の皿・杯であるが、そのなかで、南西コーナー付近で検出された土器溜３０１からは墨書土器がまとまって出土しているが、どんな意図で書かれたものかは判断できない。他には、華南三彩鳥形水注があるが、当時においては奢侈品で、出土はめずらしい。

中央区では、廃棄土坑から遺物が多く出土しているが、そのなかには中国吉州窯産の黒釉壺や瀬戸・美濃産の水滴などめずらしい製品もみられる。

東側居住区では、とくに地区の性格を表すような出土遺物は見られない。

三段階では、二段階の遺構で使われていたものと大きな変化はないことから、機能的な変遷について説明することはむずかしい状況である。

四段階の遺構構成

西側居住区では、道路側の排水溝に変化が現れる。前段階までは、屈折箇所が二カ所であったが、この段階では、四カ所確認できる。さらに、屈折箇所からは居住区内に石列が延び区画をつくりだしている。とくに区画4は顕著である。部分的には土塀基礎状の集石も見られるが、明確なものではなく、このエリアの区画は石列や集石によってなされているといっても過言ではない。全部で九区画の存在が認められる。ただ、二段階で見られたような確たる区画の意図は感じられず、均一な整備状況には程遠い感がある。

区画内には礎石建物があるが、全区画では確認できていない。そのなかにあって、区画3の建物は廃棄された瓦が多量に出土しており、城内で唯一礎石と瓦が一体となって検出されており、確実に瓦葺であったとわかる建物である。ただし、瓦当類は出土していないことから、もち運ばれ他の建物に転用されたものと考えられる。その他の建物については全体規模が不明であるが、区画1の建物は大型になる可能性が強い。また、調査区の北端には東西方向から南北にかけて「L」字型に曲がった土塀を検出しているが、この土塀基礎は城内最大幅の大型土塀と考えられ、搦手門に直面する場所として、明確に防御の構えがとられていたことが想定できる。

中央区を特徴づけているのは池遺構である。池の東側には曲水の溝が設けられており、礎石建物がみられる。池とのセットで景観復元をすると、この区は全体が庭園という位置づけになる。

東側居住区では、道路内側の排水溝と一体化した土塀がめぐり、一つの広い空間をつくり出している。排水溝は中央区との境で屈折しており、西

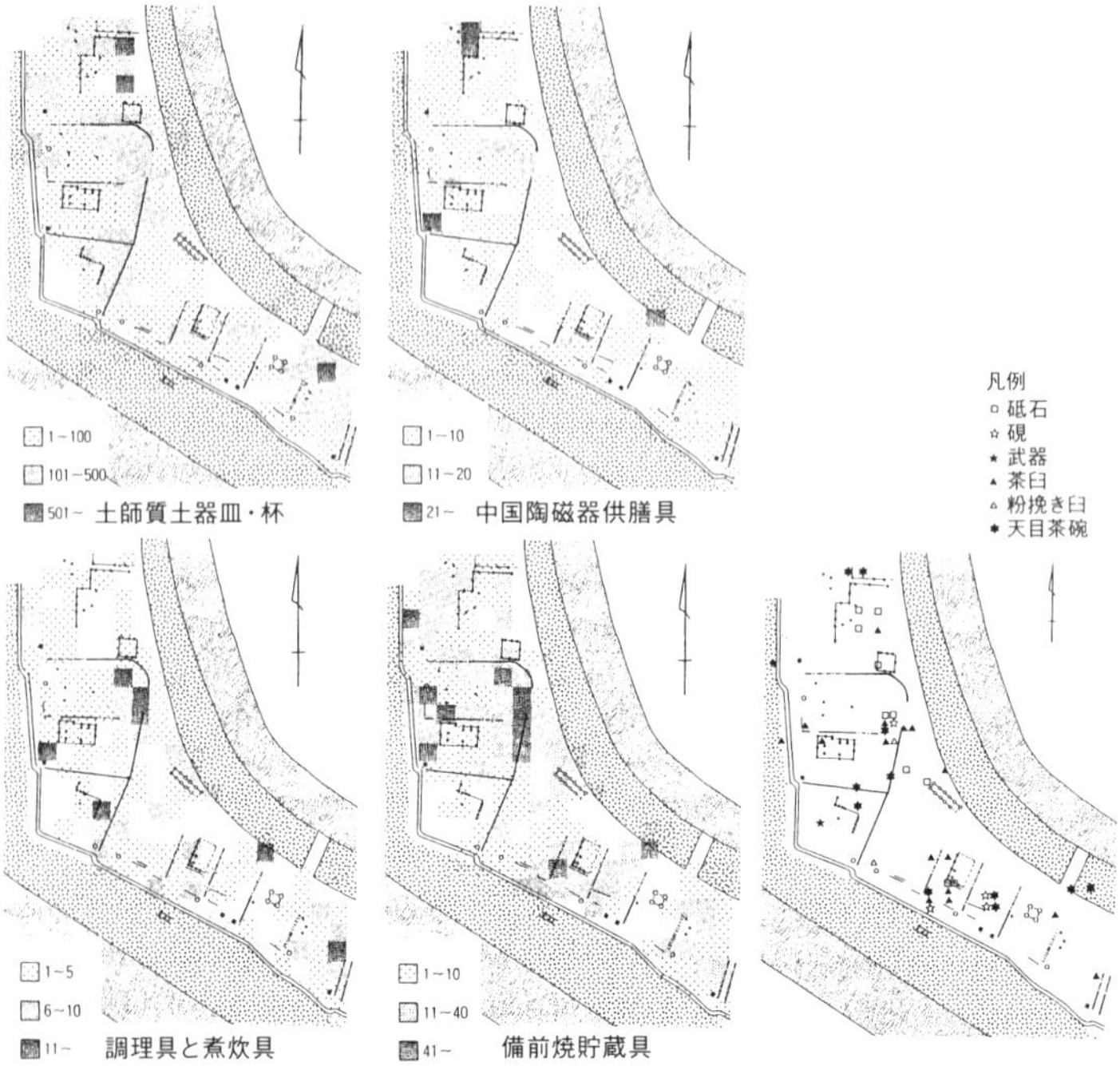

図64　西側居住区４段階出土遺物分布

側居住区で顕著に見られた溝屈折箇所と区画ラインの位置関係からみて、この屈折箇所には、内堀側にわずかに検出されている土塀基礎がつづいていたと考えて間違いないであろう。この段階では内堀土塁は高さを失って、土塁の機能ははたしていないとみられることから、丘陵部南東端の借景を取り込んだ空間ということができる。また、庭園区との境につくられていたと推定した土塁については、基底となる石原が多数の遺物が出土していることから、内堀土塁同様、削り取られていた可能性が高いと考えられる。空間内には礎石建物が最低三棟あり、南東コーナー付近は、遺構のない広場的空間となっている。

四段階の遺物出土状況

西側居住区全体を五《メートル》×五《メートル》のグ

リッドごとに区切って、土師器皿・杯、中国陶磁器供膳具、調理具・煮炊具、備前焼貯蔵具の出土数比較表から傾向をみてみよう。

土師器の皿・杯は居住区の全体から出土しているが、建物の裏にあたる内堀側に多いようである。区画1と8が多いが、8は前段階の廃棄土坑の影響が考えられることから、区画1が突出しているといえる。中国陶磁器は全体的に出土数が少

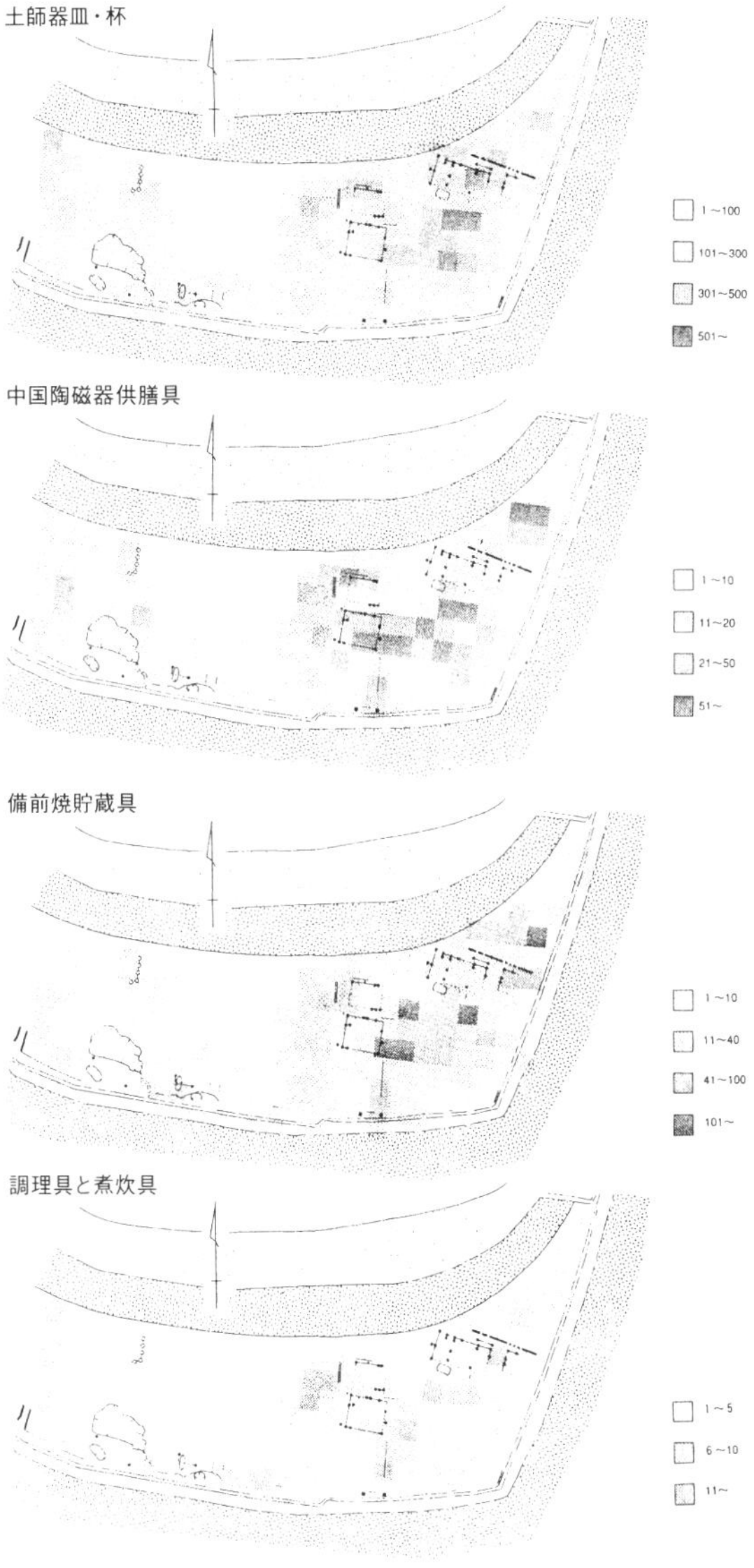

図65　東側居住区４段階出土遺物分布

なく、まったく出土していない空白部分も目立つ。そのなかでとくに区画1の北端部に集中して出土する。調理具・煮炊具では区画2から3の内堀側に多い傾向がみられる。備前焼貯蔵具は比較的出土量が多く、区画2から3にかけて集中しているが、とくに内堀側に広範に出土している。

全体的にまとめると、区画2と3では調理・煮炊・貯蔵具の出土が目立ち、供膳具は区画1で多い傾向にある。一方、総体的に区画4・5・8は出土量が少なく、特徴が抽出できない。以上のような出土量の差と種別密度の差が顕著な状況は、二段階との大きな違いとしてとらえられる。

中央区では出土遺物全体の約八五%が供膳具で、ほとんどは土師器皿・杯である。貯蔵具は備前焼が大半で、全体の一〇%程度、煮炊・調理具は全体の二%にも満たない。

東側居住区ではほぼ万遍なく遺物が出土している。ここでもやはり土師器皿・杯が最も多く全体の七九%で、貯蔵具は一六%で大半が備前焼である。煮炊・調理具は中央区と同じく二%しか出土していない。出土分布的には、遺構がほとんど検出されていない広場的空間に多い傾向が看取できるが、これらは隣接する礎石建物内で使用されていたものであろう。

さらに、特徴的な遺物として、青磁の盤・香炉・袋物のほか、李朝白磁碗や高麗青磁梅瓶などきわめてめずらしいものも出土している。また、香炉や盤などの出土量が他地区にくらべて多いのもこの地区の特徴といえる。

2　礎石建物の間取り

各種遺構のなかでも、とくに礎石建物については、規模と間取りがわかれば建物の機能が解釈できる場合もある。湯築城跡の調査全体では二六棟の礎石建物跡が確認されている。そのうち、ほぼ規模の推定が可能なものは全部で九棟あるが、礎石の遺存が良好で全体規模が確実なものは、そのうちの一棟（二段階の区画2・図66―③）しかない。ここではこの一棟と、規模の推定がほぼ可能であった一棟（二段階の区画6・図66―④）の建物について、再度間取りも含めて詳述する。

西側居住区の二段階区画2の礎石建物は、四間×五間（七・八八メートル×九・八五メートル）で、各柱間寸法は一・九七メートル（六尺五寸）で統一されている。この建物では間取りに三間×三間（九間）の間がつくられているが、この九間をもつ建物を会所という。当時の会所としては足利義政が築いた東山殿が有名で、主室（九間）では連歌・闘茶・回茶・月見や宴会などが行われていた。区画2の建物は東山殿にくらべれば、西六間と西茶湯間・床三帖などがない以外はほぼ同じつくりである。この建物の原型となったのが東山殿であることは間違いのないことであるが、このように京の高い水準の文化の一端を取り込んで、そこに自らの権威を鼓舞しているものと考えられる。ただ、こうした動きは何も河野氏にかぎったことではない。阿波国の実権者である三好氏が、十六世紀半ばに拡張したとされる勝瑞館跡でも、庭園に会所が建てられている。この建物は九間の西に廊下と茶座敷（推定）と西六間が見られ、東山殿にきわめて類似するつくりとなっている。また、安芸国の吉川元長が別邸として一五七四（天正二）年頃に建て、後に菩提所となった万徳院でも、柱間寸法は違うが、本堂の構造は九間を中心とした会所のつくりである。また、元長の死後に増築された庫裏も九間をもつつくりとなっている。

同じく、西側居住区二段階の区画6の礎石建物

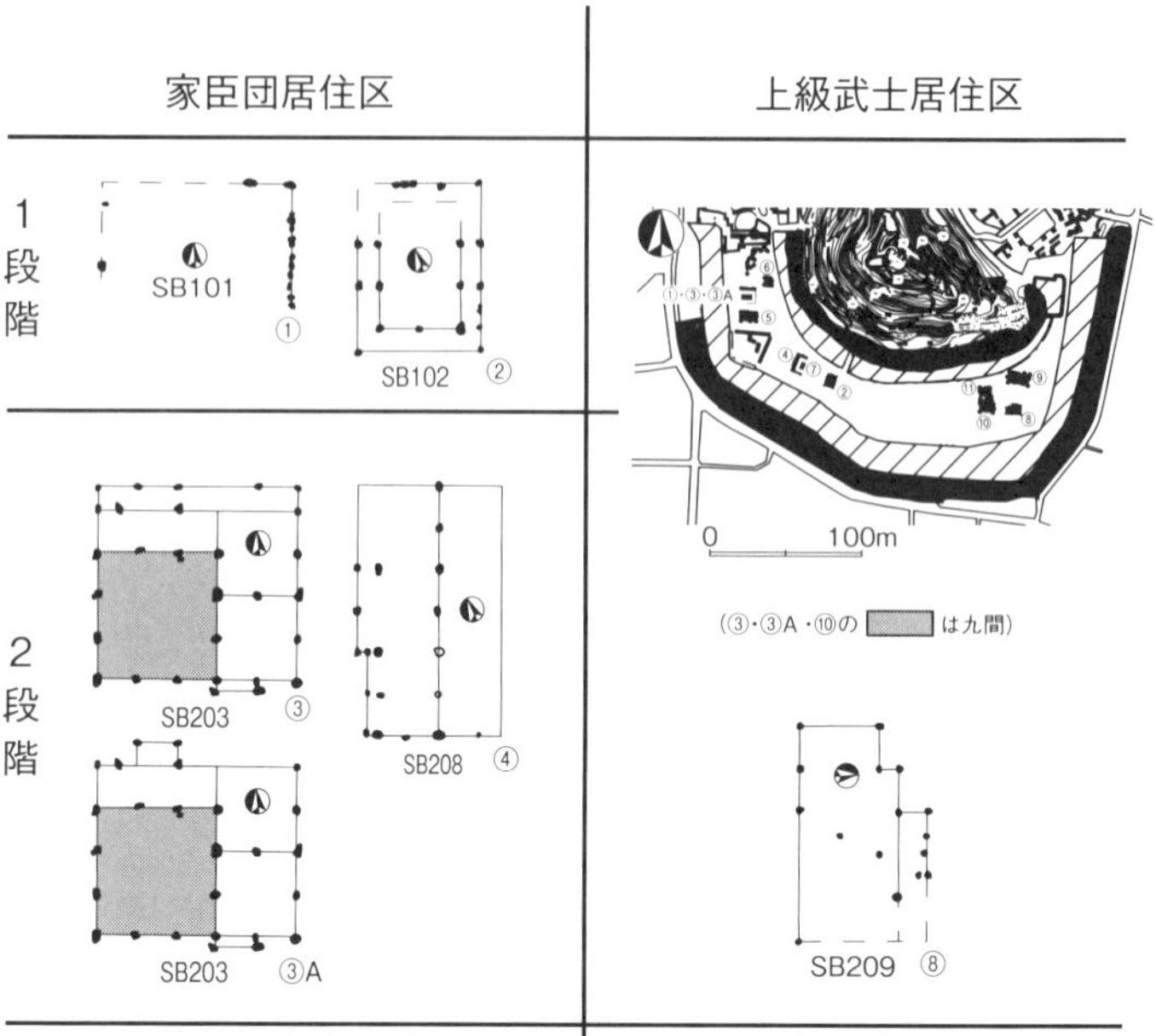

①	②	③	③A	④	⑤	⑥	⑦	⑧	⑨	⑩	⑪	
—	43.8	87.3	77.6	79	52	18.4	—	40.9	88.4	69.9	44	㎡

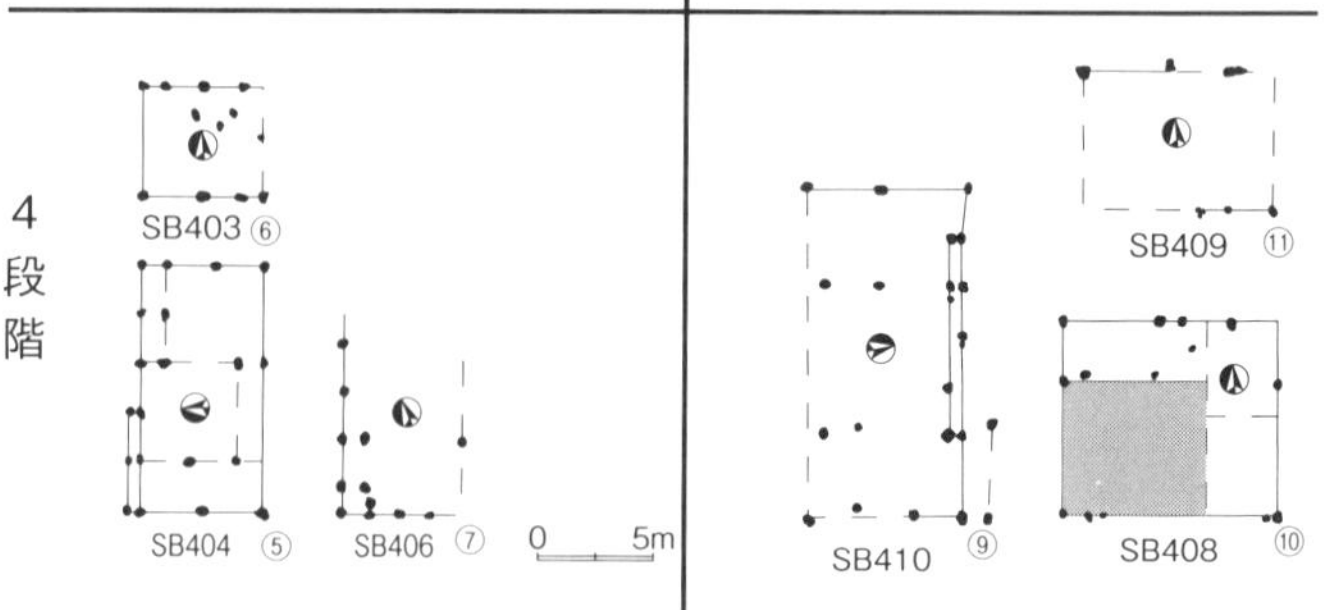

図66　礎石建物比較図

〔　〕は推定

西側調査区						東側調査区					
遺構名	柱間数	規模(cm)	柱間寸法(cm)		面積(m²)	遺構名	柱間数	規模(cm)	柱間寸法(cm)		面積(m²)
SB101	×	×	121·〔191〕	197							
SB102	2×〔3〕	600×805	200	200	〔48.3〕						
SB201	×	×	200	200		SB209	〔2.5〕×54	92.5·1,000	197	197	40.9
SB202	×	×	121·212								
SB203	4×5	788×985	197	197	78.6						
SB204	×	×	197								
SB205	×	×		197							
SB206	×	×	248								
SB207	×	×	〔197〕	〔197〕							
SB208	〔2〕×〔6〕	〔705〕×〔1,182〕	303	197	〔79〕						
SB401	×	×		242·409		SB407	×	×	205	216	
SB402	×	×	333·197	400·500		SB408	4×〔4.5〕	788×〔887〕	197	197	69.9
SB403	〔2〕×	445×413		242·151	〔18.4〕	SB409	×〔4〕	〔561〕×〔785〕		242	44
SB404	2×5	550×1,000	250·200	200	52	SB410	〔3〕×〔7〕	667×1,325	197	197	88.4
SB405	×	×	98.5	98.5		SB411	2.5×	492×	197	197	
SB406	×	×	124	194							
SB001	×	×		200							
SB002	×	×	200	100							
SB003	×	×	120	200							
SB004	×	×	200	200							

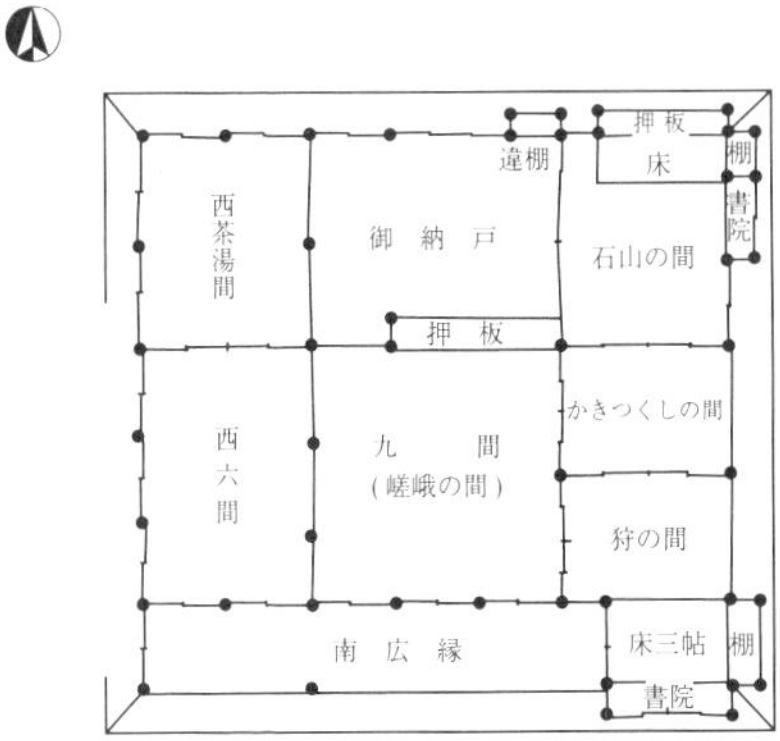

東山殿

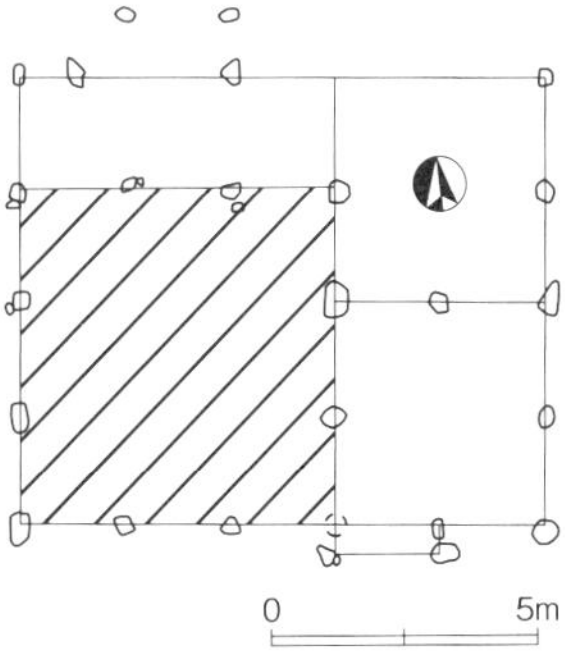

湯築城 SB203

図67　礎石建物の規模と九間を持つ建物（1）

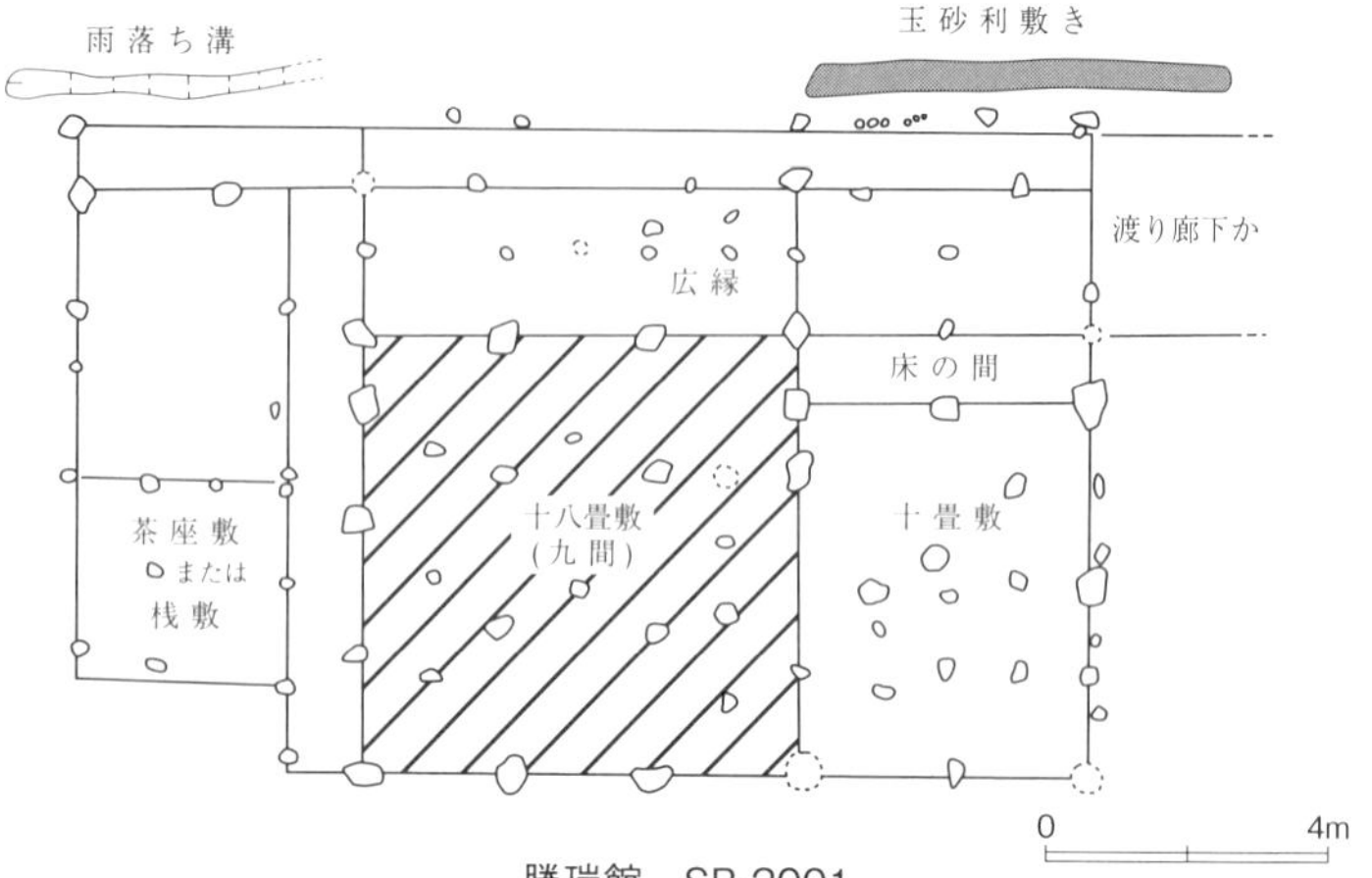

勝瑞館　SB-2001

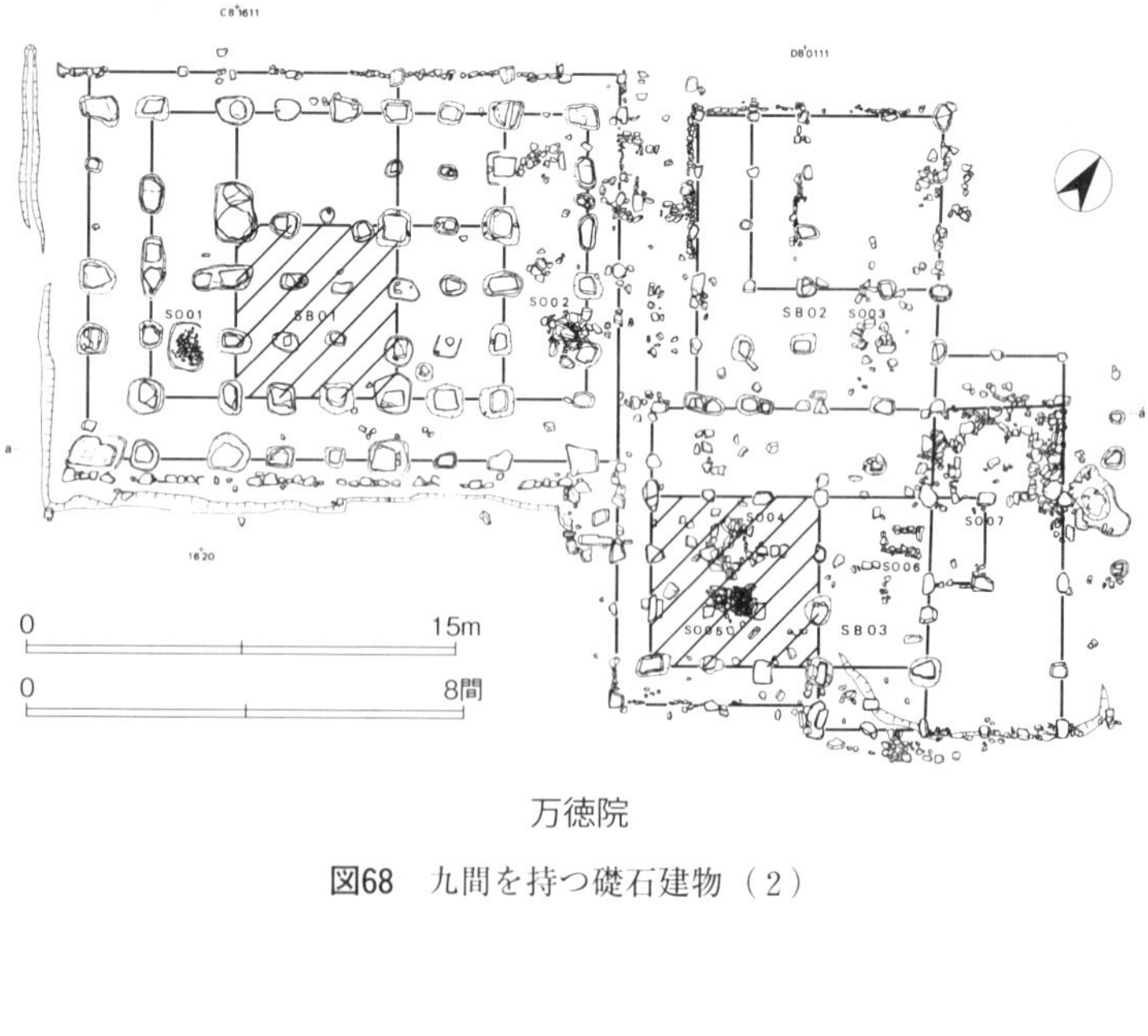

万徳院

図68　九間を持つ礎石建物（2）

の規模は、二間×六間（七・〇五メートル×一一・八二メートル）で、東西列の一間は三・〇三メートル（一〇尺）、南北列の一間は、一・九七メートル（六尺五寸）である。この建物に関しては、北東側に入口を設け、土間がありその奥に台所を備えた構造をベースに、主室の位置を中央に配置した古民家に代表的な「三間取」案と、武家屋敷の象徴的形態として、主室を南側に配置した案の二つが考えられた。結局のところどちらの案も決定的根拠に乏しいという判断であったが、二段階の同じ地区のなかに会所があり、また、それとは違った間取りの建物があるという成果は重要である。

3　東西居住区の階層

以上、四つの段階ごとに遺構構成と遺物出土状況、および建物の間取りについて明らかにした。次に、遺構・遺物ともに成果の大きかった二・四段階を中心に、旧動物園区全体が当時どのように使用されていたのか、とくにその階層性についてまとめる。どの階層の人たちが居住していたのかという問いに対しては、ほぼ同時代の遺跡として有名な、福井県の特別史跡一乗谷朝倉氏遺跡の調査で明らかになっている、各屋敷の敷地面積対比が有効である。

二段階の城内南半分については、すでに前項のなかで部分的に機能面にも触れているが、再度確認する。西側居住区内は八区画に分けられているが、区画として北側の範囲が確定していない区画1を除いて、全体で三〇九〇平方メートル（九三四坪）の敷地面積を有する。最も敷地面積の広いのは区画3で、四九〇平方メートル（一四八坪）を測り、最も狭いのは区画4の三〇〇平方メートル（九一坪）である。ただし、区画4は南西コーナーにあたり、北

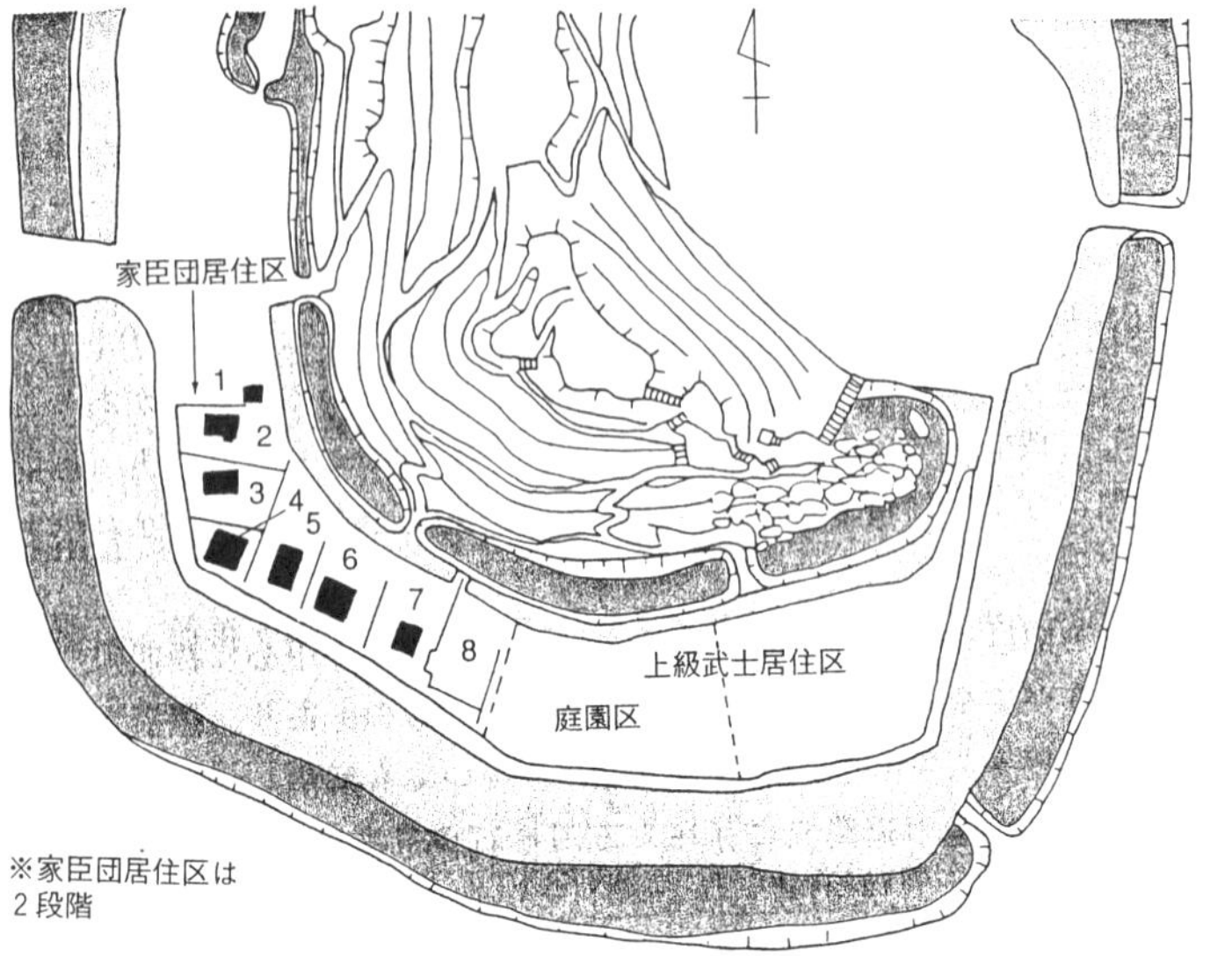

（家臣団居住区は２段階）

か所		面積	備考
家臣団居住区	区画 2	450㎡（ 136坪）	940㎡(284坪)
	区画 3	490㎡（ 148坪）	
	区画 4	300㎡（ 91坪）	
	区画 5	408㎡（ 123坪）	816㎡(246坪)
	区画 6	408㎡（ 123坪）	
	区画 7	574㎡（ 174坪）	1,034㎡(316坪)
	区画 8	460㎡（ 139坪）	
合計		3,090㎡（ 934坪）	
上級武士居住区		4,500㎡（1,361坪）	庭園区2,200㎡(665坪)含む

図69　空間構成と各敷地の規模

と東からの区画の割を食った状況で狭くなっているものと理解できる。平均すると四四一平方《メートル》（一三三坪）であることから、それぞれに特別大きな差を有しているわけではないといえる。出土遺物の種類や分布状況からも、各区画で均質な有様がみられる。このことから、西側居住区は「家臣団居住区」という見方ができる。具体的な家臣名については言及できないが、報告書段階では、河野氏の給人クラスとした。

東側居住区に関しては、二三〇〇平方《メートル》（六九六坪）の敷地は小区画のない一つの広い空間である。そのなかに礎石建物が建てられている状況で、面積的には家臣団居住区の各区画にくらべて五倍以上あり、大きな相違があることから、家臣よりさらに上の階層の居住区といえる。それを重臣より上ということでいえば、当主か当主の一族、ならびに当主にきわめて近い上級武士と考えられるが、明確に断定できる材料を得ていない。よって、東側居住区は家臣団居住区との対比の意味で、「上級武士居住区」とした。

四段階においても二段階の地区割りとは大きな変化がない。ただ、家臣団居住区についていえば八区画から九区画に増えたものの、明確な区画を表す土塀基礎はほとんど見られず、石列（柴垣程度か）によって表出されている。この相違を各区画独立性保持の意味において、保持意識の衰退化ととらえることができ、家臣団居住区として旧動物園区における機能の変化はなくとも、居住階層の実態は大きく変化している可能性が高い。すなわち、二段階における重臣クラスの居住から、その下のクラスへの変化などである。このことは「古城之図」の城外の南西部に、重臣である戒能氏の名を記した戒能筋という呼称の存在から、重臣屋敷が城外にあったのではないかとする考え方と矛盾しない。

中央区は池を備えた庭園として位置づけられるが、池がいつからつくられていたかについては明らかにできていない。ただ、三段階で城内最大の廃棄土坑が検出され、儀式や宴会が近くで行われていたことが確実視されることから、会所的建物をもつ庭園がつくられていたと考えられる。さらに、三段階で遺構の大きな改修などが確認されていないことからすれば、むしろエリアの機能分化が明確な二段階までさかのぼらせて考えることも可能であろう。

二段階で上級武士居住区とした東側エリアは、四段階では出土遺物の種類や量からの分析により、いわゆる威信財といわれる製品が家臣団居住区より充実していることが明らかとなった。すなわちこのエリアの優位性が証明されたのである。

以上、旧動物園区は家臣団居住区・庭園区・上級武士居住区という名称の示すとおり、完全に機能分化され、それぞれが独立した空間として創出されたのである。

V　湯築城跡をめぐる研究の過程

調査によって得られた遺構・遺物などの具体的な材料が公開されたことによって、文献および考古学研究者によって、実証的研究が活発となり、さまざまな見解が生み出されてきた。

ここでは、文献の研究成果も加味し、湯築城をめぐる多くの争点のなかでもいくつかの問題に絞って、最新の研究成果を明らかにする。

1　文献からみた外堀普請

伊予国の中世文献研究の成果は、一九八三（昭和五十八）年発刊の『愛媛県史』古代Ⅱ・中世に体系的にまとめられている。とくに中世の記述は、内外の争乱を中心にその背景と人的かかわりや、瀬戸内地域の特徴の一つである海賊衆（水軍）の動きと役割、瀬戸内海を舞台とした物流についてなど、網羅的な記述となっている。

さらに、景浦勉の河野氏に関する一連の研究、山内譲の弓削荘や河野氏の研究、川岡勉の河野氏を中心とした地域権力についての研究、西尾和美の戦国期河野氏の婚姻・姻戚関係を中心とした研究、石野弥栄の河野氏をはじめとする国人領主の研究などが特筆される。

これらの研究によって、河野氏がそのときどきの事象に対してどのように動いたのか、また、領国支配の有様がどうであったのかなどについて明らかにされてきた。

なかでも川岡の『河野氏の歴史と道後湯築城』では、河野通直が一五三五（天文四）年二月に国分寺や仙遊寺に宛てた判物から、湯築城の堀を築き始めた年代を天文四年と推定したのである。

府中諸寺家事、依温付堀大儀人足合力之儀、於寄進無紛在所者、可被致其調由申付訖、雖然或往古之本寺領、或為買得之地、於対、綸旨御教書并当家代々判形地者、雖為何郷何名之内、一切不可有異儀者也、自今以後祖父道基守下知之旨、至諸末寺等可被全寺務状如件、

天文四年

二月廿七日　弾正少弼（花押）

国分寺

傍線部（筆者による）の「温付」は「湯築」と読めることを根拠として、湯築城の堀掘削に際して人足合力を要請したものと解釈した。湯築城普請の具体的指摘としては初めてのものであり、その年代観は発掘調査で得られた出土遺物の年代観とも一致していた。また、湯築城の特異な形態は、河野氏が外堀掘削の直前に京都山科に滞在していた事実から、山科寺内町の諸相を取り入れた可能性を指摘した。この見解に対しては、中央丘陵部の形態をいかして堀を築くことによって、「守護館と詰城を一体化させた」結果であるとみる日和佐の解釈もある。ただ、なぜ中央丘陵部の形態を生かそうとしたのかについては、明確な見解が示されていない。

この点について小野正敏は、「道後湯築城を守

る県民の会」のシンポジウムの講演において、『土地の記憶』という言葉を使って説明した。すなわち、もともとこの丘陵は伊佐爾波岡とよばれ延喜式内社の伊佐爾波神社が鎮座しており、城の築造に際して現在地に移されたと考えられている。また、下の平地には「内代廃寺」という古代寺院も置かれ、代々、「領民達が信仰する聖なる空間」として位置づけられていたとし、「権力者が最初に入ってきて支配を宣言するにふさわしい場所」であったと解釈した。また、古くから温泉場（町場）として栄えていた土地であったことや、中世寺院も多かったことも支配の拠点とした理由の一つに加えられるであろう。

2　城外および河野氏関連の遺跡

ここでは、河野氏に直接関連する遺跡や、家臣としての関連などが考えられる遺跡について、その発掘調査成果を概説する。

近年、湯築城の外側において道路新設および拡張事業による事前発掘調査が行われ、城の外側の状況が部分的ではあるが明らかになってきた。また、過年度に行われている、湯築および河野氏に関連のある同時代遺跡についても触れる。

（一）城外の遺跡

道後町遺跡　道後町遺跡は城の西側道路に接して広がりをみせる遺跡で、そこから検出される遺構・遺物は湯築城外郭の在り方として最も注目されるものである。成果は大きくは二つあり、一つは方形に区画された溝が検出されていること、もう一つは十六世紀後半から末にかけての生活痕跡が認められることである。

方形区画溝は湯築城から約二〇〇メートル西側で検出

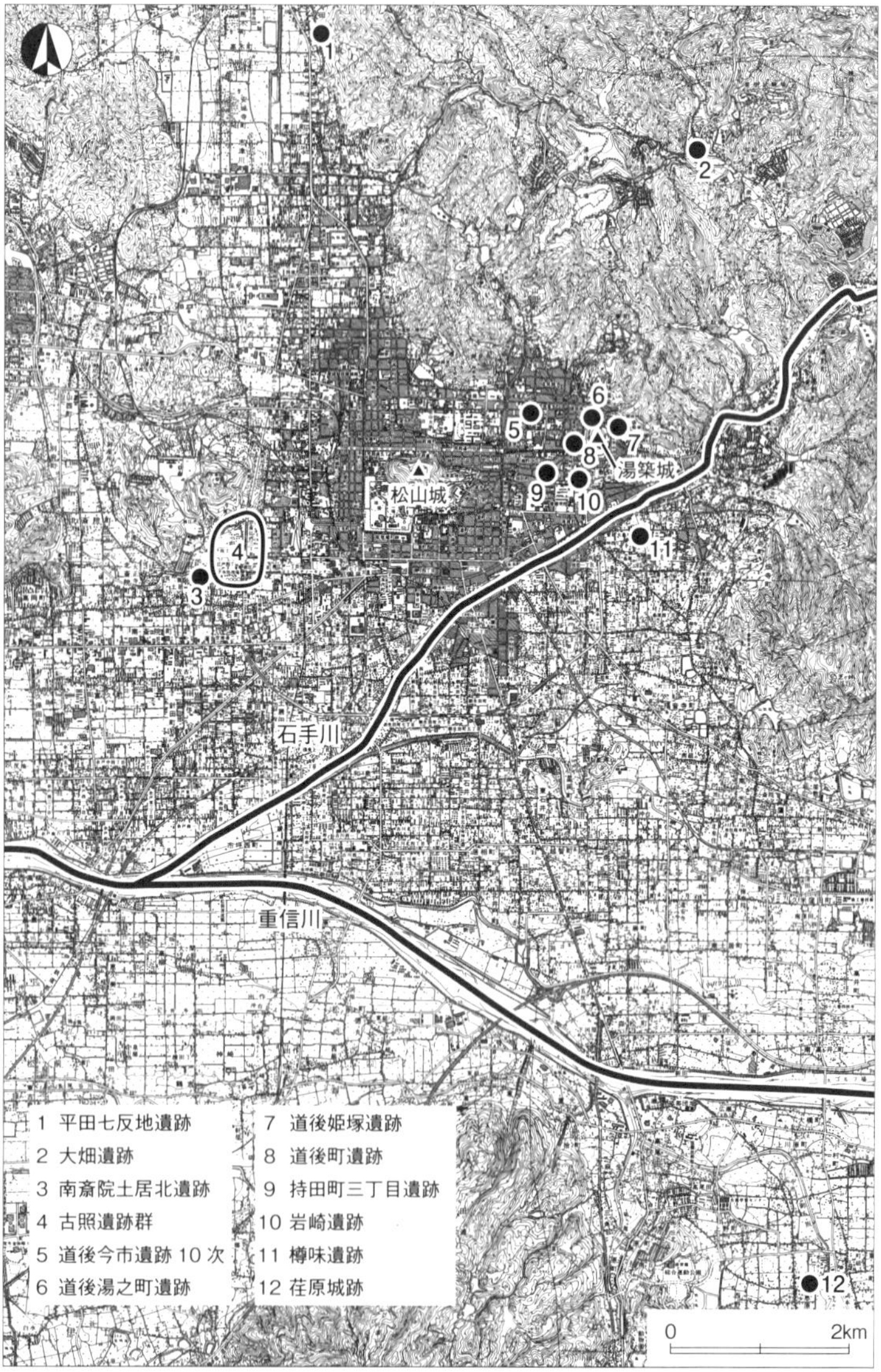

1 平田七反地遺跡	7 道後姫塚遺跡
2 大畑遺跡	8 道後町遺跡
3 南斎院土居北遺跡	9 持田町三丁目遺跡
4 古照遺跡群	10 岩崎遺跡
5 道後今市遺跡10次	11 樽味遺跡
6 道後湯之町遺跡	12 荏原城跡

図70 河野氏関連遺跡位置図

され、一辺が一〇九メートルを測る。いわゆる一町四方の方形館が想定でき、南溝の全体を調査することができた。溝幅は約八・四メートル、深さ二・三メートルで、溝の断面形状は開きの大きな「V」字型に近い。この溝からは土師器皿・杯、中国陶磁器、瓦質土器などが出土している。なかでも瓦質土器の風炉は奈良産の可能性のある大形破片で、溝の使用年代を表す遺物である。この溝は、十五世紀半ば頃の備前焼を出土した溝を切って掘削されていることと、溝内の遺物が十五世紀後半から十六世紀前半位までの幅で納まることから、十六世紀を前後する時期が方形館として使用されていた時期の中心であったことがわかる。

方形館内部の具体的な構造については、調査対象区外のためまったく不明である。よって機能については類推するしかない。市内、南江戸地区で発掘された南斎院《みなみさや》土居北遺跡において、一辺が五四メートルを測る半町四方の方形館が検出されている。内部には掘立柱建物や井戸などがあり、河野氏の家臣である垣生氏の居館の可能性も考えられている。道後町遺跡の方形館はその倍の規模であり、使用された時期幅を遺物の年代観から最も長くみて、湯築城外堀掘削の時期と相前後する頃までとみられることや、湯築城との位置関係などをあわせて考えると、河野当主の館跡と考えるのが妥当であろう。ただし、内部構造の不明な現状では、館イコール守護所と断定するのは早計である。

湯築城搦手前の一角と攪乱のいちじるしい地区を除いてさらに一町北の地区では、遺構が集中して検出された。方形石組遺構や多数の小穴、土坑などが確認されている。出土遺物は特徴的で、多くの土師器皿・杯やベトナム産白磁碗などの輸入陶磁器、備前焼などの他に、武器や武具、ふいごの羽口や鉄滓、坩堝など金属製品の生産にかかわ

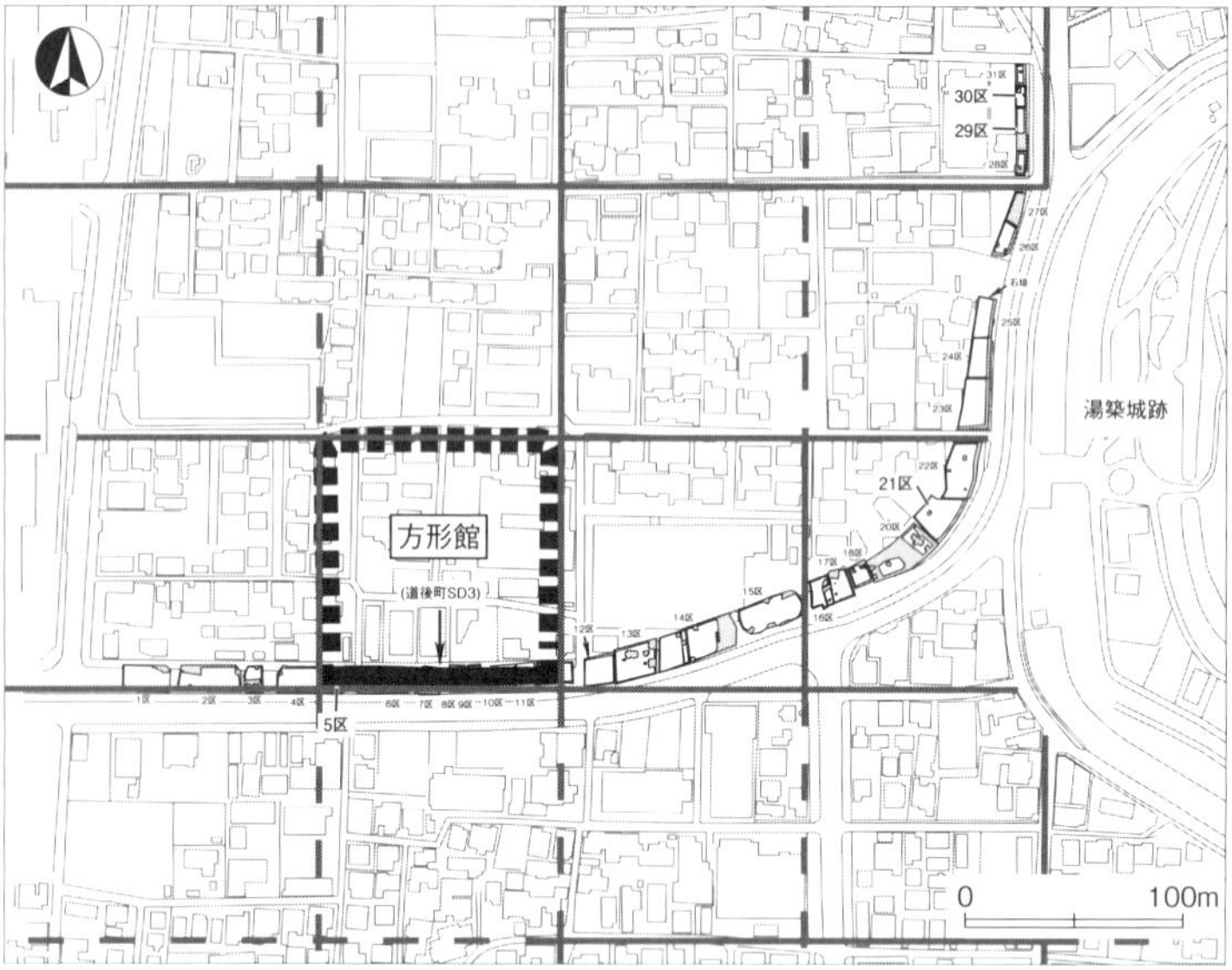

図71　道後町遺跡調査区と方形区画溝（6区～11区）

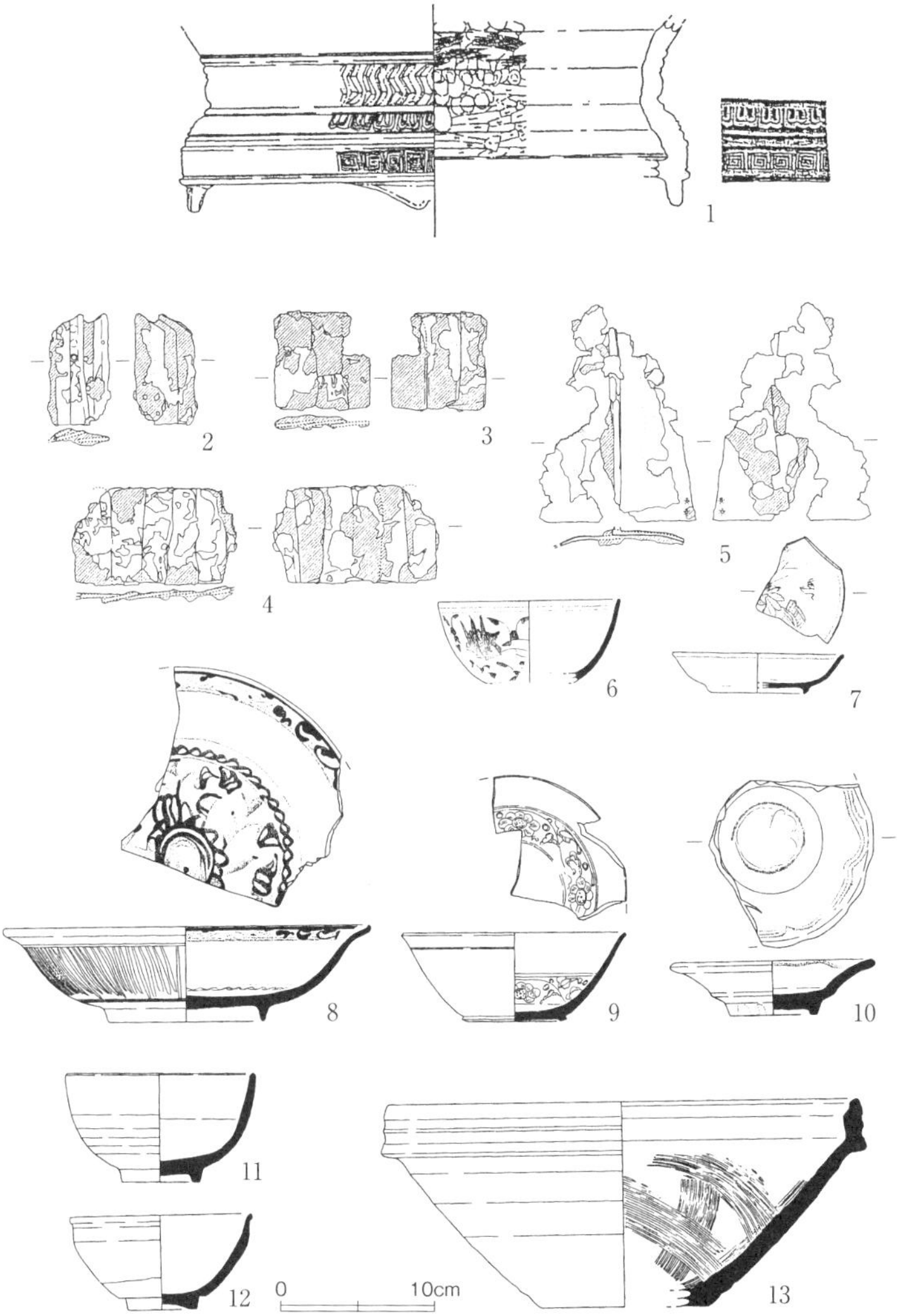

図72　道後町遺跡出土遺物

1：瓦質風炉、2～4：小札、5：筋鉢、6～8：青花皿・碗、9：ベトナム白磁碗、10：青磁皿、11：瀬戸美濃碗、12：瀬戸美濃天目茶碗、13：備前焼擂鉢
（1：5区、2～7：21区、8～13：29・30区）

るものもある。調査区の幅が狭いのと、攪乱により遺構が残存していない地区があるため、遺構の広がりや区域の構造などについては不明といわざるを得ないが、城の西側には十六世紀後半の生活遺構が密に営まれていたことが明らかとなった。これらの遺構群を湯築城の城下町として位置づける解釈がある。松村は、この城下町は湯築城内の三・四段階（城内大規模火災後）から十六世紀末頃までが盛期であったととらえている。

岩崎遺跡

道後町遺跡の南では、道路新設にともなう岩崎遺跡の調査が行われた。調査区は湯築城の南西部にあたり、南北に全長七〇〇メートル、幅一八メートルの範囲である。調査区はⅠからⅥ区に分けられており、湯築城に最も近く標高の高いⅥ区と最も遠いⅠ区では約二・三メートルの高低差が存在し、石手側に向かって傾斜している状況が明らかになったが、とくにⅡ区を境に地形変化がいちじるしい。

弥生時代から近世まで連綿と生活が営まれているが、中世では道後町遺跡で見られたような集中した遺構の状況ではなく、小規模な掘立柱建物が数棟集まって一つの居住エリアを形成している状態で、隣の居住エリアまでは約二〇〇メートルも離れている。しかし、遺構の時期は十四世紀頃までが明確で、道後町遺跡の年代にあたる十五・十六世紀に該当する遺構は、小規模な溝以外ほとんど検出されていない。このことは道後町遺跡を境にその南側は、人びとの居住域として利用されていないことを指し、城下町的集住形態の限界線が、現在の電車通りの位置にあることが明らかになったのである。ただし、岩崎遺跡のさらに西側の状況については、調査事例がなく不明である。

道後湯之町遺跡

湯築城の北口の前で、道路拡幅にともない道後湯之町遺跡の調

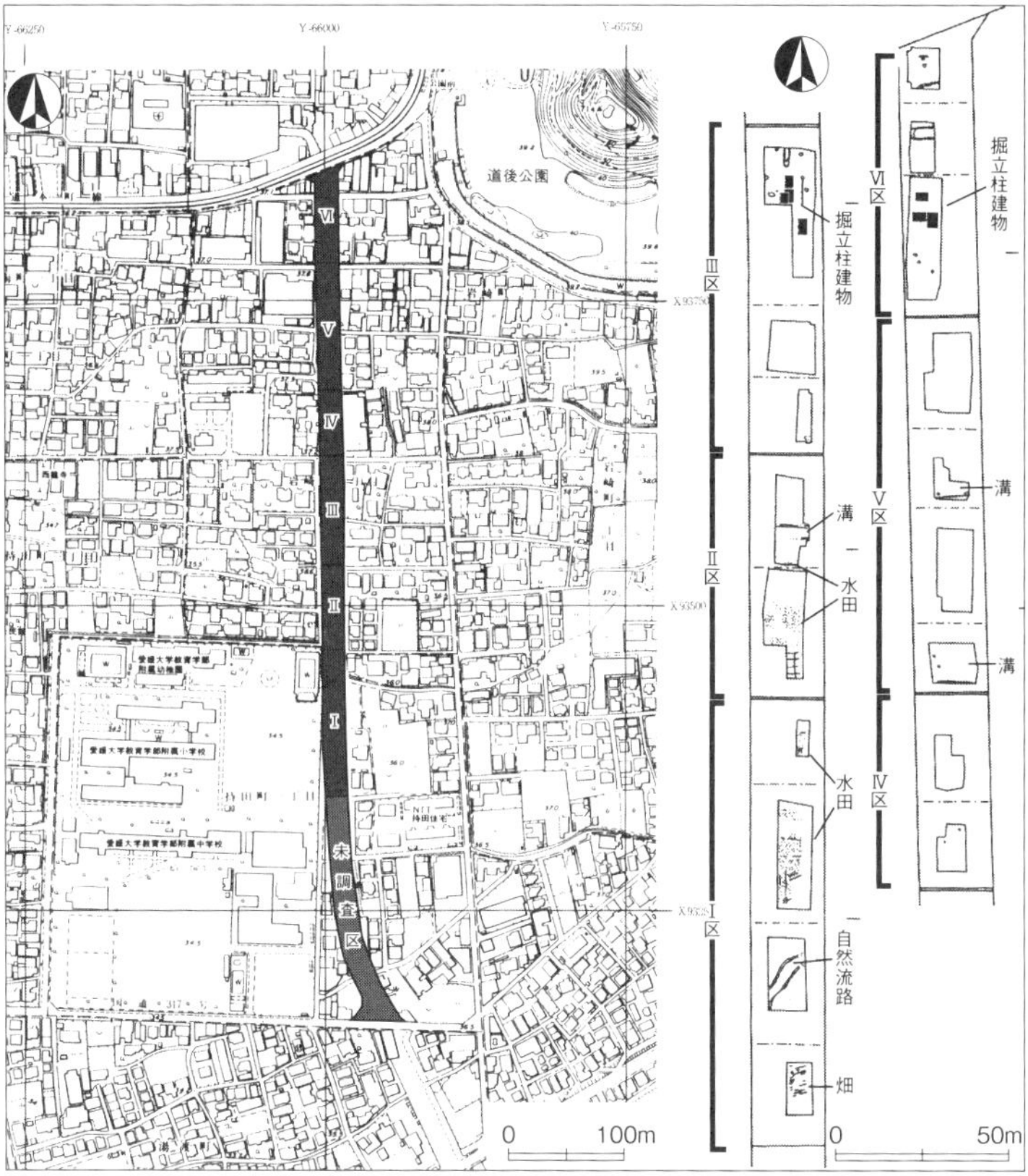

図73　岩崎遺跡調査区と中世遺構

査が行われた。その結果、北口から二五メートル北の地点で東西方向の自然流路が検出された。確認できている南北幅で一〇・六メートルを測り、まだ北側に広がることが確実な大きな流路である。報告書では備前焼などの出土遺物から十五世紀代の流路と位置づけているが、十九世紀の遺物も出土していることから、この溝の最終埋没時期は江戸期であったと考えられる。流路がいつからあったのか時期は不明であるが、十五世紀には存在していたものとすれば、十六世紀の北口付近は外堀に近接して

図74　道後湯之町遺跡

その外側に、幅だけでいえば外堀に匹敵するくらいの大きな流路が流れていたことになり、温泉場との結界を強調した構えといえる。

道後姫塚遺跡　湯築城の北東約一〇〇《メートル》、伊佐爾波神社下の丘陵上に位置する道後姫塚遺跡では、石組井戸や掘立柱建物、溝などが検出されていて、とくに溝は南北方向に整然と四条平行して掘られている。それぞれに約二～四《メートル》の間隔がある。間には建物の柱穴が多数検出されたことから、区画溝の可能性が考えられる。

遺物は土師器皿・杯が出土している。これらの土器は湯築城内で出土する土器と同形態のものもみられる。とくに図75の1は十五世紀から十六世紀半ば位までの間に多く出土するタイプで、図75の2は十六世紀後半に多いタイプである。この遺跡は眼前に湯築城が見渡せる位置にあることと、同じタイプの土師器をもっていることから、湯築城にきわめて密接な関連をもつ人物ないし機能をもった遺跡の可能性が考えられる。

城外の様相　城に近接する遺跡調査の個々の成果は以上であるが、総合して再度まとめると、城の西側二〇〇《メートル》では十六世紀前後の時代、一町四方の方形館があり、中央丘陵部の城と守護所の可能性を秘めた方形館という土地利用形態が明らかとなった。外堀を掘削し城域を拡大する頃には、先の方形館は機能を停止していたと考えられ、その機能は拡張された城内へ移行し

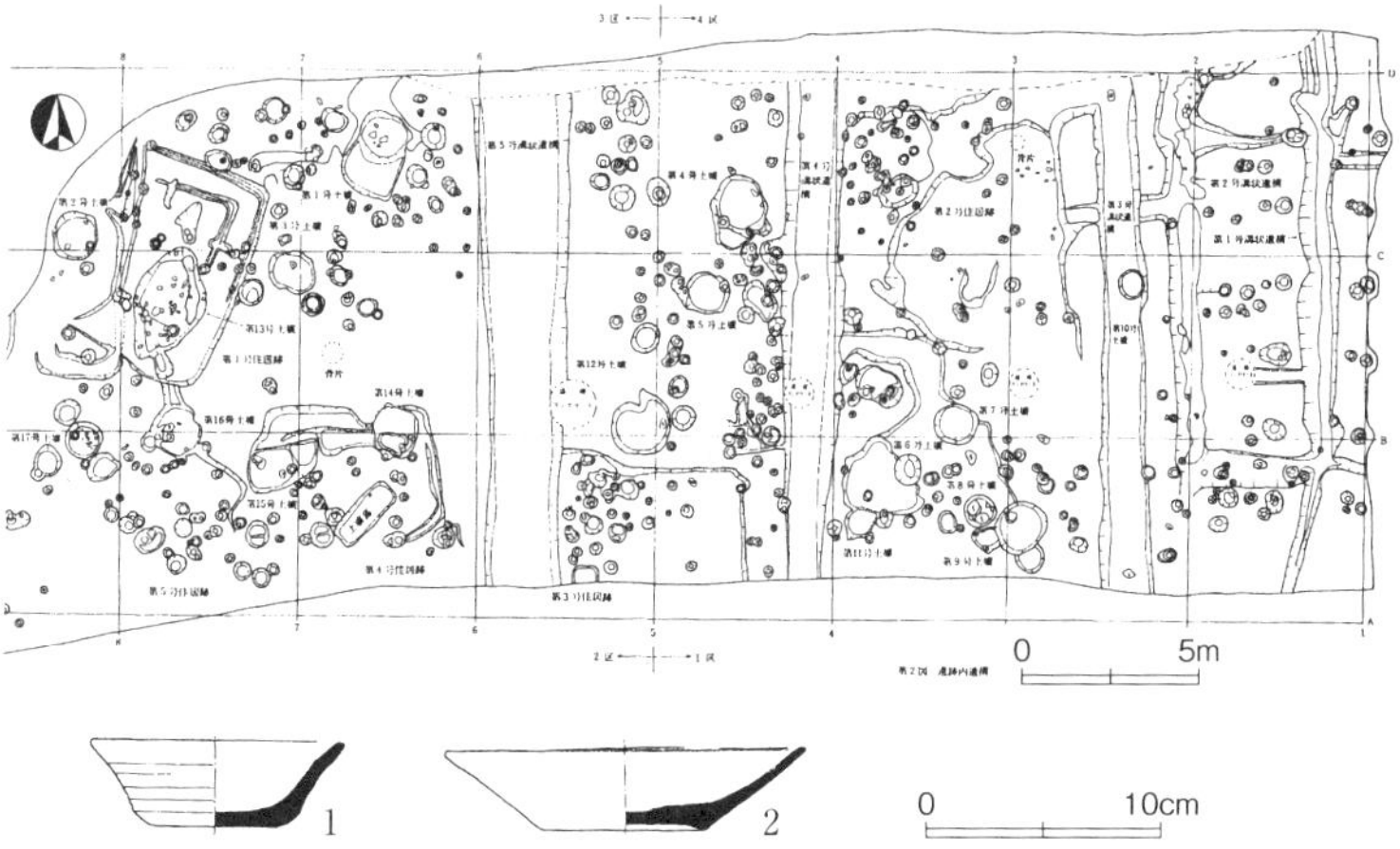

図75　道後姫塚遺跡遺構図と出土遺物

たと考えるのが妥当であろう。

道後町遺跡にみられるような遺構集住形態は、湯築城の城下町の可能性をもっているが、城の西側での広がりについては、岩崎遺跡の範囲までは広がっていないことが明らかとなった。ただ、「古城之図」には城の南西部に「戒能筋」と河野氏重臣の戒能氏の名前が記載されていることから、重臣屋敷が城外に配置されていた可能性が考えられている。しかし、先述した通り、岩崎遺跡の調査区内には、道後町遺跡のように十六世紀の遺構が広がっていない状況のなかで、実際に戒能氏の屋敷があったとすれば、それは城の南西部から南側にかけての外堀に接する一町範囲に限定されることになるのではないだろうか。一方、日和佐は湯築城近辺の地籍図などを詳細に検討し、道後町遺跡方形区画溝の南西方向に約一〇〇《メートル》四方の方形館状の空間があることから、ここが戒能氏

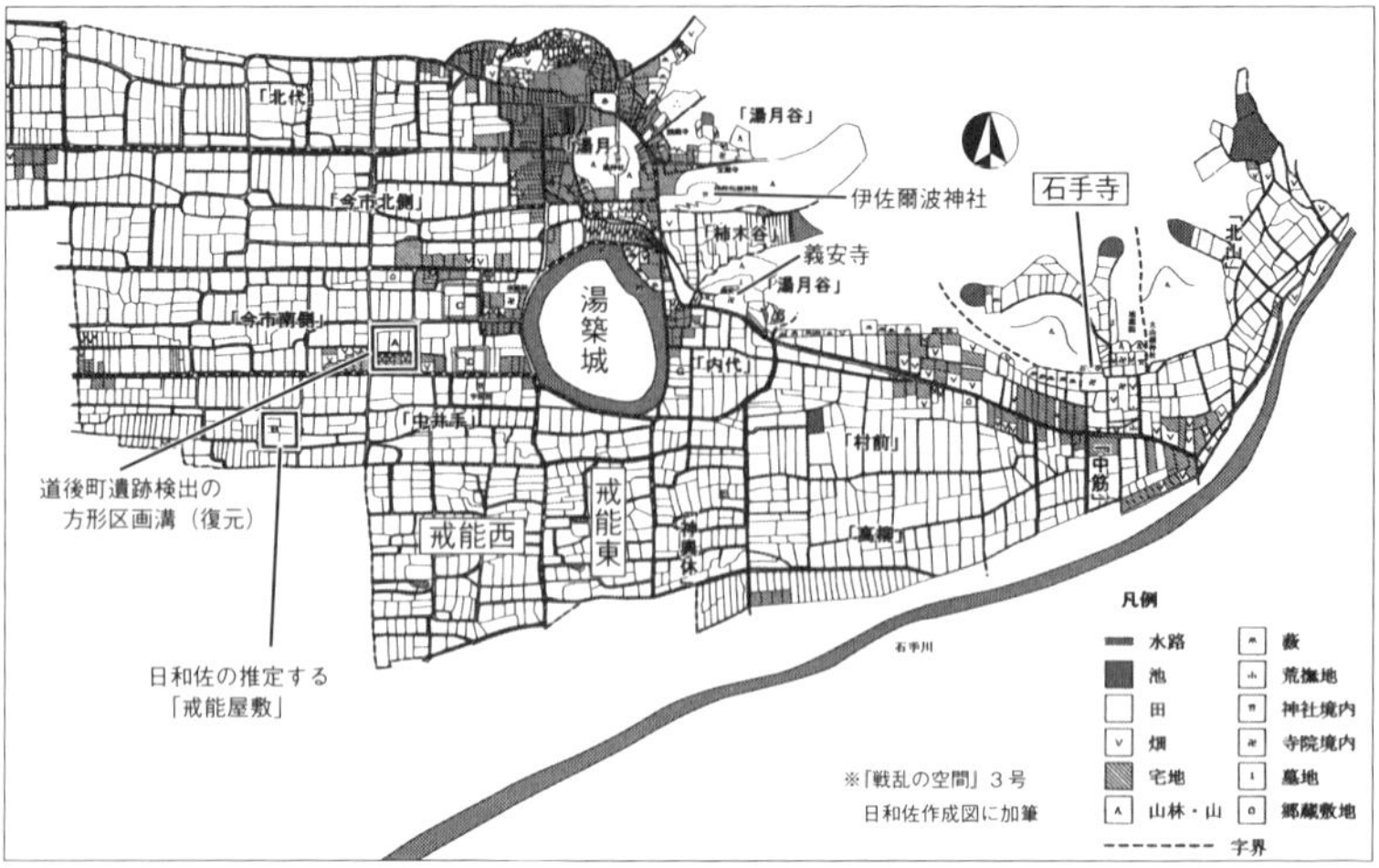

図76　道後村・石手村地籍図

の館であった可能性を指摘している。また、湯築城の北東方向、石手寺に向かう途中に所在する義安寺は『予陽郡郷俚諺集』で「戒能の谷義安寺」と記載され、『伊予古蹟志』では「故戒能氏之邸墟」とあることに注目している。これに関しては、位置関係からみても先述した道後姫塚遺跡の評価が問われるであろう。

(二)　十四世紀前後の河野氏関連遺跡

次に、時代は前後するが、河野氏が湯築城を築いたといわれる十四世紀前後の様相をみてみる。

道後今市遺跡　道後町遺跡の方形区画溝からさらに一〇〇メートル西側で、道後今市《いまいち》遺跡の調査が行われている。三次調査区では十四世紀代の土坑や、詳細な時期は不明であるが、人骨が部分的に残存しており、楕円形状を呈する土坑墓が、四基検出されている。また、十五世紀後

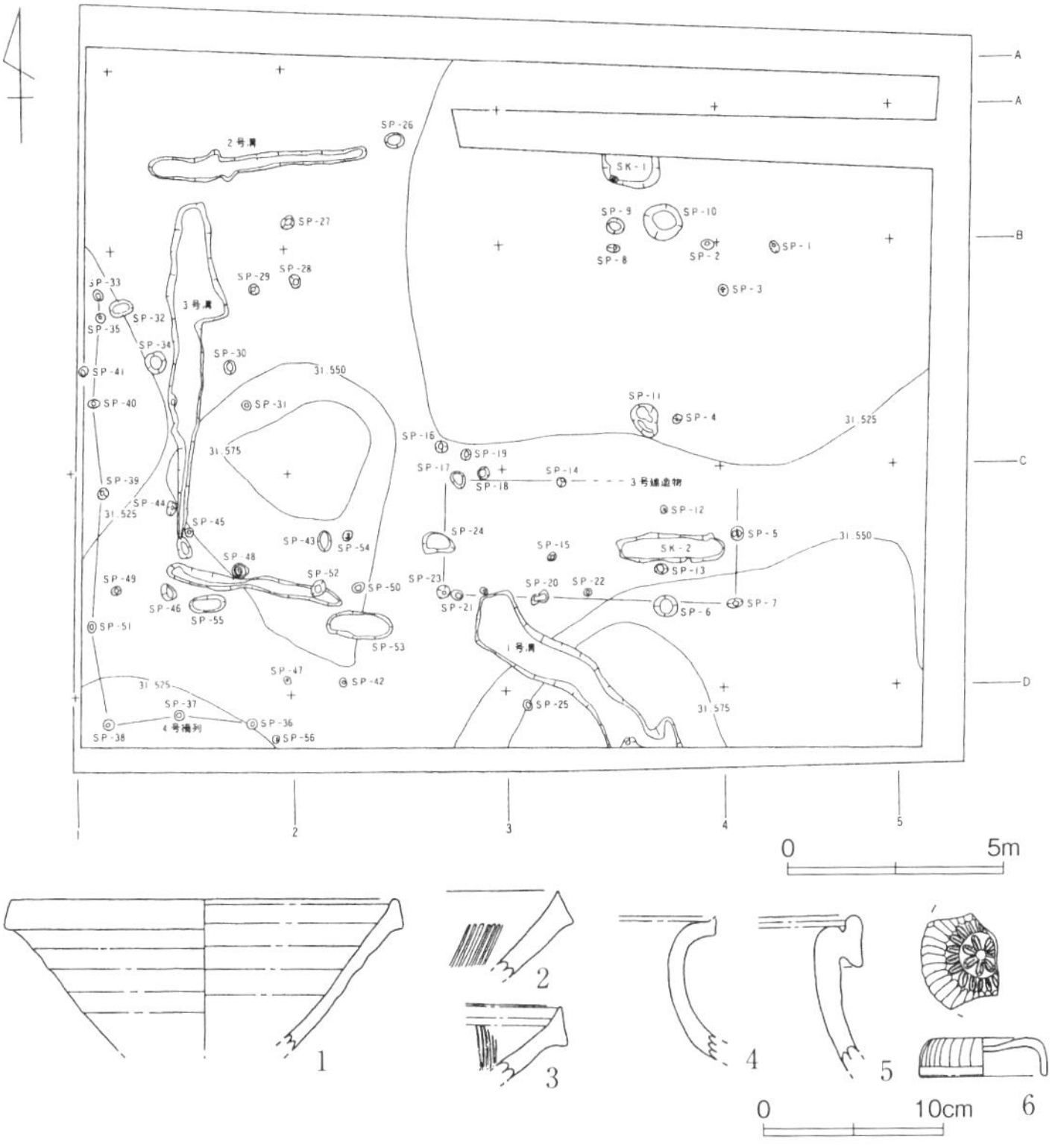

図77　道後今市遺跡（10次）遺構図と出土遺物

1：東播系鉢、2・3：備前焼擂鉢、4・5：常滑焼甕、6：青白磁合子

半の備前焼大甕を埋葬容器とした甕棺墓もある。甕のなかには湯築城Aタイプの土師器杯が副葬されていた。この時期は道後町遺跡の方形館が機能していた時期であり、墓の発見によって一町西には墓域があることが明らかになった。

　道後今市遺跡三次調査区の約二〇〇メートル北西で実施された一〇次調査では、十二世紀から十六世紀前半の時期の遺構・遺物が検出されている。遺構の中心は十四世紀から十五世紀と考えられ、調査区が狭いため全容は現れていない

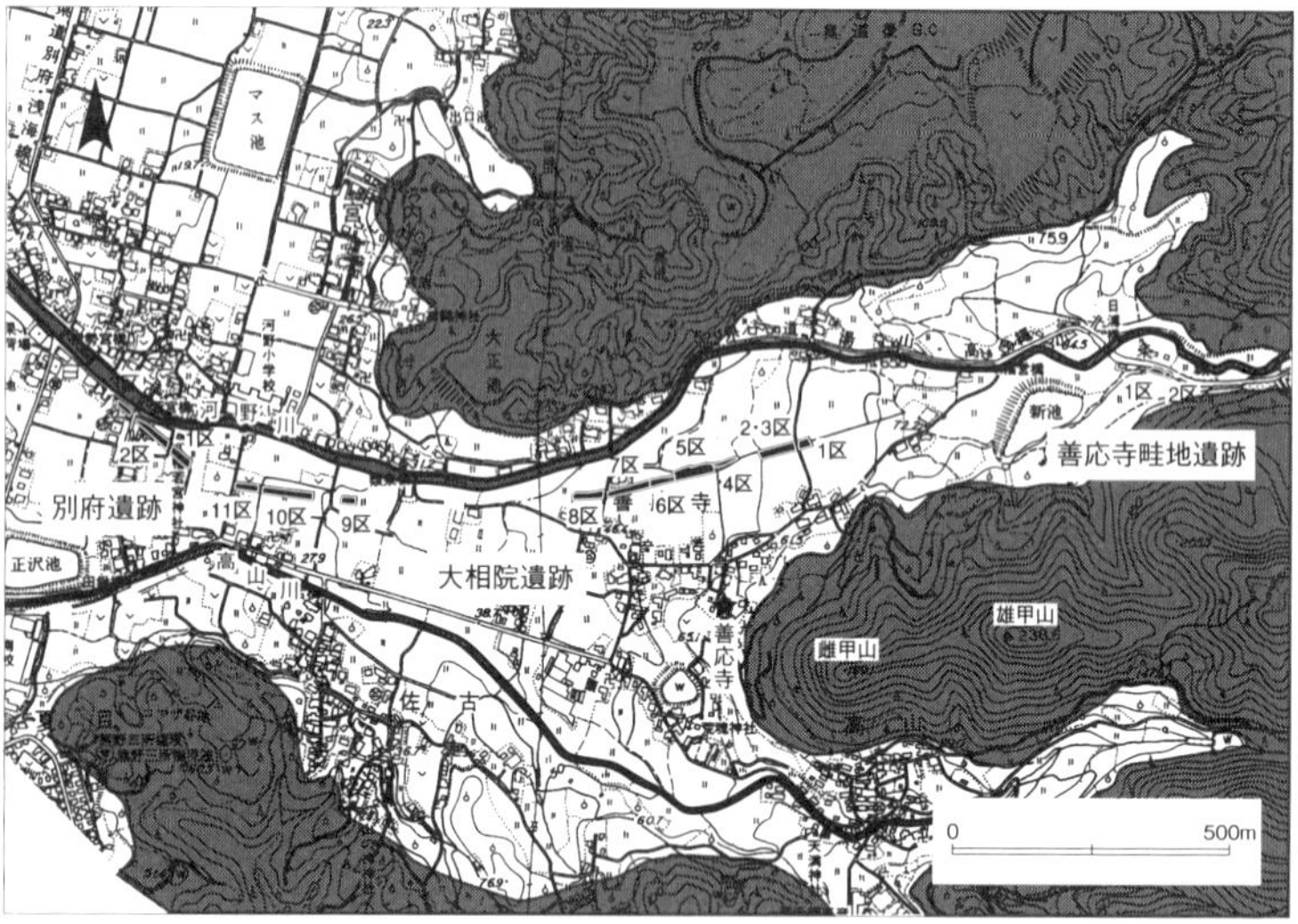

図78　河野郷

が、三間×三間以上の規模になる掘立柱建物や「コ」字型配置の溝などが見つかっている。出土遺物には、常滑焼甕・白磁の合子などのほか、赤間硯などがあり、居住者の階層の高さを表している。三次調査の成果も合わせると、とくに十五世紀の方形館の西側地区には、南江戸などで見られる一般的農村階級よりは上位と考えられる建物跡や、墓などが展開している。しかし、建物については集住形態を取っておらず、点在している状況であろう。

大相院遺跡　河野氏が湯築城のある道後の地に本城を構えた年代は建武年間（一三三四～一三三八）であったとされる。居を移転するまで生活していた居館は、善応寺《ぜんおうじ》という禅寺に改修されたといわれているが、この善応寺の北約二〇〇メートルに位置する大相院遺跡が調査された。河野氏の本貫地でいわゆるお膝元である。

遺跡の背後には標高九八六メートルの高縄山がせまり、標高六〇～七〇メートルの二本の丘陵が蟹の手状に河野郷を包み込み、それぞれの丘陵裾には河野川と高山川が流れている。両丘陵先端部の距離は約四〇〇メートルしかなく、ここを封鎖してしまえば河野土居は完全にまわりから隔絶した空間となり、自然地形を利用した強い防御の構えとなる。また、善応寺の背後の急峻な山塊頂部には、雄甲《おんごう》・雌甲《めんごう》とよばれる二つの山城がつくられている。

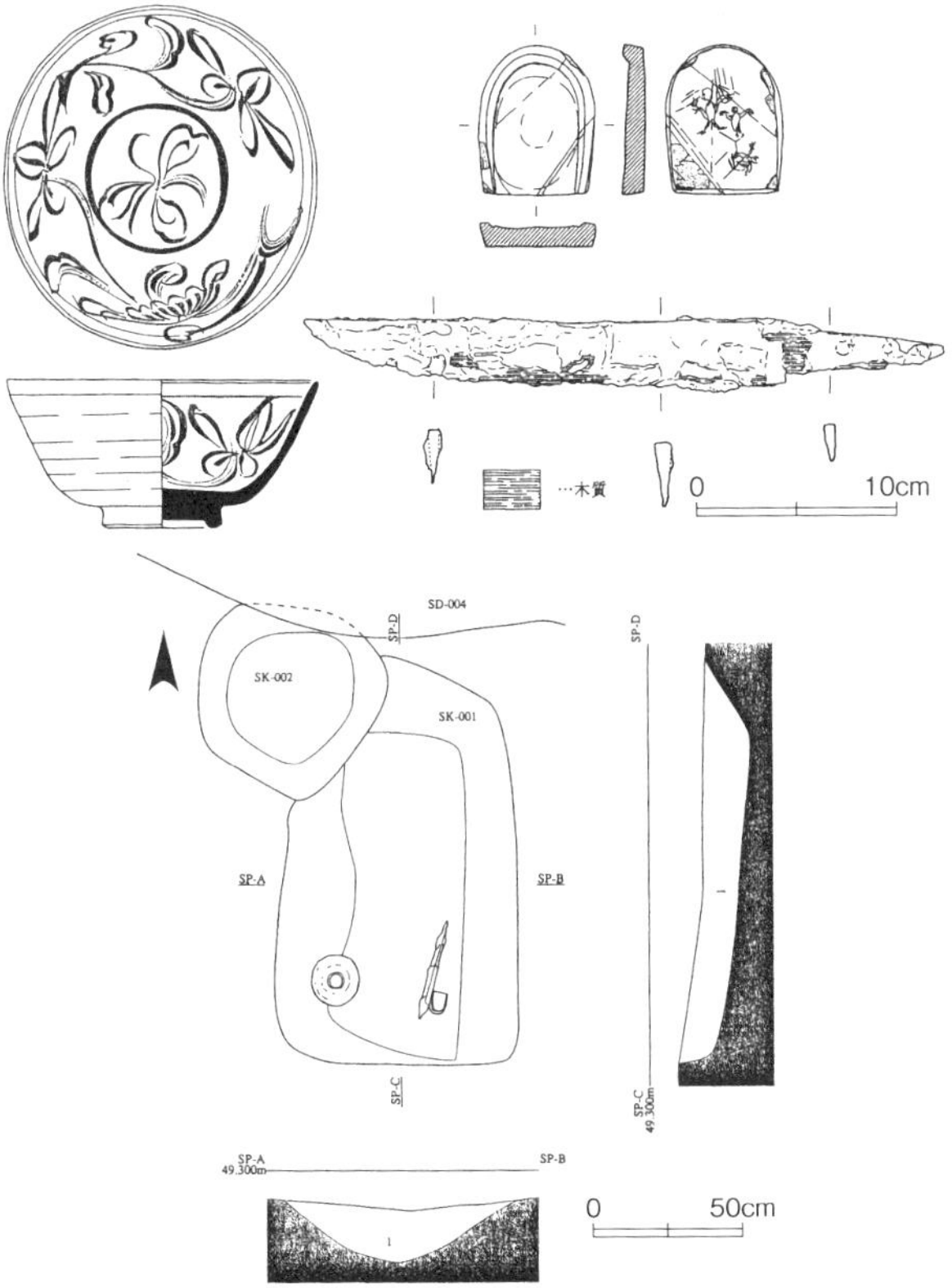

図79　大相院遺跡土坑墓と出土遺物

　調査区の位置は河野氏の居館そのものではないが、一一区に分割調査され、四区から七区の上層では、遺構にともなって大量の遺物が出土している。遺物の年代観から十三世紀後半から十四世紀代の遺構面であることが明らかで、河野氏が道後に居を構える前後の年代の、居館隣接地の生活様相の一部が明らかとなった。

遺構は、六区で屋敷地の区画を表していると考えられる溝、七区では土坑墓や溝、九区では掘立柱建物などが検出されている。出土遺物は、大量の土師器杯と、三足付の土釜や鍋、東播磨産のコネ鉢などの日常生活用品と、碗や壺などの中国陶磁器のほか、鏡などの稀少品や犂先などの農工具もみられる。また、溝から緡《さし》の状態で二一六枚の銅銭も出土している。七区の土坑墓からは、龍泉窯系青磁劃花文《かっかもん》碗の完形品と石硯、短刀が出土していることから、武士階級の墓であろう。

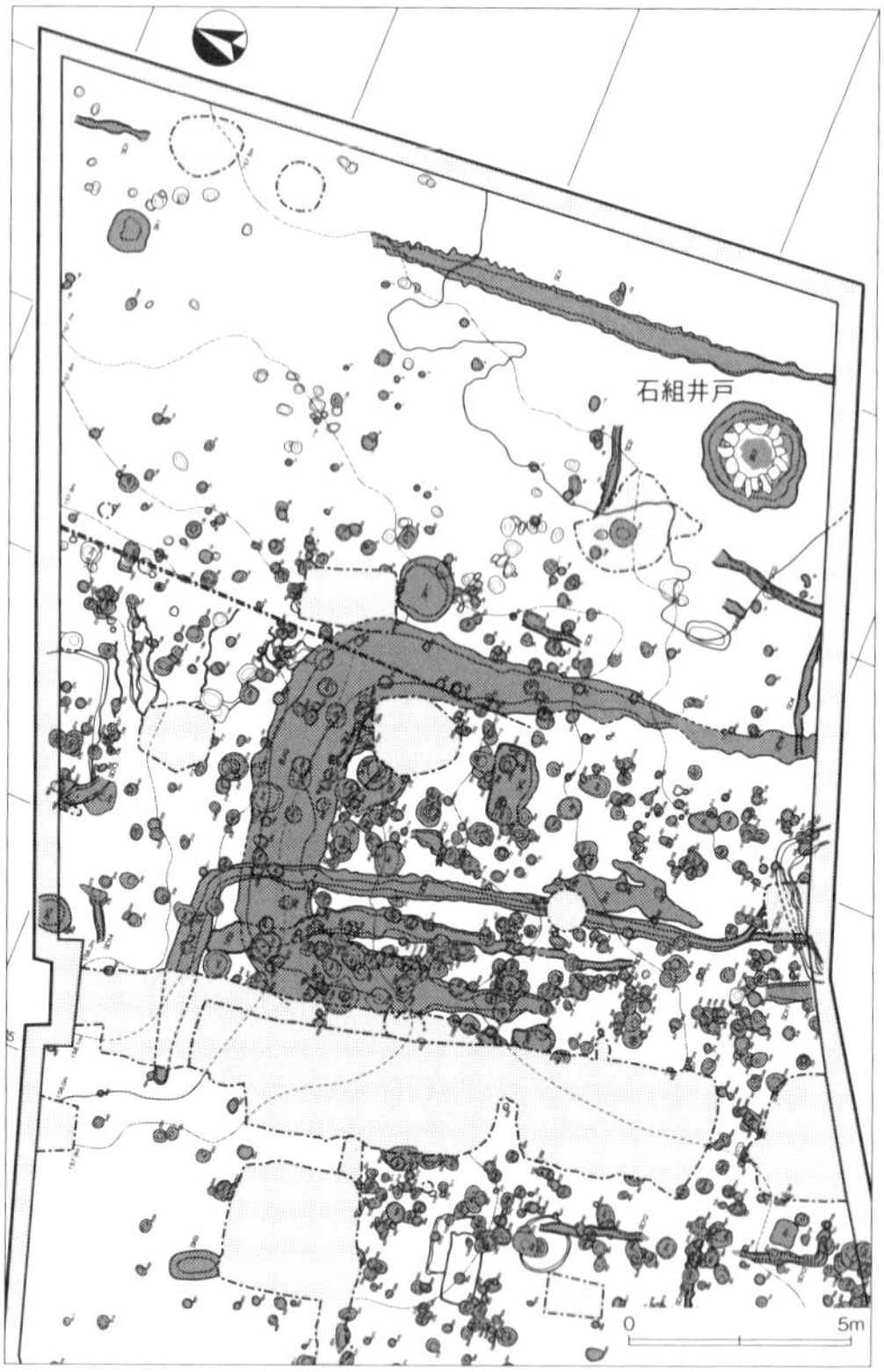

図80　大畑遺跡遺構図

善応寺から河野川に向かって緩やかに傾斜する当地は、とくに善応寺改修以前は一定の区画をもつ平坦部をつくり出し、そこには河野氏に被官する家来たちが居住していた様相を看取することができる。出土遺物に中国陶磁器の壺などの高級品もあることから、家来のランクも上層であったと考えられる。

大畑遺跡　河野郷から高縄山を経由して、湯築城にいたるルートの途中に伊台盆地がある。ここは鎌倉時代東福寺の荘園で、一三三五（建武二）年河野通盛が地頭職として治めており、伊台盆地中心の平坦地に大畑遺跡がある。

遺構は多数の柱穴と、主要建物の周囲を「コ」字型の溝で囲ったものや、建物の雨落ち溝、石組井戸などである。出土遺物にわずかに十五世紀の備前焼擂鉢などもみられるが、遺跡の盛期は十四世紀代である。常滑焼や瀬戸美濃産の天目茶碗も出土している。これらは歴史的背景からみて、河野通盛の地頭職時代の遺構・遺物と考えられる。

（三）河野氏家臣の関連遺跡

過去、松山市内で行われた調査では、数多くの中世遺跡が発見されている。それらの遺跡のなかには、河野氏ときわめて近い関係をもっていた家臣たちが領有した土地もある。

平田七反地遺跡　旧松山市域の北端に堀江湾が開口する。古代は現海岸線からさらに奥まった入江を形成していたと考えられており、それは約二キロ内陸の内宮から平田町近辺に及んでいたようである。平田七反地遺跡はその入江の奥に位置する。

b～eまでの四区の調査区が設定され、掘立柱建物や井戸、土坑墓、溝などが検出されている。とくにd区では二間×五間の大型建物のほかに数棟の建物があり、井戸や溝も集中し、居住区の中心と考えられる。溝は多数検出されているが、東西南北方向がほとんどで、「L」字型に屈曲し区画溝と考えられるものもある。c区では土坑墓が三基検出されている。いずれの墓も長方形に掘りこまれた埋葬施設で、手足を伸ばした伸展葬であった。一号墓は男女二体の埋葬で、男性は熟年

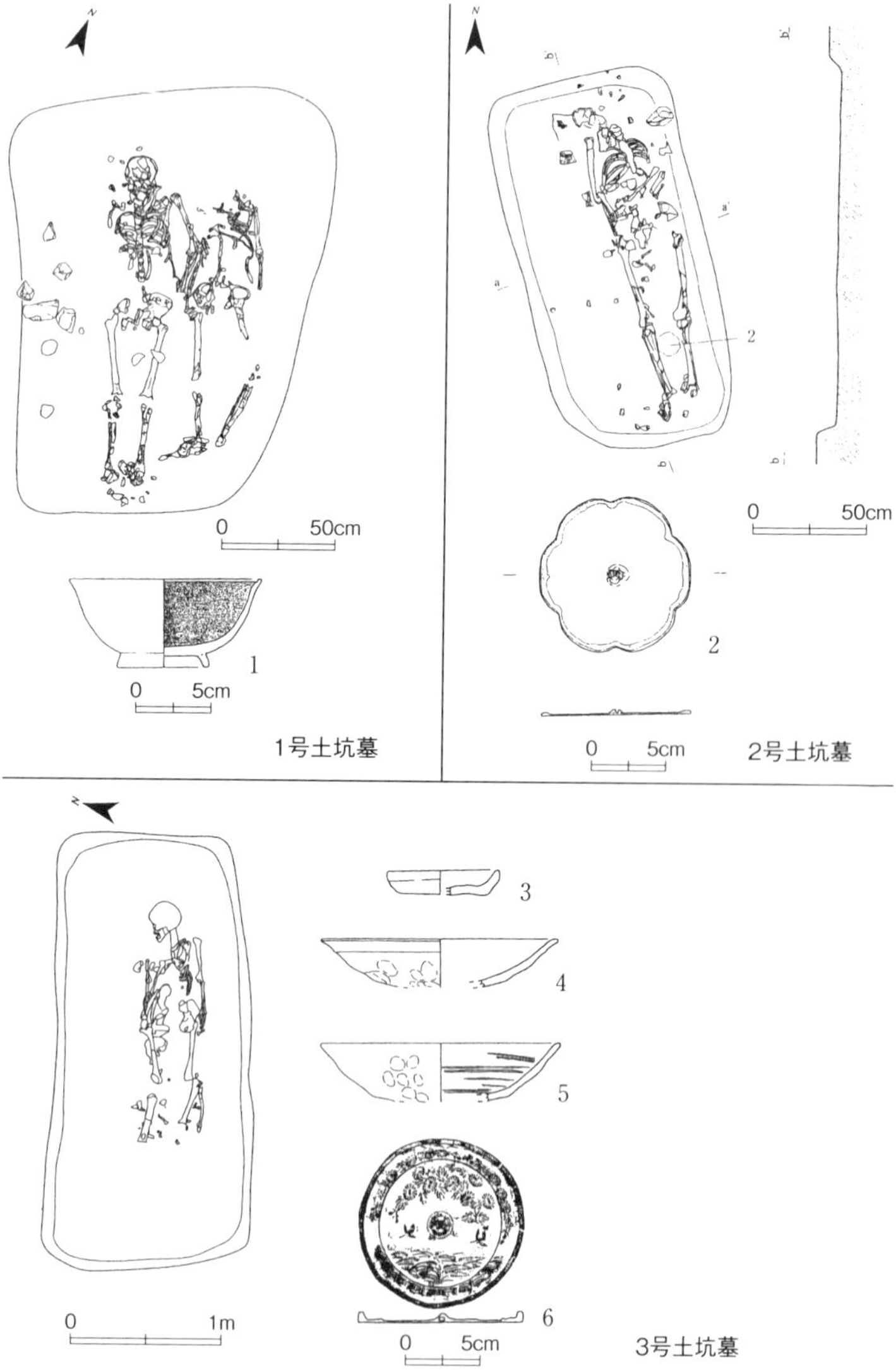

図81　平田七反地遺跡土坑墓と出土遺物

1：内面黒色土器碗、2：湖州六花鏡、3：土師器皿、
4・5：和泉型瓦器碗、6：菊花萩双鳥鏡

で身長一六〇チ《セン》程度、女性には頭蓋骨がなかった。二号墓は身長一四四チ《セン》程度の成人女性の単体埋葬で、副葬品に湖州六花鏡をもつ。三号墓は身長一四七チ《セン》程度の壮年の女性単体埋葬で、双雀草花鏡を副葬していた。これらの墓は十二世紀後半から十三世紀にかけての鎌倉時代のものである。

遺跡の広がっているこの土地は、古代より和気郡大内郷に属し、大内谷とよばれていた場所である。河野分限録によれば大内氏は侍大将一八将の内にあり、大内伊賀守信泰は和気郡塩森城・伊座城など三城の城主とされる。また、一三三六（建武三）年比叡山大嶽南尾の合戦において負傷した河野家家臣のなかに、大内小三郎信俊と大内又太郎信種の名がみられる。今回の調査区にかぎっての遺構・遺物の年代観からみれば、十二世紀から十三世紀半ば頃に生活のピークがあったようである。ただ、十四世紀の土器や十五世紀の備前焼などども出土していることから、近隣にこの時代の中心となる生活エリアが展開していると考えられる。そして、先述した墓に埋葬された人たちは、鏡などの副葬品をもっていることや、集落内からは長崎県から搬入された滑石製の石鍋の一部を利用し、草花の模様を彫りこんだスタンプ（印章？）などの、当時の一般的な農民たちがもち得ないめずらしい遺物が出土していることから、大内氏と密接な関係をもった人物の可能性も考えられるであろう。

古照遺跡群　松山市街地の西方、大峰ヶ台丘陵の南側に南江戸という地名がある。とくに古照地区は新設道路の建設や周辺の開発による事前発掘調査が盛んに実施され、伊予における中世村落のモデル地区の一つといっても過言でないくらいに、広範囲に村落の様相が明らかとなってきた。湯築城の南を流れる石手川の氾濫原

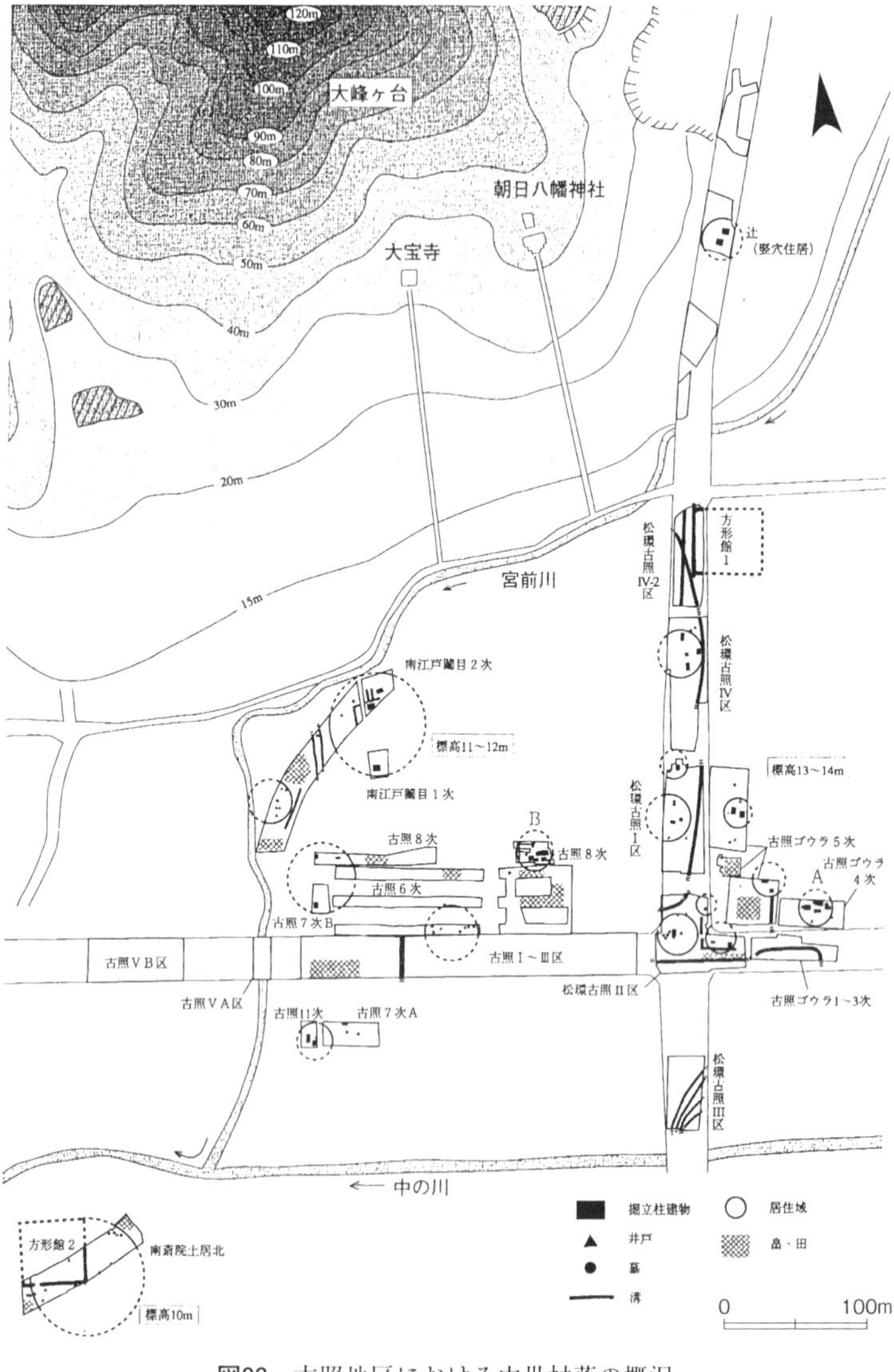

図82　古照地区における中世村落の概況

に営まれた中世村落は、おもに十二世紀後半から十四世紀前半までの姿をよく見せている。

建物はすべて掘立柱建物で、大半は一間×一間か二間×一間の小規模な建物が二、三棟集まって居住区を形成しているが、なかには二間×三間や二間×五間で庇をもつ建物などが三から四棟集まっているところもある。また、この時代（鎌倉期）には屋敷地の境が小規模な溝による区画で表されており、平田七反地遺跡の状況とも共通する。墓は土坑墓で、松環古照《まつかんこでら》遺跡Ⅱ区では六基が比較的まとまって検出されている。屋敷地の一角に葬られたいわゆる屋敷墓と考えられ、この時代まだ参り墓は検出されていない。ただし、旧土居町（現四国中央市）の医王寺Ⅱ遺跡では、十三世紀の土器椀を副葬する土坑墓が検出されているが、場所は居住地があったと考えられる平地の背後の丘陵斜面部であり、墓が多数検出されていることから、伊予における参り墓の初現が十三世紀頃にある可能性が強い。

南江戸に展開する遺跡の出土遺物は、日常雑器の土師器皿・杯のほか、大阪和泉地方で生産された瓦器椀の出土量が多い。また、東播磨生産のコネ鉢や中国陶磁器の白磁や青磁なども多い。なかには褐釉四耳壺や青白磁合子、白磁水注などの優品もみられる。

建物の大きさや溝の長さによる敷地面積の差は、同時代における居住者の階層差を表していると考えられる。一方、個々の居住区はそれぞれが約五〇メートル《メートル》前後の距離（半町）を隔てており、間の空間には畑や水田が広がっていたと考えられる。このような景色はいわゆる散居村的景観といえるであろう。

大峰ケ台丘陵の麓に近い松環古照遺跡Ⅳ区では、一辺が五〇メートル《メートル》（半町）の方形館の溝を検出している。方形館の南西部の溝中からは、十三世紀末から十四世紀前半頃の土師器杯が多量に出土している。年代としては県内遺跡のなかで最も古いもので、時期的にも地名の由縁と考えられる江戸氏の居館跡の可能性が強い。江戸氏とは武蔵国江戸氏が源流で、頼朝の奥州征伐に江戸太郎重長・江戸次郎親重・江戸六郎重宗らが供奉している。このとき、河野氏は四郎通信が出兵している。江戸氏は承久の乱のあと、伊予国地頭として領地を宛がわれている。また、元寇の役で活躍した河野通有と、「江戸太郎カ女」との婚姻関係が「長福寺本河野系図」から確認できる。伊予に土着した後も河野氏の家臣として活躍し、先の大内氏同様、比叡山大嶽南尾の合戦での負傷者のなかに、江戸六郎太郎重近・江戸弥四郎・江戸太郎三郎などの名前がみられる。

南斎院土居北遺跡

南江戸地区に隣接する南斎院土居北遺跡でも、一辺が五〇メートル《メートル》の溝をもつ方形館が検出された。

溝の内側には約二メートル《メートル》幅で遺構の検出されない空間がめぐっていて、小規模な土塁か生垣などがあったものと想定できる。南溝に出入口の土橋があり、その東側の溝底から永禄十二年銘の塔婆と天正十一年銘の四十九院塔婆が出土したことから、十六世紀後半まで使用された方形館であることが明らかとなった。しかし、十六世紀末には溝が埋まり方形館としての機能は喪失している。

この土地は河野氏重臣の垣生《はぶ》氏が領有していた可能性があり、河野氏最後の当主河野通直とともに竹原へ従った一族郎党五〇余名の一人に垣生盛国の名がみられ、方形館が廃絶する年代観と一致することになる。垣生氏の居住地でないとしても、十六世紀末には機能していないことから、河

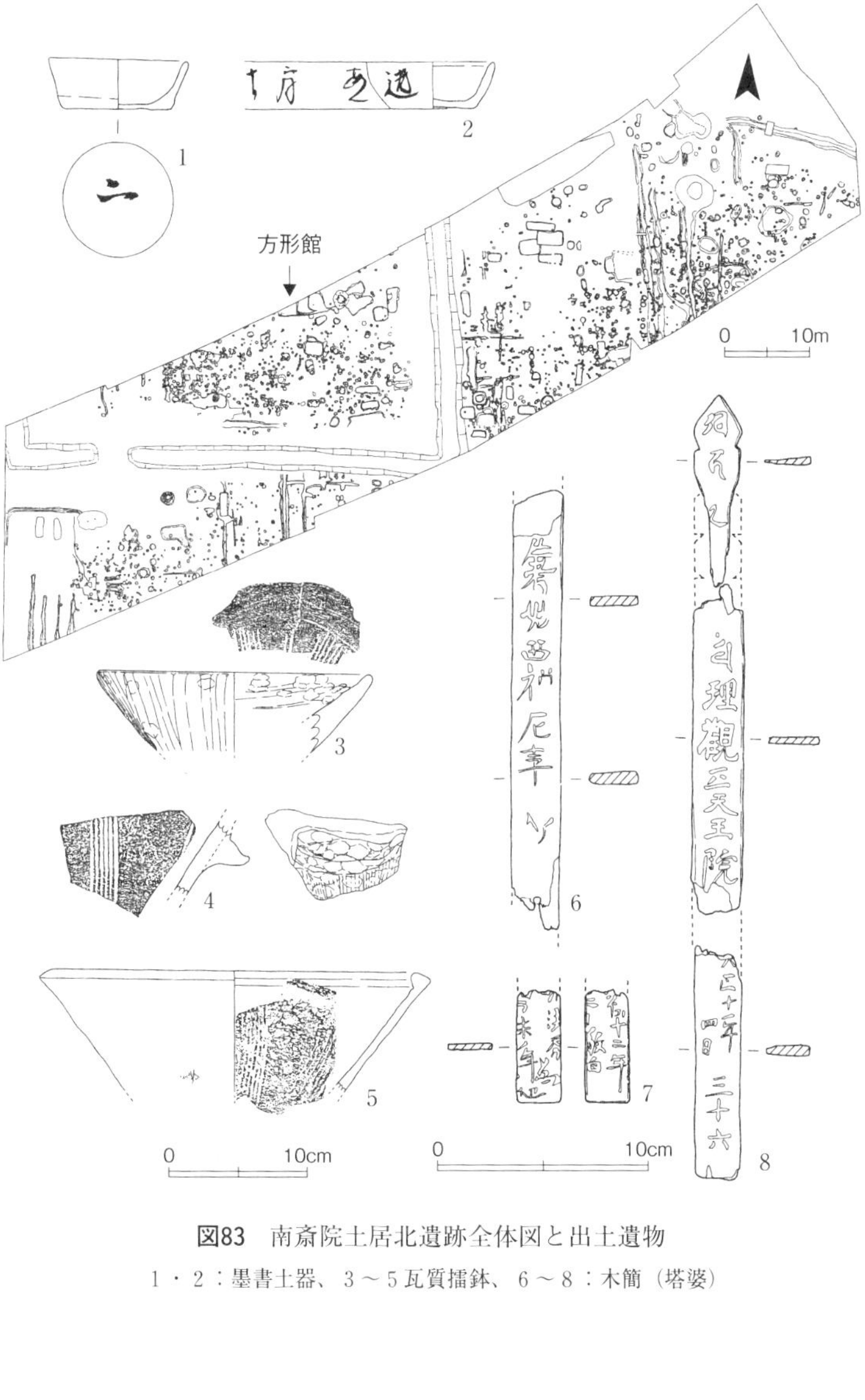

図83　南斎院土居北遺跡全体図と出土遺物
1・2：墨書土器、3～5瓦質擂鉢、6～8：木簡（塔婆）

野氏と関係の深い人物の居館であったことは間違いないであろう。

樽味遺跡

松山市街地の東部で、湯築城から南東に二キロの石手川扇状地の扇央部に樽味《たるみ》遺跡が存在する。この地は河野氏家臣の垂水氏の本貫地とされ、その垂水氏は得能《とくのう》氏であった可能性が指摘されている。

検出された遺構は、幅一メートルの溝に囲まれていたとみられる方形区画で、南北一七メートル、東西は一九メートルの長さまで検出されており、長方形状を呈していたと推定できる。また、溝は一区画で終結せず隣にも区画が連続しているとみられる。南江戸や南斎院で検出された方形館とくらべると規模が小さく、区画が複数存在する点に相違がある。内部には掘立柱建物が一一棟建てられているが、一間×一間や一間×二間の小型建物が多い。溝による区画の西側一〜二メートルには、もう一本の細い溝があり、その溝も方形区画溝に連結されている。溝と溝の間は道となっていた可能性も考えられる。さらに西側には最大幅が三メートルある大きな溝が並列し、その溝から多数の遺物が出土している。

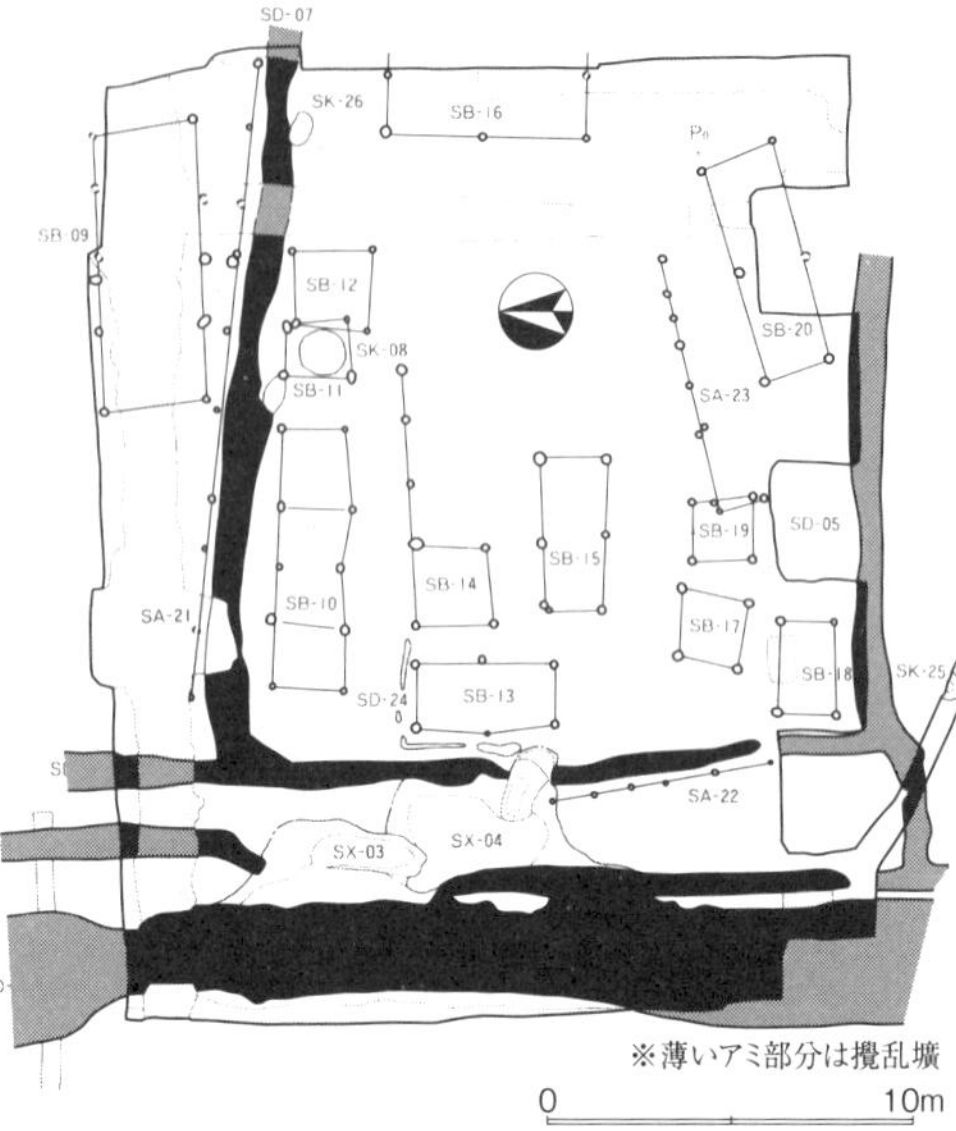

図84　樽味遺跡全体図

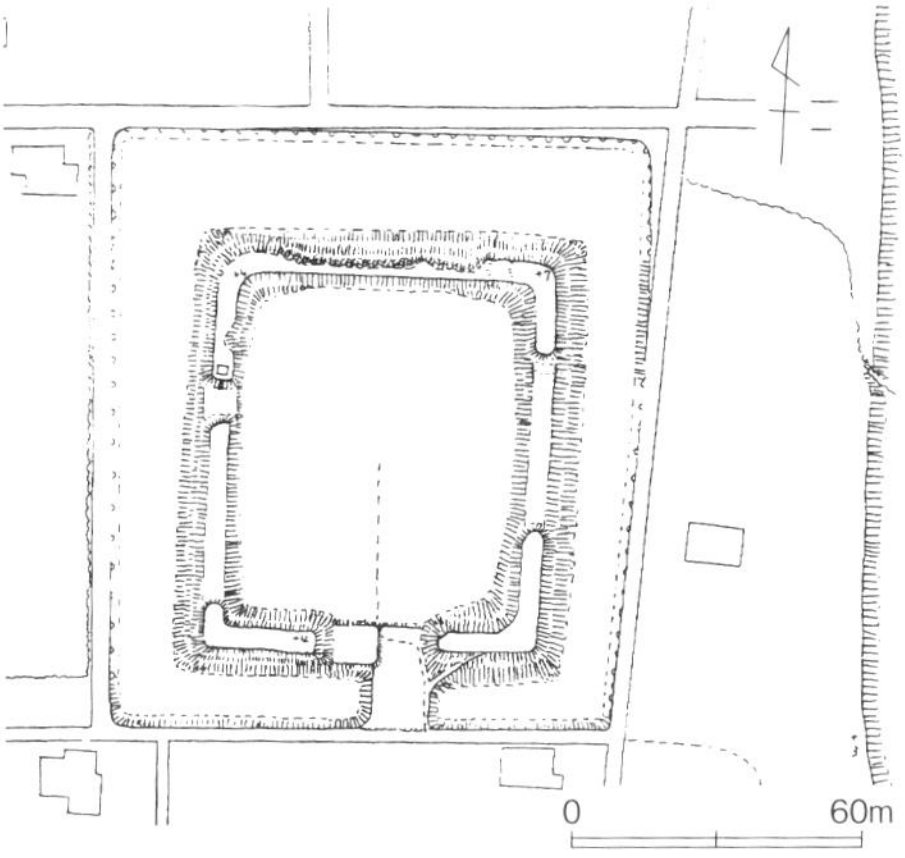

図85　荏原城縄張図（池田誠作図）

出土遺物は、十三世紀から十六世紀の幅をもっているが、十四世紀から十五世紀にかけての遺物が最も多い。種類は土師器杯の他、三足付土釜、東播磨産コネ鉢、備前焼擂鉢などの日常生活品と、中国陶磁器の青磁・白磁、常滑焼甕や亀山焼き甕、石硯などもある。

調査区内で確認された連続した方形区画の在り方は、旧東予市（西条市）の久枝《さえだ》遺跡と同様であり、農村集落の一つのパターンとして認識されている。高知県の田村遺跡のように方形館の前面に連続展開する方形区画居住域と似た様相の可能性もあるので、隣接地に垂水氏の方形館が存在していることも十分考えられるであろう。

荏原城

松山市の南部を流れる重信川を越えた恵原地区に、堀をもつ荏原城が残されている。平地につくられた方形館型式の城館跡で、南北一二〇メートル、東西一三〇メートルを測り、堀は幅一〇メートルから二〇メートルと広く、湯築城の外堀にも引けを取らない。南辺の中央には土橋がかかり、出入口となっている。内部はまわりに基底幅一〇メートル前後、高さ五メートル程度の土塁がめぐり、土塁の四隅は一段高くなっていることから、櫓がつくられていた可能性が高い。入口の土塁は食い違いとなっており、防御性が感じられる。

この城は一三三五（建武二）年、忽那氏に攻められたとされ、南北朝期から存在していたようである。ただ、土塁隅の櫓状の高まりなどは築城当初からあったとは考えられず、後世にかなり改修が加えられているものと考えられる。築城者や十四世紀の居住者が誰であったのかについては不明であるが、後に河野氏一八将の一人、平岡氏の居城となっている。発掘調査が行われていないので、内部構造の把握や遺物からの時代推定などはできないが、この近隣には同じく堀をもつ方形館型式の城館跡が、伝承を含め多く存在していたことが知られている。

道後町遺跡で検出された方形館を当主の居館とみた場合、全体の規模は同じでも、これより遙かに大規模な堀をもつ荏原城は、単に河野氏の一家臣の居館としてのみ機能していたのだろうか。平地の方形館型式の城館はその初現が古く、山城に先行するものと考えられ、土地の領有者としての居館であった。しかし、これも南江戸地区の江戸氏の方形館とくらべると、同時代の同じ立場の武士の居館としては、規模が倍で、居館の囲みが堀と溝では雲泥の差といっても過言ではない。堀といえるくらいに大規模な土木工事をともなう城館づくりは、じつはもっと時代が下る可能性はないだろうか。明確な答えをもちあわせていないが、今後、年代の確かな方形館から、その可能性を検討する必要がある。

（四）周辺遺跡における出土遺物の特殊性

以上、河野氏と同時代に生きたであろう人びとの遺跡を概観した。また、湯築城に近接する外部の遺跡の状況が明らかになり、貴重な情報が得られた。一方、湯築城から距離を隔てている河野氏家臣の居住地は、地名と人物の苗字が一致する傾向にある。彼らがなぜその地を領有したのか、領有地全体から見ればまだわずかな部分の発掘しか行われていないことも事実であるが、それでも各遺跡の情報のなかに考古学的成果の共通点が存在する。それは出土遺物に見る特殊性で、調査の行われていない荏原城を除けば、古代の遺物がかならず出土するという点である。なかでも、八世紀の赤色塗彩《せきしょくとさい》土器師や、九紀後半から十世紀にかけての緑釉《りょくゆ》陶器や灰釉《かいゆ》陶器、中国越州窯《えつしゅうよう》の青磁、十一世紀後半から十二世紀の楠葉型瓦器椀《くずはがたがきわん》などである。

　赤色塗彩土師器は都《みやこ》で使われる土器で、地方においては役所や寺院で使われた。緑釉陶器・灰釉陶器・越州窯青磁は、都の儀式・儀礼などに使われたものとされており、地方の役所においても中央と同様の儀礼・儀式が行われていたことを示している。一方、楠葉型瓦器椀は、摂関家領と深いかかわりをもつ場所で出土するとされている。すなわち、一般的農民層で取得したり使用できるものではなく、役所・寺院・在庁官人・僧侶など限定的場所およびそれらにかかわりのある人物たちの生活領域でのみ使用されたものなのである。

　大畑遺跡では赤色塗彩土師器・墨書土器・緑釉陶器、平田七反地遺跡では、赤色塗彩土師器・緑釉陶器・越州窯青磁、南江戸松環古照遺跡では、赤色塗彩土師器・緑釉陶器・楠葉型瓦器椀、南斎院土居北遺跡では緑釉陶器・越州窯青磁、樽味遺跡では赤色塗彩土師器・緑釉陶器などが出土している。また、大相院遺跡からやや下った位置にある別府遺跡では、赤色塗彩土師器・緑釉陶器、さらに岩崎遺跡では赤色塗彩土師器・緑釉陶器・灰釉陶器、湯築城内からは、奈良・平安時代の貴族や官人の官位を表す「カ帯」に付けられていた、丸鞆《まるとも》・巡方《じゅんぽう》といった石の飾りが出土している。

官人屋敷や寺院の遺構が具体的に検出されているわけではないが、いずれの土地も古代から重要な拠点として位置づけられていたことを、これらの特殊な遺物が物語っているのである。まさしく小野のいう「土地の記憶」であろう。言い替えれば、各領主たちは、古代からの拠点を領有するなかで成長し、河野氏という時代のトップリーダーの下で家臣として勢力を増していったのである。川岡の研究によると、河野氏自身も平安末期には一在庁官人でしかなかったという。越智郡の蒼社川河口（国府津の推定地の一つ）の領有を背景に勢力を伸ばしていったと考えている。それはすなわち、国衙の水運や兵船管理に関与していた可能性を指摘しているのである。

文献と考古の成果が合致すると、その解釈の妥当性はより強身を増す。しかし反面、先述した古代の特殊な遺物というものは、広く見れば県内遺跡のなかでかなりの数の遺跡において出土が見られる。古代の遺跡を掘れば、少なくとも一点はこれらの土器が出土しているのである。ということはほとんどが特殊な遺跡であり、特殊な土地ばかりになってしまうのではないか。また、本当に特殊なものとして位置づけられるのかという疑問も湧いてくる。特殊に対して一般的階層の遺跡とはどんな内容の遺跡なのか、が見出せていないのが現状である。ここに伊予における古代の考古学研究に対して、一つの大きな課題が存在すると考えなければならない。

（五）河野氏にかかわる海賊衆の遺跡

さて、河野氏に関連する遺跡として、海賊衆（水軍）の遺跡を無視することはできない。山内譲は、「日本の歴史上の海賊は、多様な活動をした存在であり、〝水軍〟という軍隊を示す言葉ではその多様性が示せないため、海の領主、海で生活する人々という意味で、〝海賊〟という言葉を使用する」と述べている。ここではこれに従う。

発掘調査が行われているのは、今治市宮窪町に所在し、大島・伯方島間にかかる大島大橋の橋脚が建つ見近島の見近島城《みちかじまじょう》と、能島《のしま》村上氏の本拠地とされる、国指定史跡の能島城跡である。見近島城は六〇〇〇平方メートルについて面的発掘が行われ、能島城では遺構・遺物の状況をつかむことを目的としたトレンチ調査を現在も継続している。本格的調査ではないが、来島城と甘崎城でも試掘調査が行われている。

見近島城

見近島は周囲一五〇〇メートル、標高四〇・六メートルの小さな島で、調査は最頂部からこの島唯一の砂浜に連なる、谷部の斜面を中心に実施された。検出された遺構は溝二条、土器溜四カ所、斜面の山側を平坦に掘削した竪穴状の居住施設が一八棟検出された。この島で居住空間として利用できるのはこの場所だけである。中世を通じて竪穴型式の建物は、県内ではほとんどみられないが、わずかに、今治市の大島吉海町の臥間《ふすま》遺跡で四棟（報告書では段状遺構）、同じく今治市大浜町の正法寺《しょうぼうじ》遺跡で一棟、松山市の大峰ヶ台遺跡で一棟、西条市の天神山遺跡で三棟検出されている。いずれの遺構も緩傾斜面の山側を削り込んで平坦面をつくり出す点が共通している。城としての郭や堀切などは検出されておらず、城郭構造は不明である。

出土遺物は土師器、備前焼、瓦質土器、貿易陶磁器、砥石、石硯（赤間硯）、茶臼、鉄鏃、小札など多種で量も多い。主要な時期は十五世紀から十六世紀の半ば頃で、これらの遺物には大きな特徴がある。柴田の研究成果を援用すると、まず数

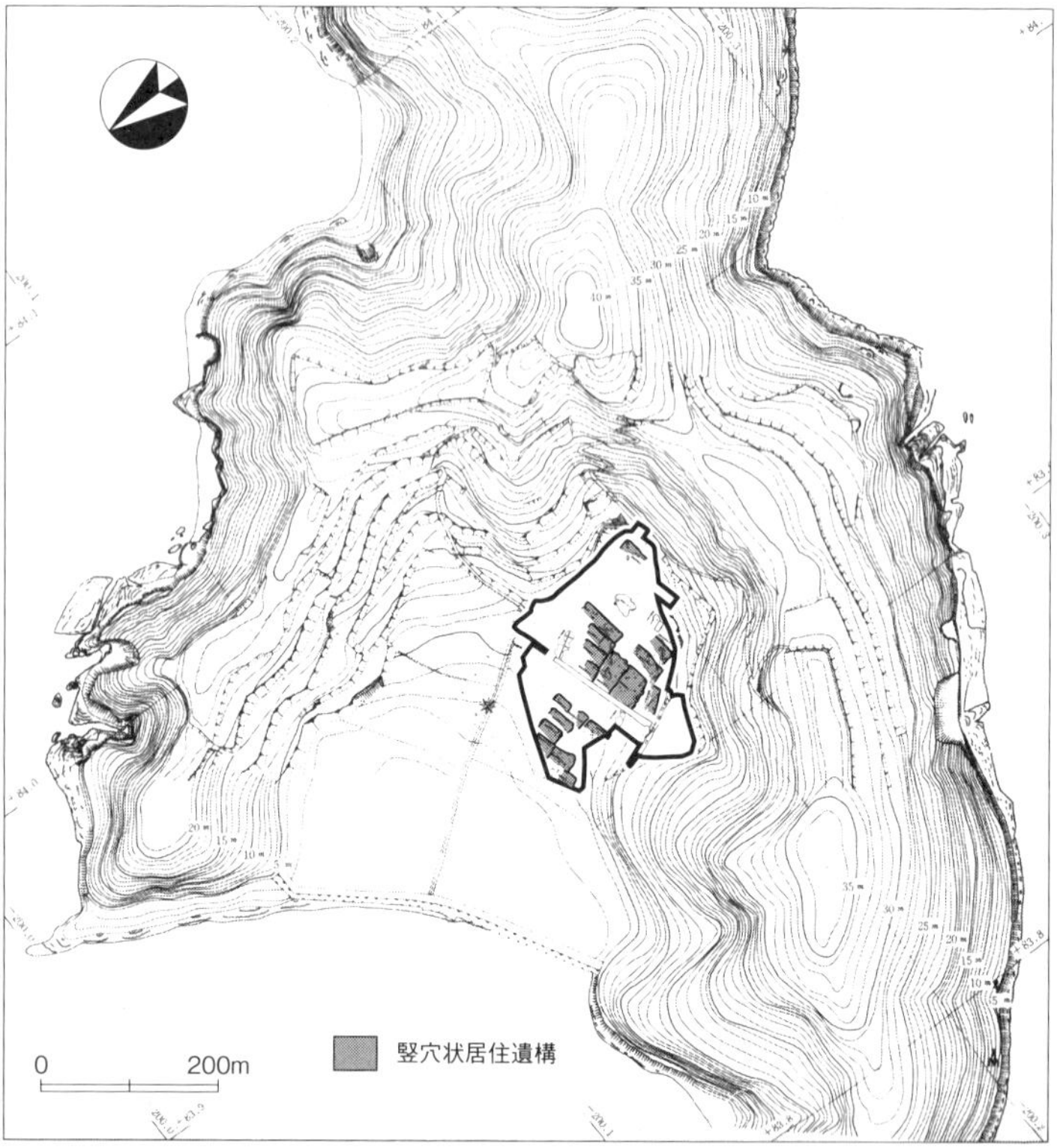

図86　見近島城調査区

量が多いこと、同種（同一の器形・形態・文様）のものが数点から数十点出土していること、十六世紀前半の備前焼擂鉢に未使用品が多い（筆者の実見では備前焼にかぎらない）こと、生活必需品以外のものが多いこと、流通量が限られるもの（たとえば焼締陶器の鉢）が出土していることなどである。漁村的小集落にもかかわらず、このような有り方を呈する背景として、なんらかの流通拠点的位置づけが可能としている。また、同種のものが多いことなどから、一時的に物資を貯蔵しておく集積場であったとする見解もある。

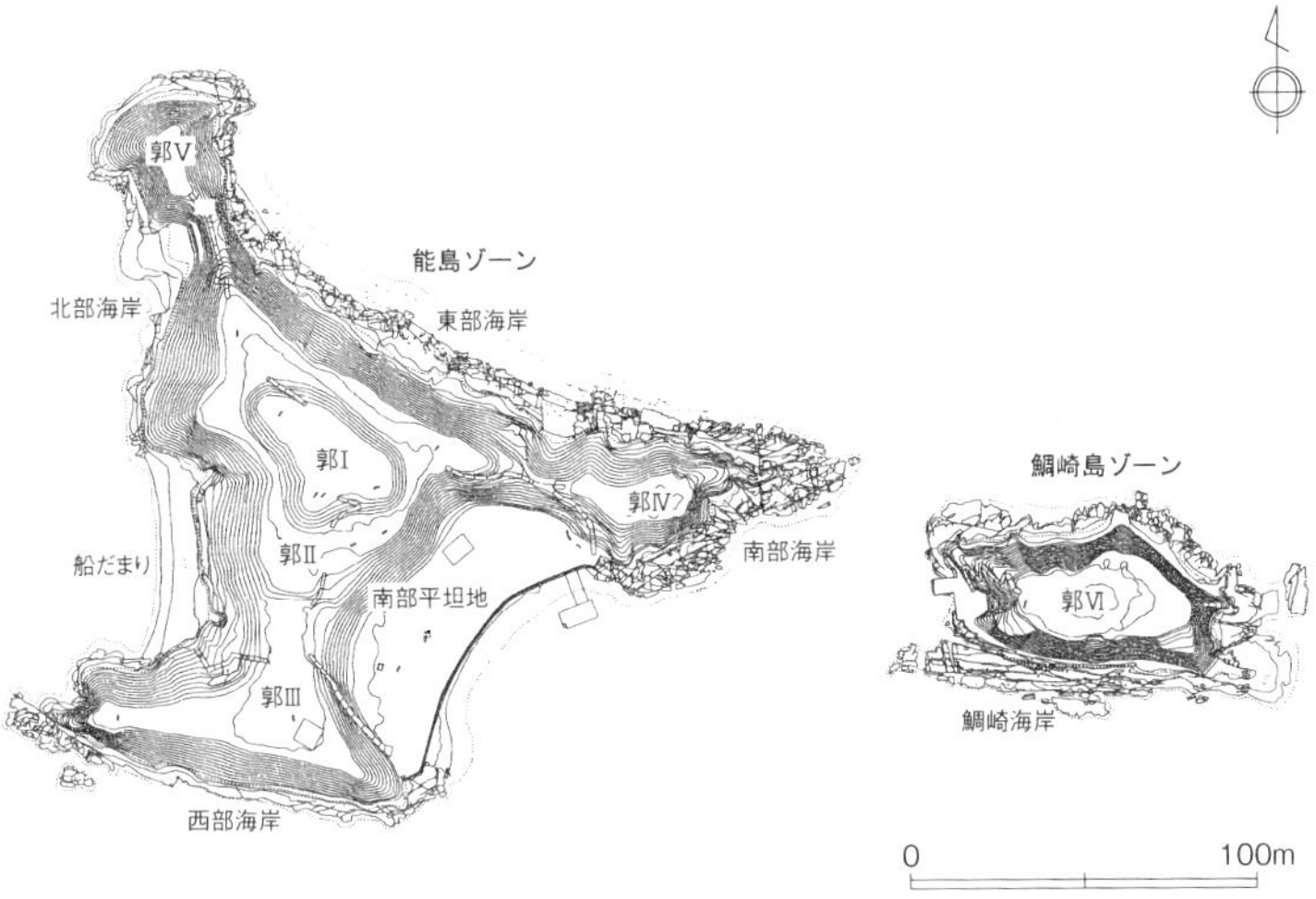

図87　能島城全体図

能島城　見近島から南約一・五キロには能島城が存在する。周囲約八〇〇メートルで見近島よりさらに小島であるが、島全体に平坦な郭を造成し、城郭化している特徴があり、「海城」の典型である。島の中央最頂部に主郭と腰郭を設け、そこから東西と南に小規模な郭が連続する。東部海岸と船だまりとよばれる砂浜の奥の岩盤には、いわゆる岩礁ピットが密集している。

試掘調査と表面採集で得られた遺物は、土師器、瓦質土器、輸入陶磁器、備前焼、金属製品、硯や臼・砥石などの石製品である。なかでも備前焼は全体量の約半数を数える。生活必需品の出土も多い。

まだ小規模で部分的な調査であるため、この島の本来の機能を解説することはむずかしいが、二間×三間以上の掘立柱建物も検出されており、居住を意識した施設がつくられていたことは確実で

図88　来島城全体図

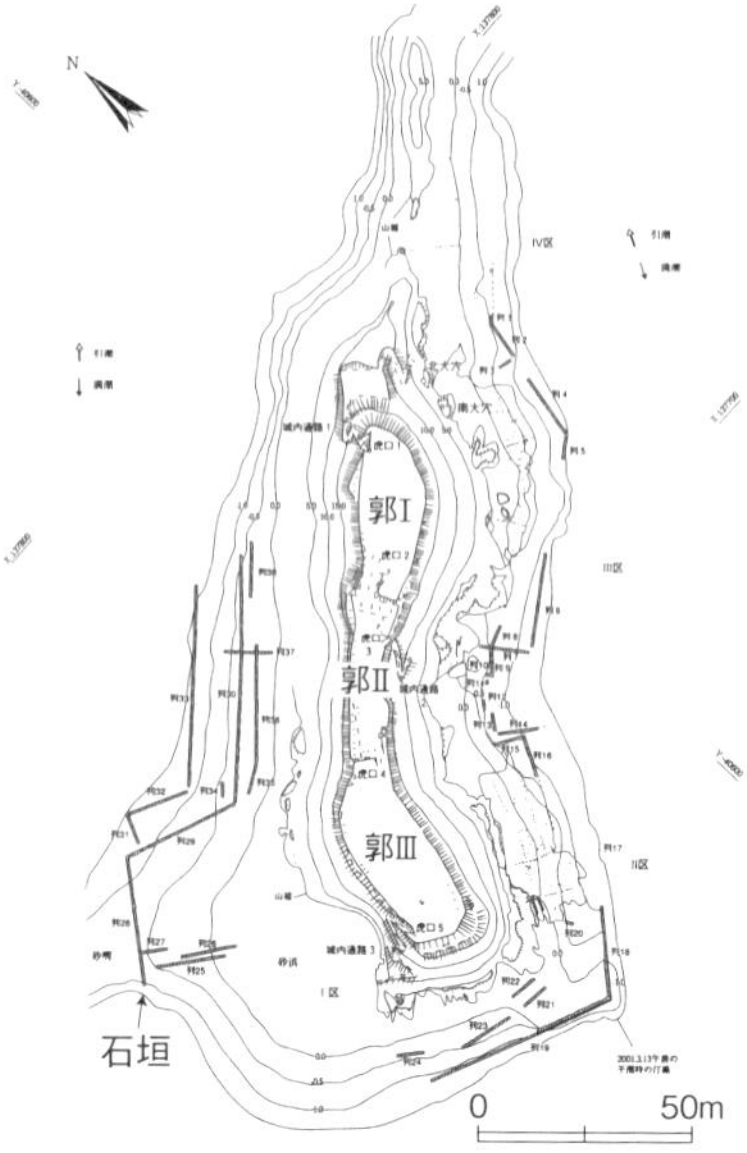

図89　甘崎城全体図

ある。出土遺物の年代観から、十五世紀後半から十六世紀前半に盛期があることが明らかとなった。これは見近島とほぼ同様である。

来島城

来島城は、今治市波止浜の沖合に位置し、周囲約八五〇《メートル》、標高四一《メートル》の小島である。島の最頂部に主郭を設け、そこから南と南東方向の緩斜面に小規模の郭を配する。島の北端に向かっては、尾根の稜線上に小規模な郭を設けている。日和佐は岩礁から最頂部への連絡に使われたものと考えている。トレンチ調査では、石組溝や礎石が検出されている。建物の規模や構造は不明であるが、礎石建物の存在が確認されたことは興味深い。また、海蝕テラスや岩礁ピットの調査も行われた。

出土遺物は、土師器、瓦質土器、備前焼、輸入陶磁器、近世陶磁器などで、おもに十五世紀から十七世紀のものが出土している。

図90　甘崎城東南コーナーの石垣

甘崎城

甘崎城《あまさきじょう》は、今治市上浦町に所在し、対岸との距離が一六〇メートル程度で、大潮の干潮時には歩いて渡ることができる。島は最頂部二〇メートル弱で、山頂は長さ約一三〇メートル、幅は約六メートルから一八メートルにわたり平坦に成形し、連続する三つの郭で構成されている。試掘調査の結果、郭ⅠとⅢでは複数の礎石が検出されており、瓦も出土していることから、瓦葺きの礎石建物が建っていたことがわかる。一方、海岸部では無数の岩礁ピットの調査も行われた。

さらに、この城の他に見られない特徴の一つとして、岩礁の上に石垣の基礎部にあたる根石や二段部までが残存しており、中世海城から高石垣をもつ近世城郭につくり変えられていることがあげられる。島を囲むように構成された石垣により、二〇メートル足らずの郭幅であったものが、最長一二〇メートル幅を有することになり、対岸からは、海に浮かぶ威風堂々とした城郭に見えたであろう。

遺物は表面採集による量が多く、土師器、瓦質土器、備前焼、中国・朝鮮の陶磁器、瀬戸美濃焼などで、十六世紀代の遺物が中心となる。

海城について

ところで、海城とは海に浮かぶ島のなかに郭をつくり出したものを指し、山内は「山城に対する海の城のことで、要は海に関わり、あるいは海を睨んで築かれた城のこと」だとした。また、「広義には、海に面して立地し、海に関わって機能した城のことを幅広く海城と呼び、狭義には、小さな島全体を要塞化するという独特の構造をもったものを指す」と説明している。具体的にはその立地条件を大きく三つに分類し、「一は海辺の山頂や丘陵上に位置するもの、二は大規模な島嶼のなかの山頂や丘陵上に位置するもの、三は小規模島嶼全体を城郭化し、四周を海に囲まれるもの」とした。

山城の周囲が切立った崖であったり、河川による自然の要害を形成しているのに対して、とくに三つめの小規模海城は、周囲の海域の激しい潮流が、自然の要害を形作っているのである。すなわち、各土地の自然地形や状況を巧みに取り込んで城郭化していることに大差はないのであって、郭の構成からみても、海城が中世の城総体として特別なものではないと考えられる。ただ、小規模島嶼全体を城郭化したものを海城と規定することに違和感はない。

流通について

海賊衆の遺跡のなかで見近島城は、「なんらかの流通拠点として評価」されている。なんらかというのはきわめて抽象的で、目的を明確化していない。柴田の分析によるこの遺跡の特徴からは、ここが物資の中継地として機能していた可能性を模索しているのではないかと推量する。中継地とは、生産から消費の過程のなかで、消費の途中に位置づけられる概念と考えられ、流通の担い手として商品を運び、消費地に売りさばく前の一時的保管を行う場所として、港などにある倉庫的集散地という意味が考えられる。

しかし、同一の種類のものが多いもので数十個体という量は、本当に中継地としての根拠となりうるのであろうか。むしろ消費地として買いとった商品を、実際に使用するまで保管しておく、個人（ここでは能島村上氏）の蔵的集散箇所とみたほうが妥当なのではないだろうか。能島城と見近島城の遺物には、備前焼や亀山焼系の瓦質土器が多いことが一つの特徴であり、さらに土師器皿や杯にも山陽側の製品がかなりの率で入っていることが明らかになりつつある。伊予において土師器の皿や杯は基本的に在地で生産・消費されるもので、流通網にのって広域に消費されるものとは考えられない。今までの研究では、最大でも各平野単位での動きしか把握できないのである。

能島城と見近島城に入っている土師器の皿や杯は、おそらく亀山焼系の瓦質土器などとともにもたらされた可能性が考えられるが、少なくとも両島を中継地にして、今治平野部に拡散している様子はない（今治平野部での十五・十六世紀の遺跡は、今のところ少ないのも事実ではある）。すなわち、島内で完結している可能性が高く、それはまさに能島村上氏の消費動向の表れととらえられるのではないだろうか。

また、湯築城にもたらされた大量の輸入陶磁器類は、消費地としての様相であることは間違いのないことであるが、家臣のもっているものも、当主およびその一族がもっているものも、どのようなしくみで入ってきたものなのか明らかにすることは、現状においてはきわめて困難である。ただ、Ⅱ章でみた水軍の動きのなかで、十五世紀半ば頃の能島氏は、とくに大内氏との接近のなかで大内氏のもつ対外貿易力や、商品流通網に対してなんらかの恩恵にあずかり、流通のしくみのなかに自らを組み込んでいったのではないかという推測も成り立つかもしれない。文献で見られる対人関係全般と考古資料の分析結果（ここではとくに遺物群のもつ時代幅）をダイレクトに結びつけることによって、流通の一つの骨格が見えてくる可能性は高いのではないだろうか。

3　城の周辺にみられる条里型地割

城の周辺では現在の既設道路が、一町単位で碁盤目状に配されていることに気が付く。それは、とくに城の西側と南側において顕著で、先に紹介した道後町遺跡の方形区画溝もこのライン上に乗っている。これはいわゆる条里型地割であり、城の縄張りと条里がどのような関連をもっているのかについて、検討したいと思う。

まず、この地割の成立年代について、城の南西部の岩崎遺跡の遺構からみると、Ⅲ区とⅥ区で検出された十四世紀頃と考えられる掘立柱建物は東西南北を指向している。同時期と考えられる溝の方向性も同様であり、条里地割が十四世紀段階では成立していることが明らかである。Ⅴ区ではさらに古い八世紀後半の溝が検出され、L字型を呈するコーナー部もみられ、ここでも東西南北方向を指向した遺構が存在している。これらの状況から、十四世紀を大きくさかのぼり、すでに八世紀代には条里型地割がつくられていたと推定できるであろう。

湯築城から一・三ｷﾛ西にある文京遺跡一八次調査区では、十一世紀（十世紀後半の可能性あり）から十三世紀前葉（十二世紀半ばから後半の可能性あり）の水田が検出された。溝および畦畔の方向性の変化をみると、初期の水田に関連する水路は北から西に八〇度振っている。その後、水路は何度か切り直されているが、方向性はほとんど変化しないまま、十二世紀の後半まで継続されている。しかし、十三世紀前後の時期の水路は、完全に東西方向に変化している状況が看取できる。

岩崎遺跡と文京遺跡の中間に位置する道後今市遺跡Ⅹ次調査区では、十三世紀から十四世紀を中

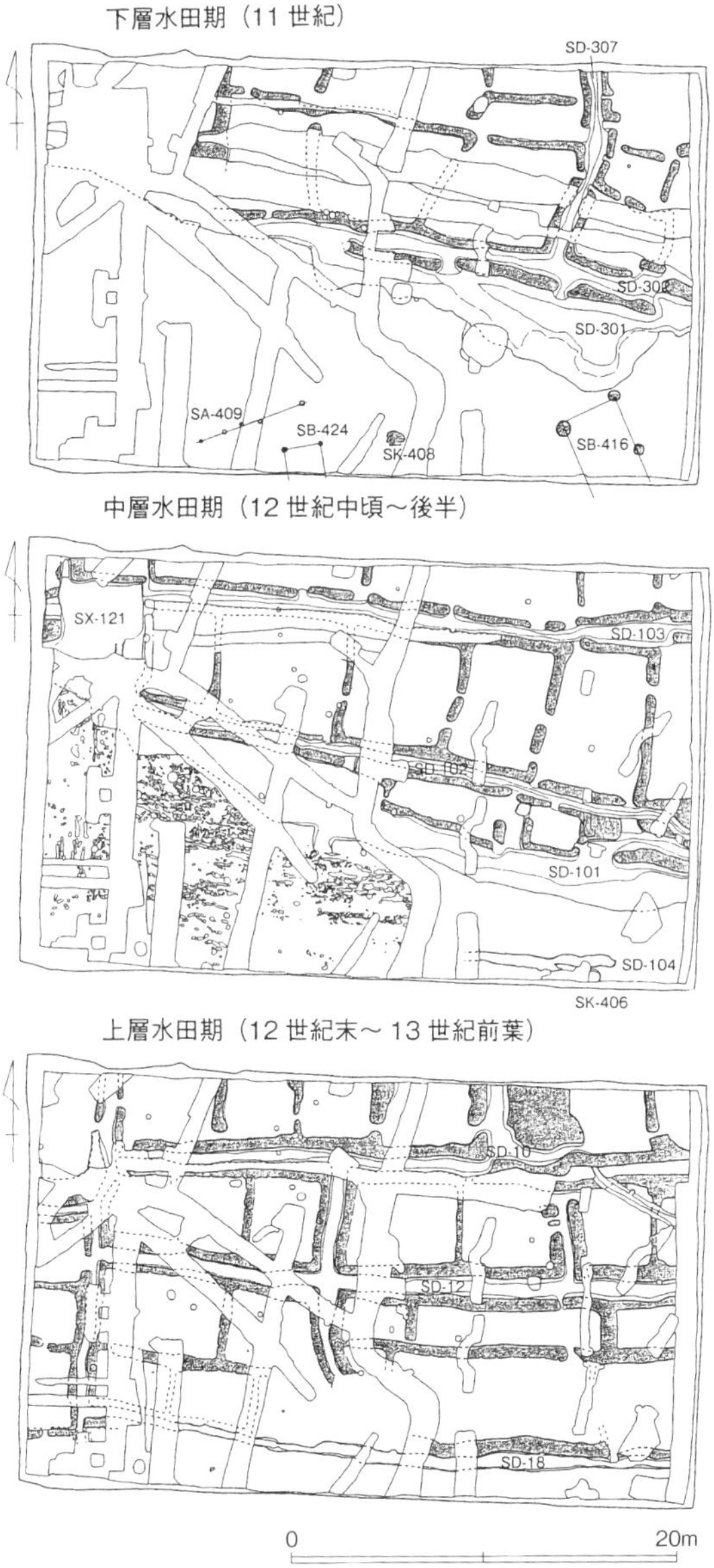

図91　文京遺跡水田址変遷図

心とする掘立柱建物が検出されているが、ここでも完全に東西南北方向に建てられている。このように、岩崎遺跡や道後今市遺跡と文京遺跡においては、十三世紀以後の遺構（溝や掘立柱建物など）は、ほぼ同じ方向性をもっているといえるが、岩崎遺跡と文京遺跡における十三世紀以前の遺構の方向性の違いは、何に起因すると考えられるのであろうか。

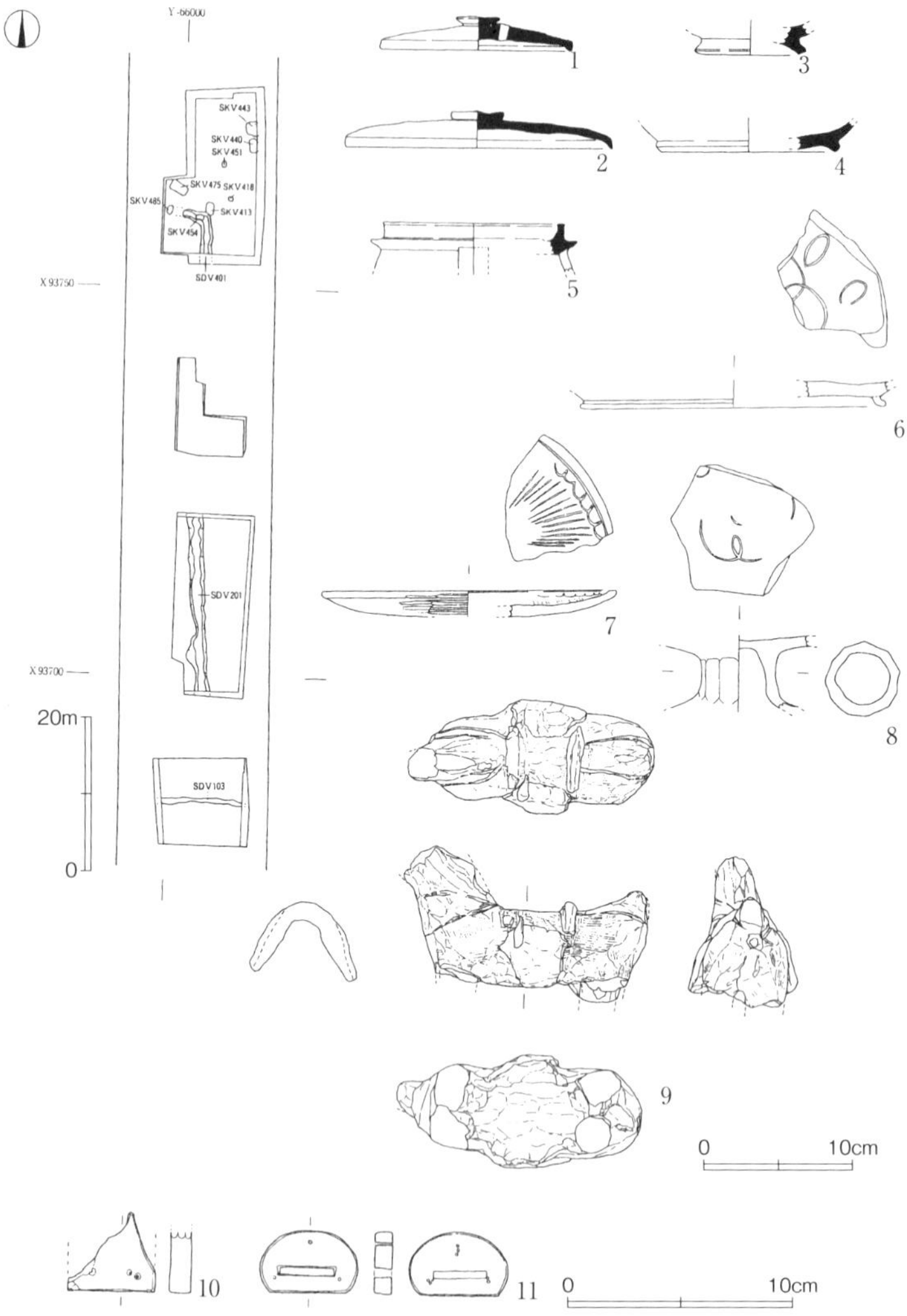

図92　岩崎遺跡Ⅴ区遺構図と古代遺物

1・2：須恵器蓋、3・4：須恵器杯、5：須恵器円面硯、6：土師器杯、7：土師器皿、8：土師器高杯、9：土馬、10：巡方、11：丸鞆（※10・11は湯築城出土）

岩崎遺跡のV区の「L」字状に屈折部をもつ溝からは、八世紀の硯（円面硯）や畿内産土師器や土馬などが出土しており、官衙関連施設の存在をうかがわせる内容である。この地域は古代より道後温泉とのかかわりもあり温泉郡（湯郡）とよばれており、官衙の存在が推定されていた。湯築城内で出土した丸鞆や巡方の存在と合わせると、V区の周辺に官衙関連施設が存在していた可能性はきわめて高いと考えられる。すなわち、古代の役所が設置されるエリアは、優先的に条里型地割が施行された可能性が高いのではないだろうか。その範囲は、少なくとも文京遺跡までは及んでいなかったと考えられるのである。その後、条里地割が広域に施行されたとみられる。ただし、その完成が十三世紀頃であったのか、もしくは古くに完成していた条里型地割を、十三世紀頃に再整備した結果であるのかについては、今後の研究を待たねばならない。

以前に、城の東側と南側では条里型地割がほとんど見られず、方形ではなく長方形の短冊型地割がみられることを述べた。このような地割が大手側の外堀ラインと平行関係にあることから、天文四（一五三五）年の湯築城外堀普請のときに、石手寺まで含めた改修が行われた結果としたが、それでもなぜ湯築城がこのような形態をとったのかという根本的な点については解釈ができていない。ここでは、その解答を得るのではなく、城の内外における地割や遺構のラインについていくつかの指摘を行い、今後の研究の一助としたい。

湯築城の平面形状を方形であるとか円形であるとか、一言で表現するのは困難である。報告書では外堀形状を重視し、「亀甲型を基本形として、各コーナー部に丸みをもたせて連結した形状」とした。しかし、城内の南東および南西コーナーについては、道路と一体の石積排水溝が明らかに屈折しており、ここだけで考えれば、丸みというより方形を意識している可能性が強い。

地割と全体形状の関係でいえば、城の西側を区画する外堀ラインは明らかに条里型地割と一致する。しかし、南・北と東のラインは一致しない。これが形状の歪みを表出している原因であり、そこにはかならず理由が存在するはずである。とく

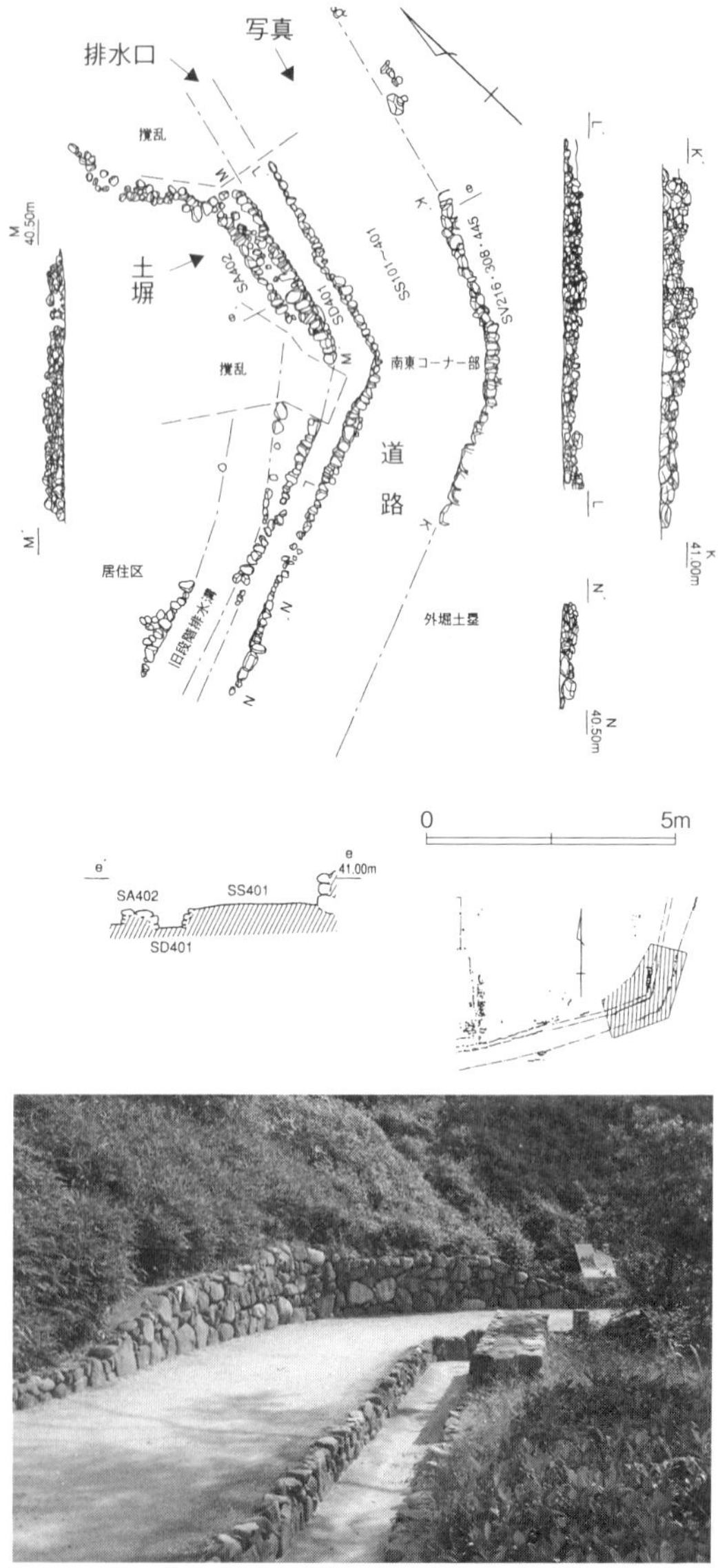

図93　南東コーナー部の遺構（整備後）

に東のラインについては、北から一〇度東に振っている。これに平行する道路が、石手寺側に何本もみられることはすでに指摘したとおりである。さらに城の西側の状況を確認すると、道後町遺跡の方形区画溝から一町西側の区画に面する南北道路も北から一〇度振っており、同じ方向を示す。同一視できないかもしれないが、その状況は現愛媛大学正門前の道路まで、約五二〇ﾒｰﾄﾙの間でも看取できるのである。

次に城内の状況を確認する。調査当時から不思議に思い検討していたが、解決にいたっていないことの一つに、礎石建物の配置と土塀の方向性のズレがあげられる。とくに顕著なのは、家臣団居住区の会所とした二段階の礎石建物（ＳＢ２０３）と、上級武士居住区の礎石建物である。

会所建物については、道路側の土塀は西側外堀ラインに規定され、南北方向に一直線である。しかし、その土塀から延びる東西方向の区画土塀は、南北土塀に対して直角の方向ではない。また区画内に建てられている礎石建物は、東西土塀ラインに平行しているため、道路から敷地に入ると建物位置が歪んでいる状況である。家臣団居住区のなかで南側に位置する建物については、道路ラインに対して直角方向に建物を建てているため、平面的なバランスはよい。

一方、上級武士居住区の建物であるが、四段階のＳＢ４１０・４１１については、東側外堀ラインに規定された道路に対して直角方向に桁行をもつが、二段階ＳＢ２０９と四段階ＳＢ４０８・４０９については、どの遺構の方向に規定されているのか不明である。さらに、大手を入った先に広がる空間の中央付近には、丘陵部に向かって真っすぐ伸びると推定される、二段階の幅二ﾒｰﾄﾙ弱の道路の存在が確認されている。この道路の方向は東側外堀ラインに対してほぼ直角であり、上級武士居住区SB410・411の桁行と平行である。このことから、段階が違っていても外堀ラインに規定されて、遺構が配置されていることが判明した。

城の北と南のラインを平面図で見ると、東側が大きく南に振っていることがわかる。北側の内堀上に引いたラインは、丘陵の北裾ラインとほぼ平行で、さらに城外の石手寺にいたる幹線道路とも平行している。南側の南西コーナーから真南にいたる外堀ラインは、その外周道路の方向と一体である。これは、外堀を掘削した後にできた道路であれば当然のことである。しかし、なぜこんなに東側を振らなくてはならなかったのか。ここには地形からくる必然性が感じられ、それは丘陵部の形態ではないかと推察する。丘陵の東側ラインを除いて北・西・南の丘陵裾部ラインと外堀（北は内堀）の形状ラインは一致しているとみることができる。この点については、すでに日和佐も「湯築の山を最大限利用するため、その形を生かした内堀と外堀を築いた」と指摘している。

ただ、道後町遺跡の方形館から移った際に、なぜ条里型地割に則った方形区画溝で丘陵部を囲まなかったのかという点については、別の要因を考える必要がある。それは、外堀と一体化する現況道路のうち北側と南側のラインは、外堀を築く前から城の外郭線として成立していたのではないかという考えである。そしてその時期は、河野氏が北条の河野郷からこの道後の地に拠点を移した、十四世紀までさかのぼる可能性もあるのではないだろうか。とくに南側ラインは、東に延びて石手寺にいたる北道路と合流する。この合流点は、「石手寺往古図」でみれば、石手寺の子院の西端にあたる。大手を入ったところで確認されている、古代瓦の出土と基壇状の版築土層は、この囲みのなかにあったといわれている内代廃寺跡の一部であろう。まさしくこの地は重要な聖域としての囲みを必要としたのではないだろうか。

また、丘陵部だけが城の縄張りであったとすると、きわめて無防備な城となるであろう。過去に細川氏との間で湯築城をめぐる攻防が幾度か行われていることなどから、丘陵部の防御のためにも城の防御のための外郭線が必要であったと考えられる。一方、天文四年の外堀普請は、川岡が説くように大内氏との緊張関係のなかで、聖域の構造を踏襲した縄張りを描き、軍事拠点への変換を図るべく行われたものと理解することは可能であろう。大手側の東側ラインについては、石手寺から道後温泉に向かう辻からまっすぐ南に外堀を掘削したのでは、丘陵の南東裾を通ることになるので道などをつくる幅が足りないため、より東側に寄せたものと考えられる。その時同時に、城外の囲みのなかや石手寺までの間を再整備したのであろう。

一四八一（文明十三）年の石手寺二王門付棟札には、「大檀那伊豫屋形河野刑部太輔通直公」のほか、石手寺再興事業にかかわった家臣名など多数の人名が記されているが、「大鋸引大工　上市町三郎次朗外十人」など上市町に大鋸引大工がいたことがわかる。当時の上市とは城の東側の囲みのなかであり、ここに職人たちが居住していたことを裏づけている。他に石手寺の鍛冶大工や瓦師大工などもいたようである。

北東の外堀が鉤状に屈折しているのは、鬼門除けの形態をとっていると考えられ、城外北東方向に鎮座する伊佐爾波神社が、いわゆる邪気を封じる位置にあるのも偶然ではないだろう。

以上述べてきたことに対して、発掘調査が証明していることはわずかしかない。岩崎遺跡の一部が官衙関連施設の範囲内の可能性が高いことは明らかだが、建物の実体像はほとんど不明である。
また、内代廃寺についてもその構造的なものはまったくつかめていない。さらに両遺跡の関連性と個々の役割など、温泉場の前面ではいったいどんな歴史が刻まれていったのか、解明すべきことが多いのである。その意味においても今後、城外での発掘成果がきわめて重要であることはいうまでもない。

4　城内住人と内部構造

旧動物園区の機能分化については先述のとおりであるが、西側の家臣の居住区については、具体的家臣名を示す遺物の出土などはなく、奢侈品などの存在から重臣クラスの家臣（報告書では給人クラス）と想像しているにすぎない。

ここに『予陽河野家譜』のなかに付記された一節を紹介する。

通康（略）、移于湯築城、構館於本城之西山麓、其跡存于今、有井俗伝日之来嶋井

来島通康は湯築城の西山麓に館を構えていたことや、「来島の井戸」とよばれる井戸が存在していたことを表している。西山麓がどの場所に当たるのか、常識的にとらえれば城内の中央丘陵部の西山麓ということだから、搦手側の西側全体が対象となるであろう。なかでも家臣団居住区は有力な候補地と考えられる。

さらに、西尾は来島通康が河野通直の次の「通宣の時代にこそ当主の側近として重要な地位を占めていた」と考えている。通康は一五六七（永禄十）年十月、大洲へ出兵中に体調を崩し道後へ帰還したとされ、道後とは湯築城のことを指し、ま

もなく城内で亡くなった可能性が高いとした。このことからも通康が城内に屋敷を構えていたことが推測されるのである。

ところで、来島通康の本城は今治の沖にある来島城である。現存する郭構成が、そのまま通康の時代のものであったとは考えられないが、城主として君臨している以上は、城の一部の郭だけが生活拠点であったはずはない。湯築城内に居を構えていたとすると、家臣団居住区の一区画だけを使っていたとは考えられないのである。土塀などで表わされる区画も、内堀に面した側には区画ラインが伸びておらず、各区画の独立性は弱いと考えられる。さらに、道路から区画への出入口は二段階では、区画1と2で検出されているが、他の区画ではみつかっていない。三段階でも区画2で確認されているだけである。もちろん遺構の残存状況によって左右されることではあるが、二段階の区画3では道路側の土塀は切れ目なく検出されていることから、すべての区画にかならず出入口があったのではなく、内堀側がオープンになっていることから、区画間の動きは内堀側がメインであったと考えられるのである。

このような状況から家臣団居住区の実態を考察すれば、区画ごとに一人の家臣が屋敷を構えていたのではなく、隣接する区画はたがいに機能的連結をもっていたと考えられ（報告書および論文のなかで柴田は、各区画それぞれが独立性を保持し、機能的に分解できない均質性をもっていると解釈した）、ここに来島通康の屋敷があったとすると、通康の身のまわりの世話人や家臣も常駐していると考えられ、家臣団居住区全域を使用していても、何の不思議もないのではないだろうか。

西尾も来島通康の城内居住に関しては肯定的であるが、さらに湯築城内の具体的居住者について、可能性のある人物を挙げている。それは河野家最後の当主である河野通直（牛福丸）の母とされる宍戸隆家嫡女で、河野氏の書状のなかに「したし」や「仕出」などと書かれている。さらに、「ゆつきしたし」とか「ゆつき御仕出」などの使われ方をしていることから、湯築城に関連するものと推定し、居住場所として家臣団居住区やその北側も候補の一つとしている。

以上のような推定が成り立つとしたら、家臣団居住区の実態をとらえなおす必要が出てくる。そこで、そもそも家臣団居住区とはどのようなイメージでとらえられていたのかを振り返る。

発掘調査を再開してから約九カ月後の一九九二（平成四）年に出された川岡の『河野氏の歴史と道後湯築城』では、「建物跡はいずれも二×五間程度の小規模なものであって、河野氏に近仕する小身の家臣の住居とみた方がよさそうである」とした。さらに付け加えて、「重臣屋敷は、むしろ外堀の外側にあって、大名の居城から一定の自立性を維持していた」と考えていた。まだ整理作業が十分に進んでいない段階の見解としては妥当なものであったといえ、大方の研究者もほぼ同様の解釈であった。

その後、遺物の出土状況や種類などの精査が進むにつれ、少身の者ではもち得ないと考えられる奢侈品などが、かなり多く出土していることが判明し、また、会所的機能の礎石建物があることも明らかとなった。さらに、東側調査区を出土遺物や空間の面積比較などから、当主に近い上級武士居住区とした。この段階においても家臣団居住区の住人は「河野氏の直接的な給人」とし、さらに北側の区画には威信財が豊富なことから、「家臣団居住区の住人よりは身分の高い家臣の屋敷」と想定したのである。

理解を複雑にしているのは、「少身の者」とか「給人」という用語で、河野氏家臣のどのランクと考えられるのか、具体的な位置づけを行うべきかもしれない。その上で再度その人物が奢侈品や威信財をもてるのか否か精査する必要があるのではないだろうか。もちろん、遺構についての解釈も細部にわたり見直しを行い、精査する必要があると考えている。

5　基本土層Ⅲ層の解釈

一五三五（天文四）年に外堀の掘削が行われると同時に、新たにつくり上げられた城の内部遺構は、廃城までの約五〇年の間に大きくは四つの段階でつくり替えられていることはすでに説明したとおりである。なかでも基本土層Ⅲ層については、城内で広範に検出される焼土層であり、この層に覆われた遺構や遺物の遺存状況が良好であったことや、Ⅲ層の上下によって遺構の構造や配置などの状況が大きく変化していることなどから、Ⅲ層は非常に重要な層として認識されてきた。

文献研究の成果として、一五四二（天文十一）年頃に起こったとされる「天文伊予の乱」による火災によって、二段階の遺構が焼失したために形成されたのが、Ⅲ層であると考えられていた。「天文伊予の乱」とは、河野通直（弾正少弼）の後継をめぐる争いで、通直が娘婿の来島通康に家督を譲ろうとしたが、譜代の家臣たちは子の晴通を擁立しようとした。争いの結果、通直と通康は湯築城から来島城へ逃れた。これによって後継は子の晴通となり、湯築城へ入城したのである。

この乱は湯築城が舞台となっていることや、Ⅲ層除去面や焼土層に混じって出土する遺物の年代観にも矛盾がないことから、Ⅲ層形成の要因をこ

発掘調査				文献	
期	段階	確認できる事象	推定年代	湯築城に関わる出来事	当主
湯築城前期			15世紀後半	寛正 4（1463）年、細川氏の侵入 「井月合戦」寛正伊予の乱 教通と通春の争い	河野教通
				文明12（1480）年、石手寺改修 （南海地震）	
		山上礎石建物火災 一部の内堀土塁築造 丘陵西裾郭＋土塁	16世紀初頭	明応 9（1500）年、教通死去 永正16（1519）、通宣死去 天文 2（1533）、弾正少弼に任じられる	通宣 （刑部大輔） 通直 （弾正少弼）
湯築城後期	1 段階	外堀・外堀土塁築造 城域拡大、平地部居住区	16世紀前半	天文 4（1535）年、「温付堀」普請 大友氏と婚姻関係 大内氏との争い	
	2段階	大規模改変 一定期間存続後　火災 （Ⅲ層形成）	16世紀中頃	天文11（1542）年か「父子不快」 天文伊予の乱 天文21（1552）年、通宣に実質代替わり 天文22（1553）年、通直、通宣「鉾楯」	通政（晴通） 通宣 （左京大夫）
	3-1段階	火災後の改変	16世紀後半	永禄 5（1562）、左京大夫任官 永禄10（1567）、来島通康死去	
				永禄11（1568）、鳥坂峠の戦い 通直（牛福）に代替わり	通直（牛福）
	3-2段階	詳細時期不詳　小規模改変		永禄13（1570）、通宣死去	
	3-3段階	小規模改変		天正 9（1581）年、通直、吉見広瀬女と婚姻 天正10（1582）年、来島村上氏離反	
		火災		天正13（1585）年、湯築城開城 天正15（1587）年、通直死去 このころ、廃城	小早川隆景 福島正則

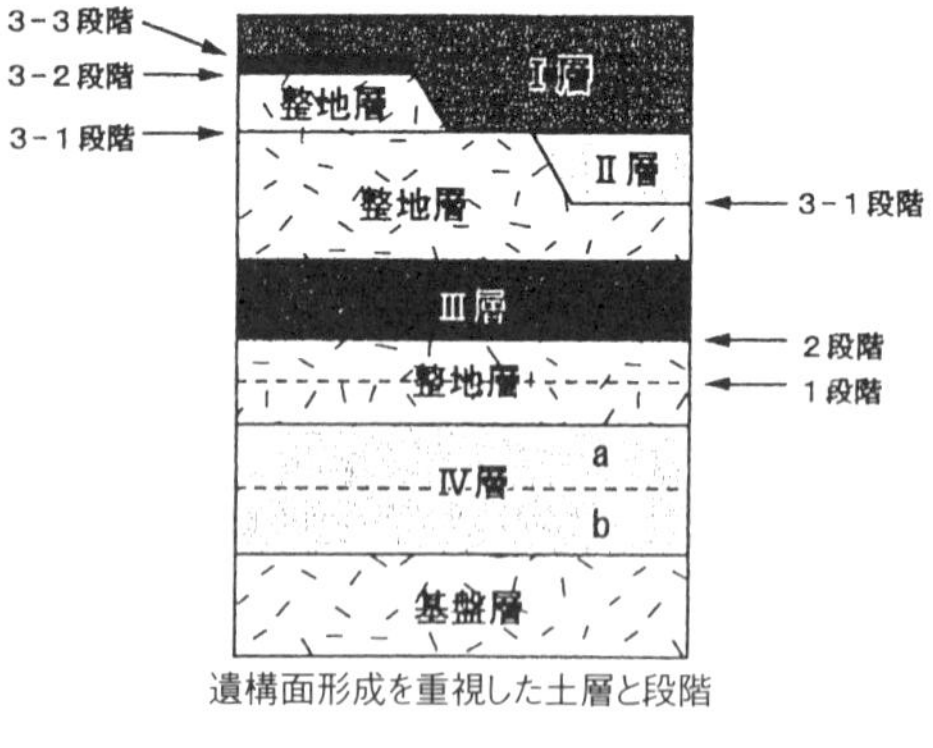

遺構面形成を重視した土層と段階

図94　新基本土層と湯築城に関する出来事（柴田作図・作表）

の乱に求めたのである。

　しかし、柴田は、一五三五年につくられた城内の構築物（一段階）が、一五四二年に焼失したとすると、一段階の建物に改修を加え二段階の建物をつくったにもかかわらず、その過程がわずか七年間で消化されるのは短すぎるのではないのか、そして、一から二段階の改修の契機を何に求めたらいいのかという問題があるとした。さらに、二段階の出土遺物のうち、とくに貿易陶磁器の年代観について、従来あまり重視されていなかった十六世紀中頃の分析を行い、後半の土器群とは識別が可能とした。また、一五三二（天文一）年を下限とする山科本願寺跡資料と、一五五四（天文二十三）年を下限とする、新宮党館資料などについて詳細に検討した。その結果、二段階貿易陶磁器の下限を、十六世紀中頃であると認定した。また、焼失後の三段階の貿易陶磁器は十六世紀後半としながらも、焼失直後から一五八〇年代の廃城までの幅でとらえている。これらの考えを総合して、二段階遺構の焼失要因の発生は、より十六世紀中頃に近いと考えている。

西尾はこの検討結果を受け入れ、一五四二年頃の天文伊予の乱の「父子不快」とみるより、一五五三（天文二十二）年頃に起こった、河野通直と子の通宣の代替わりにかかわる争いとされる、「鉾楯」の文語の方が、より激しい戦争をともなったと解釈できるのではないかと考え、Ⅲ層形成要因を「鉾楯」の争いとみるほうが、妥当性があるとの見解を述べている。

仮にⅢ層形成要因を「鉾楯」とした場合には次のような解釈が成り立つであろう。「天文伊予の乱」で来島城に逃れた通直が、晴通の死去によりふたたび湯築城に帰還したが、そのことをわざわざ「入城」と表現している。その際に来島通康もいっしょであったと考えられ、その住まいを構築するため、城内を大きく改変した可能性が考えられる。これが一段階から二段階への変化ととらえられる。それから一一年を経て「鉾楯」により焼失し、Ⅲ層が形成された。ということである。

七年という期間が短いのか、それとも妥当なのか単純に期間だけで判断できる根拠はない。天変地異の影響で被害があったという記述でもあれば、それがたとえ一年後のことであっても、建て替えを行ったことは納得できるであろう。もう一つの考え方としては、外堀普請の段階で、かなり計画性をもった縄張りを設計したと考えるのがふつうで、わずか数年で大改修をしなければならないという点において疑問視するのも無理はない。

次に貿易陶磁器の年代観であるが、二段階の貿易陶磁器は、総体的に十六世紀の前半代から中頃の時期幅をもっており、焼失したのが一五四二年・一五五三年どちらでも年代幅に入っている。問題は柴田も指摘しているが、陶磁器の組成がどこまでさかのぼれるのか、また、山科本願寺例と新宮党館の事例が、この時代の陶磁器組成の普遍的あり方といえるのかということであり、そのためには、さらなる事例と検証の積み重ねも必要であろう。

6　河野氏支配の最後にかかわる瓦

湯築城は一五八八（天正十八）年に福島正則が現今治市の国分山城に移ったことによって廃城になったとされる。しかし、これはいわば羽柴秀吉による湯築城支配の最後であって、河野氏支配の実質的最後とは時間的ズレが存在する。それでは、河野氏支配最後の湯築城とは、どのような場面の想定ができるのであろうか。

近年、出土瓦からみえた河野氏支配最後の姿について次のような見解を発表した。
①城の大手を入って、左に折れた所で出土した軒平・軒丸瓦の瓦当文様が、長宗我部氏の本城である岡豊城、また、一条氏を追放した後に改修を加えた中村城から出土した瓦の瓦当文様と同文であった。
②瓦の出土層位や共伴遺物の年代観は、おおむね一五八〇年くらいで矛盾がない。
③三城に共通するものは瓦と陶磁器などの遺物だけでなく、城としての郭の構成や配置にも

表2　織豊期の動静

	政権		湯築城		岡豊城		中村城		近年の瓦研究の成果から	
永禄　十年(1567)			河野通直		長宗我部元親		一条氏		安土城以前（寺院系瓦）	
十一年(1568)	足利義昭	織田信長　入京								
十二年(1570)										
元亀　元年(1570)										
二年(1571)										勝龍寺城(京都府長岡京市)
三年(1572)										坂本城(大津市)
天正　元年(1573)		室町幕府滅ぶ				信長に通じる				若江城(大阪府東大阪市)
二年(1574)	織田信長							土佐一条氏、豊後に追放		※上記城の瓦は、社寺瓦生産工人が動員さ
三年(1575)						土佐を統一する。紀年銘瓦	長宗我部元親	吉良左京進親貞、城監		れた。(寺の瓦と同笵)
						信長に長男弥三郎元服の烏帽子				
						親を依頼する				
四年(1576)		信長安土城に入る						親貞死す	信長支配の瓦	信長は瓦工人の唐一観、奈良衆を掌握
五年(1577)								谷忠兵衛忠澄、城監		この頃すでに信長には桐紋・菊紋の使用が
六年(1578)										許されていた
七年(1579)		安土城天守完成								
八年(1580)		姫路城築城(秀吉)								※信長は、血族・重臣、地域拠点の城に限定
九年(1581)										して瓦工人を配する。
十年(1582)		信長　本能寺で死す				阿波を制圧				すなわち、瓦使用の許認可は信長が与えていた。
4月				来島通総が叛く						瓦の様々なモチーフは、城や城主の意志を表して
10月から				毛利・小早川氏の家臣が道後				この頃改修の可能性(松田説)		いるのではないか。(木戸氏)
				(湯築城内)に逗留						姫路城の瓦は播磨系工人で賄われる
十一年(1583)	豊臣秀吉	大坂城築造							秀吉支配の瓦	コビキAからBへの転換(森田氏論)
十二年(1584)						讃岐・南伊予を制圧				秀吉は大坂城築城に関して、統一性よりスピード
十三年(1585)		秀吉関白になる								を求めたため、多様なモチーフの瓦が使用された。
春						四国を統一したといわれる				(加藤氏)
7月25日						白地城で秀吉に降伏(土佐一国				
8･9月				通直降伏し湯築城を明け渡す		を安堵される)				
			小早川隆景							
十四年(1586)						この頃、大高坂城の築造を開始		この頃、桑名藤蔵人が城監		
十五年(1587)		聚楽第築造		河野通直、竹原で死す				子の桑名弥次兵衛一孝が継ぐ		
6月				隆景筑前に転封						
8月			福島正則	秀吉、5郡11万3,200石を福島						
				正則に与える						
十六年(1588)		刀狩り令								
8月				福島正則、湯築城に入る		大高坂城へ移る				
十七年(1589)				今治の国文山城に移る						
十八年(1590)		秀吉全国統一								織田・豊臣一門以外の城にも金箔瓦を使用
十九年(1591)						浦戸城に移る				桐・菊紋使用停止令　家紋瓦の出現
文禄　元年(1592)		文禄の役								
二年(1593)										
三年(1594)		伏見城築造								
四年(1595)				尾張の清洲に転封						
			加藤嘉明	加藤嘉明、入部						
慶長　元年(1596)				藤堂、宇和島城築城(中断)						
二年(1597)		慶長の役								
三年(1598)		秀吉死す		藤堂、大洲城築城						
四年(1599)						元親　伏見にて死す				
五年(1600)		関が原の戦い		藤堂、宇和島城築城(再開)						
六年(1601)										
七年(1602)				藤堂、今治城築城						

高い共通性が見出せる。
④当時の諸国大名に対する瓦使用の許認可権は織田信長にあったと考えられ、長宗我部氏は信長に近づくことによって瓦の使用を認められたと推察される。

これらについてさらに詳細を説明しよう。
①では出土した瓦の種類は軒平・軒丸・平・丸であるが、軒平瓦と軒丸瓦の瓦当文様は同笵の可

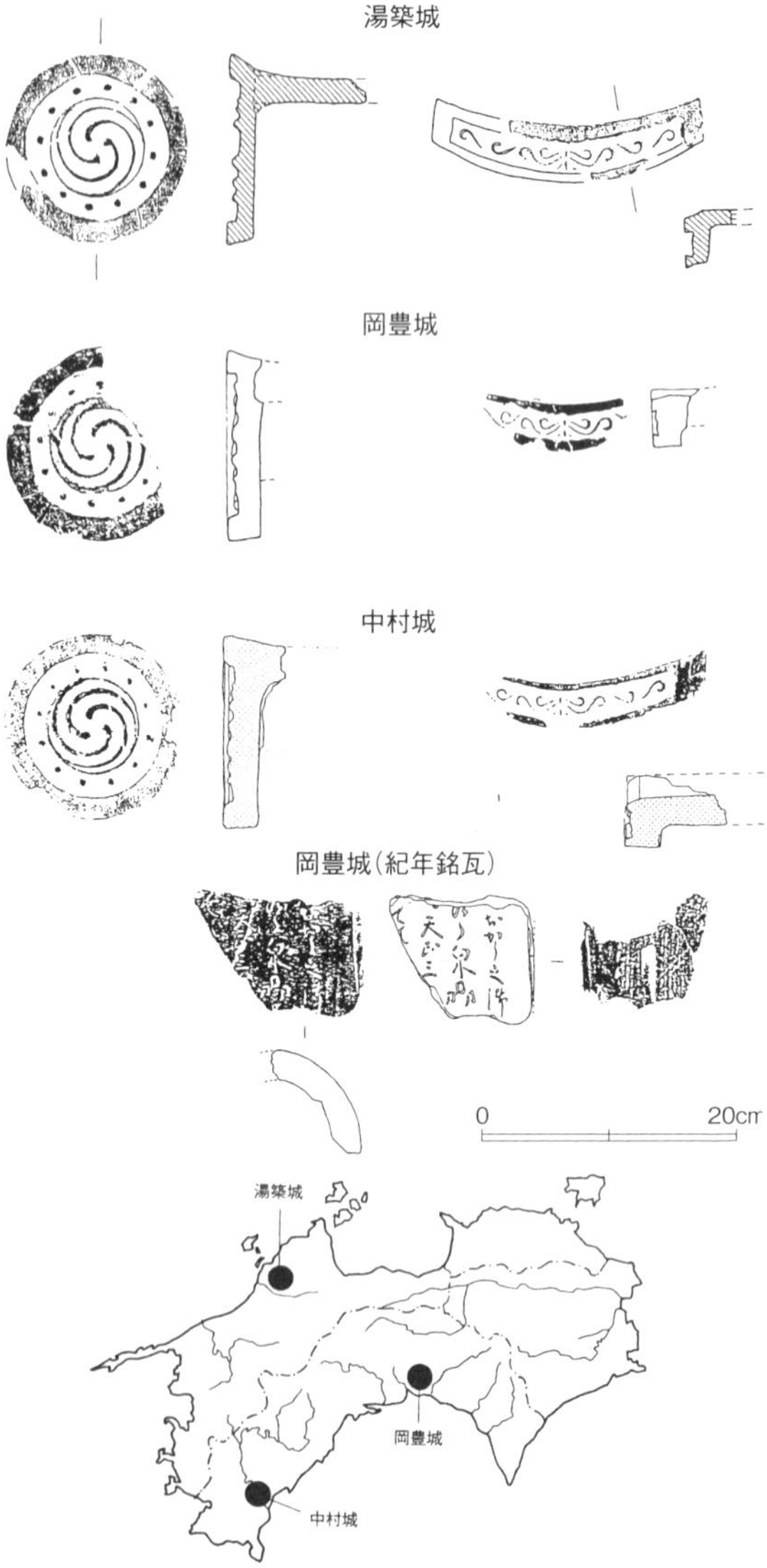

図95　同紋瓦と紀年銘瓦

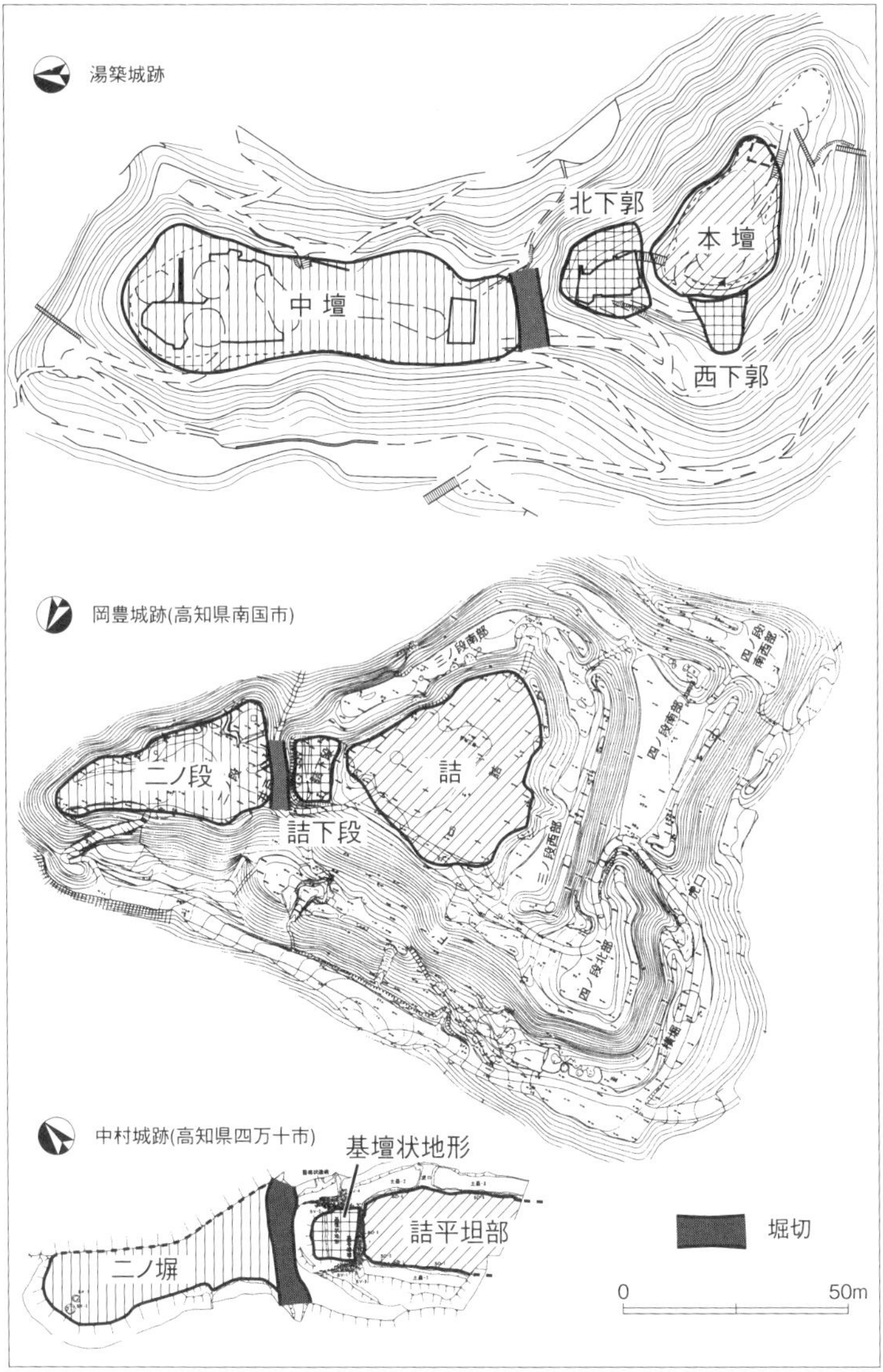
湯築城跡
北下郭
本壇
中壇
西下郭
岡豊城跡(高知県南国市)
二ノ段
詰下段
詰
中村城跡(高知県四万十市)
基壇状地形
詰平坦部
二ノ塀
堀切
0
50m

図96　共通する縄張

能性がきわめて高い一方、三城で出土する瓦には、寸法や焼成に相違があり、これらの瓦が決して一カ所で同時に製作されたものではないことを表している。

②では瓦は石組溝の上に廃棄された状態で出土し、瓦の上にはⅠ層とよんでいる廃城後に自然堆積した腐食土が被っていた。廃城後とは河野氏・小早川氏・福島氏のそれぞれの段階の可能性が指摘できるが、福島氏が湯築城にいたとしても、当初から今治の国分山城に移ることを前提としていたと考えられることから、湯築城内に対して広範囲に独自の改修を行ったとは考え難い。よって河野氏と小早川氏に絞ることができる。

③については、土佐の二城の最頂部に詰、一段下がった箇所に詰下段（中村城では基壇状地形）、堀切、二ノ段（二ノ塀）、とよばれる細長い郭が連続する構造で、郭の各面積比較においては広狭の差が存在するが、配置（縄張）はまったく同じである。湯築城でも中央丘陵部は展望台のある最頂部（岡豊城の詰）、北下郭（詰下段）、堀切、中壇（二ノ段・二ノ塀）とよばれる細長い郭が連なる構造である。ただし、瓦が出土している場所は、岡豊城では詰下段と二ノ塀・三ノ段等、中村城では基壇状地形で、それぞれ主郭に連なる遺構であるのに対して湯築城では構造が同じと指摘した中央丘陵部の郭ではなく、大手付近である。

④については、土山の研究によると安土城の瓦と同型の瓦は、信長の一族の城以外には確認されていないという。また木戸も信長の瓦使用に対する「特権」を認めている。このように当時は瓦使用に対する強い規制があったことがわかる。長宗我部元親は、一五七五（天正三）年七月に土佐一国を統一した。その後、明智光秀を仲介に元親の長男弥三郎の烏帽子親を信長に依頼し、「信」の

一字を賜っている。ここに信長との強い関係が築かれたのであり、岡豊城から天正三年の紀年銘瓦が出土したのも偶然ではないのである。

これらの見解を総合して河野氏支配最後の湯築城は、一時的であるにしろ宿敵の長宗我部氏に占拠され、城の大手側に占拠の象徴として、岡豊城・中村城と同紋の瓦を使用した建物を建てたと推定した。そしてその時期は、一五八五（天正十三）年の三月から六月頃ではないかと考えた。

湯築城の発掘調査が行われるまでは、文献の研究成果が中心で、この最後をめぐる解釈は、長宗我部元親が河野氏も降ろし、四国を統一したとするのが一般的な通説であった。しかし、伊予の文献研究者からは、まわりの情勢からして、河野通直が権力を行使するための困難は大きかったと推定できるが、当主がまだ文書発給を行っている事実からみて、一五八五（天正十三）年段階でも、河野氏は権力を維持しているとの見解（山内譲）が出されていた。発掘によって得られた瓦の情報は、通説を補強するものとして提示したことによって、新たに湯築城における河野氏支配終末期の問題提起となった。

これに対して河野氏は長宗我部氏に降っていないとする文献研究者の新たな反応は、先述したように河野通直が独自の文書を発給していること、湯築城の北にある風早郡で行われた合戦の相手は、長宗我部氏ではなく村上氏であること、天正十三年六月時点でも喜多郡内において、長宗我部軍と戦っていること、小早川氏に助けられながら通直の支配は機能していたと推察されること、湯築城は加藤嘉明が松山城を築き始める一六〇二（慶長七）年まで機能していた可能性が考えられることなどで、少なくとも湯築城は長宗我部氏に降っていないと再度否定するものであった。また、在野研究家の一部からは、瓦の扱いについて短絡的・論理が飛躍しすぎ・恣意的資料の扱いなど、さまざまかつ散々な批判も展開されている。

これらの反論・批判を踏まえたうえで、まず、河野氏最後の当主である通直の発給した文書について、『愛媛県史中世資料編』で一五八二（天正十）年頃からの内容を確認することとする。この頃の河野氏の情勢は、長宗我部氏と結んだ東伊予（東予）の金子氏の反乱や南伊予（南予）における長宗我部軍の侵攻にてこずり、河野氏単独ではもちこたえられず、毛利氏の援軍をしばしば頼みにするほどであった。このようななかで当主通直はたしかに文書を発給している。しかし、その文書の内容は家臣たちにあてた戦いに対する慰労がほとんどで、戦略的な指揮を指示したものや、毛利勢との調整を果たしたものはみあたらない。そこには、河野氏の主権者としての威勢をうかがわせるものがないのである。一五八五（天正十三）年六月に通直が平賀新四郎にあてた通直最後の文書も、太刀や馬を送られたことに対する礼を述べているものであって、いわばどのような場所からでも、どのような立場にあっても出せる文書であり、この文書から権力を保持していたと解釈できる重みは感じられない。

河野氏の存続にかかわる大問題として、さらに秀吉による四国国分け案の推移について、桑名洋一の研究成果を援用して解説する。

秀吉の四国征伐の前に中国の毛利氏との交渉のなかで、一五八三（天正十一）年七月に備中・美作・伯耆を渡さねば八月一日から総攻撃をかけると脅した。十二月には中国国分交渉の一環として毛利輝元に伊予を与えることを約束しており、毛利氏がすでにこのとき、伊予領有の意識をもっていたことがわかる。一五八四年には長宗我部氏と毛利氏の国交が断絶している。一五八五（天正十三）年一月には条件付きで毛利氏に伊予と土佐を進上することを約束した。これによって中国国分交渉は終了することとなり、長宗我部氏に対しては土佐を含めすべての領地を没収とした。同年六月十八日には長宗我部氏から秀吉に対して、阿波・讃岐の返上と実子を人質として差し出すとの申し出があったが、小早川隆景が伊予を所望したので人質を返し、小早川氏には伊予を、長宗我部氏には土佐を宛がうとした。二日後の秀吉から秀長あての書状では、長宗我部氏はその時点で伊予の影響下に収めている地域（宇摩郡・新居郡・宇和郡）が欲しいと願ったが、小早川隆景が伊予一国を主張したので最終的に小早川氏に伊予、長宗我部氏に土佐一国という国分が決定した。そして同年七月、秀吉に対して長宗我部氏が降伏し、四国征伐（天正の陣）は終了した。

以上が桑名の説いた四国国分け決定にいたるプロセスであるが、これを追認すればある単純な疑問が生まれてくる。それは、国分けの議論当初から伊予国守護河野氏の名前がどこにも出てこないことと、河野氏側からの申し入れがなされた形跡がないとみられることである。いわば河野氏抜きで話が進み、河野氏が入り込む余地がないかの感を抱くのである。さらに毛利氏側は伊予の領有を一五八三（天正十一）年の段階から意識していることである。河野氏と姻戚関係を結び河野氏領有を基盤として、伊予一国の安定を願っていたのではなく、毛利氏側が領有することが一義的な目的であったのではないかとすら思えてくる。河野氏発給文書のなかにも、国分文書のなかにも河野氏の立場や願いなどに触れたものや、関連があると思われる記述は見出せないのである。

このようにみると一五八三年から河野氏退陣は

既定路線で、一五八五年の春の段階では、すでに決定的であったといえるのではないだろうか。そして、春から七月にかけての数カ月間のことを、史料は雄弁には語っていないのである。

文献研究者の瓦に関係した最も新しい見解として、桑名の論を紹介する。

「金子文書」の記事からみて、一五七九（天正七年）年以後、河野氏と長宗我部氏の間には和睦が成立していたことを推測した。その和睦は、河野氏家臣の平岡氏を長宗我部氏に人質として指し出したことや、長宗我部系瓦や「土州様」墨書の存在から見て、長宗我部氏に有利な条件であったと推測し、和睦によってもたらされたのが瓦や墨書土器であると想像した。しかし、そのことで四国統一が行われたとは断定しておらず、今後も継続した検証が必要としている。この見解は、考古の「モノ資料」をまず受け入れ、文献との整合性を目指したものとして、成否は別として評価できるであろう。

一方、瓦は加藤嘉明までを射程として使用された可能性を述べる文献研究者（藤田達生）もいる。しかし、一五八〇年代後半を境として、諸国で使われる瓦には、コビキBといわれる鉄線引きの痕跡をとどめたものが大半を占めるようになってくる。土佐では大高坂城から移った浦戸城の瓦の大半がコビキBである。湯築城でも中壇から出土した焼失瓦にはコビキBが混在している。にもかかわらず問題の瓦群は、コビキBよりは古い瓦であることとの決め手となる、糸引き痕跡をとどめるコビキAのみで、コビキBの混在がないことから、加藤時代までこの瓦を下らせることはできないのである。

百歩譲って瓦不足などによる供給量の関係などで、古い瓦群を使わざるを得なかったと考えた場合、加藤と同時代に、伊予にかかわった藤堂高虎との関連が明らかな、今治市の甘崎城（高虎の転封とともに廃城）や、宇和島城との関連が明らかな松野町の河《か》後《ご》森城《もりじょう》でも、コビキAとBが混在していることがわかっており、河後森城ではコビキBが大半を占める状況である。このことから、伊予においても一五八〇年代のある時期以降には、確実にコビキBの瓦が使われているのであり、加藤だけが古い瓦を使用しなければならない事情は見出せないのである。

瓦の残存状況も特異な在り方であった。それは、城内で瓦が出土した箇所は八カ所あり、数がまとまって出土したのは六カ所である。そのうち、中壇の北端出土（近世瓦の可能性あり）を除いて、瓦当が残存しているのはこの大手を入った所から出土した瓦群しかないのである。他の瓦群は丸瓦と平瓦ばかりで、瓦当は小破片ですら一点も出土していない。このことから、城内建物に使用されていた軒丸・軒平瓦は、建物の廃絶とともに他の場所の建物に転用されたものと考えられる。にもかかわらず、なぜこの瓦だけは転用されずに廃棄されていたのであろうか。そこには転用しなかった理由があるはずであるが、瓦が長宗我部氏にかかわりのあるものと理解されていたのであれば、捨て置かれたとしても納得できることである。

さらに、長宗我部系瓦という点について、次のような見解がある。高知県における考古学界の草分け的存在である岡本健児は、岡豊城から出土した天正三年銘の瓦から、泉州瓦工人に製作させたものを船で土佐に運ばせたと解釈した。また、その他の紀年銘瓦を検討し、天正三年を過ぎてまもなく、瓦師助次郎が土佐によばれたとしている。ただし、岡本は長宗我部系瓦とはしていない。同じ瓦について松田直則は、岡豊城に葺かれた瓦は、泉州堺で生産されたものが船によって運び込まれたとし、これを長宗我部系瓦とよんだ。一五八八（天正十六）年の長宗我部地検帳に岡豊に瓦工人（瓦師助次郎）がおり、棟梁として大高坂城や浦戸城の瓦葺きを行ったとみている。そのときの瓦はコビキBである。すなわち、秀吉に降る前に葺かれた瓦は堺で生産し、降った後は瓦工人を地元により寄せ地元で生産したと考えているのである。

山崎信二の研究によると、中世末から近世初頭にかけて、和泉・摂津および河内の一部の瓦工は、小豆島・加古川・徳島などで出張製作を行っており、瓦の需要が比較的継続する地域では、出張先に住みつく瓦工もいたことを明らかにした。岡本・松田の見解は、瓦が泉州生産ということと、船で運びこまれたとする点においてほぼ一致をみているが、瓦師助次郎を土佐に招来した年がいつであるのかという点については若干のズレがある。このことは、土佐での城郭瓦焼成の始まりをいつととらえるのかということであり、問題の瓦をめぐる解釈にも微妙な影響を与えるのでないだろうか。

すなわち、岡本の見解では、中村城に瓦が葺かれる頃には、招来した瓦工人がいたこととなり、コビキAの瓦を焼成していた可能性が考えられる。土佐には瓦を焼いた窯が見つかっていないので、長宗我部氏の瓦はないとする見解があるようだが、岡本や松田の研究の通りに、瓦工人がいることが事実であるなら、窯焼きをしない瓦工人などいるはずもなく、窯が見つかるか否かはまったくの別問題であろう。全国的に見ても戦国期の瓦窯はほとんどみつかっていないのである。にもかかわらず、瓦は主要な城郭に確実に葺かれている。ちなみに、土佐では四万十市の坂本遺跡（寺院跡）から中世寺院系の瓦窯三基が発掘され、瓦窯の存在が明らかなことから、土佐国内でももっと窯があったと考えるのが妥当であり、必要な瓦は現地で製作されていたのである。昨今の事例ではこのように、寺院の境内内部で窯が築かれ、瓦が直接供給されていたことが明らかな遺跡が増えてきている。今後、四国では寺院系瓦製作集団と城郭瓦製作集団が同一系統の工人であるのか否か、という点の解明が課題であろう。

図97　坂本遺跡検出の瓦窯

仮に泉州で生産された瓦とみた場合、三つの城に存在するという事実は、文様などは長宗我部氏の指示で泉州の工人に生産させたのか、単に商品として存在するものが長宗我部氏や河野氏などの目にとまり、たまたま同じ文様の瓦を湯築城にも運び込んだと考えるのかによって大きく違ってくるのであり、後者については偶然性の作用もしくは、瓦の文様の種類がきわめて限られていたことが証明されなければ、同じ瓦をもつことなどあり得ない話である。さらに、先述したとおり、この時代の瓦は誰でも手に入れることができるものではなく、信長や秀吉とのつながりのなかで、一部の許されたものだけが瓦をもつことができ、かつ瓦職人を抱えることが可能であったのである。すなわち、一般的な商品として流通するものではなかったのではないだろうか。瓦のように数が必要で、それにともなって重量も嵩むものを長距離運ぶことは、緊張感の強い戦国期における城造りの観点からみても、合理的であるとはいえない。

以上、問題の瓦についてまわりくどく見解を述べてきた。現時点においても当の瓦に対する見解を改めなければならない事情はないと考えている。かといって、解釈の妥当性を絶対的に断定できるものでないことも承知している。それを踏まえたうえで、さまざまな状況を解釈することによって得られた、一つの考え方の提示なのである。多くの資料や見解を見聞きするにつれ、証明することのむずかしさを痛感する。とくに四段階の区画3で出土した大量の平瓦と丸瓦は、すべてコビキAで古い様相を呈しており、この瓦を使用したのは河野氏か小早川氏しか考えられない。その場合、河野氏ならばどのようにしてこの瓦を手に入れたのか、という点については課題であり、現在答えをもっていない。

ともあれ、この時代に敵対する者同士の本城に、同じ文様の瓦が葺かれていたというこの明確な一点の事実は、きわめて単純な歴史の真実を表している可能性がある。そのように言えば短絡的と批判されるのだろうが、文献史学でいう「一次資料」、考古学でいう「モノ資料」のもつ恐ろしさなのではないだろうか。

Ⅵ　湯築城跡の整備と国指定史跡

1　復元整備の方針と概要

遺跡の整備方針の決定にあたって最も大切な判断基準は、検出された遺構や遺物の正確な歴史的位置づけ、機能の解釈を元とした遺跡総体の評価であることはいうまでもあるまい。そのために発掘調査の進捗にともない専門家を交えた検討会を開催し、個別遺構の構造確認や遺物の評価などを通して、城の使われ方等についての解釈を深めていった。このような会は、旧動物園区の調査を終了する一九九八（平成六）年までの間に四回実施された。ここでの結論をもとに整備方針の協議が行われ、道後公園基本構想の策定へと移ることとなる。これら整備・復元に向けての一連の過程については、二〇〇三（平成十五）年に愛媛県が編集した『道後公園整備工事報告書』に詳述されている。以下に報告書を参考にしながら、整備の状況について解説する。

一九九七（平成九）年に出された「道後公園整備基本構想」の答申にある、整備の基本方針は次の三点である。

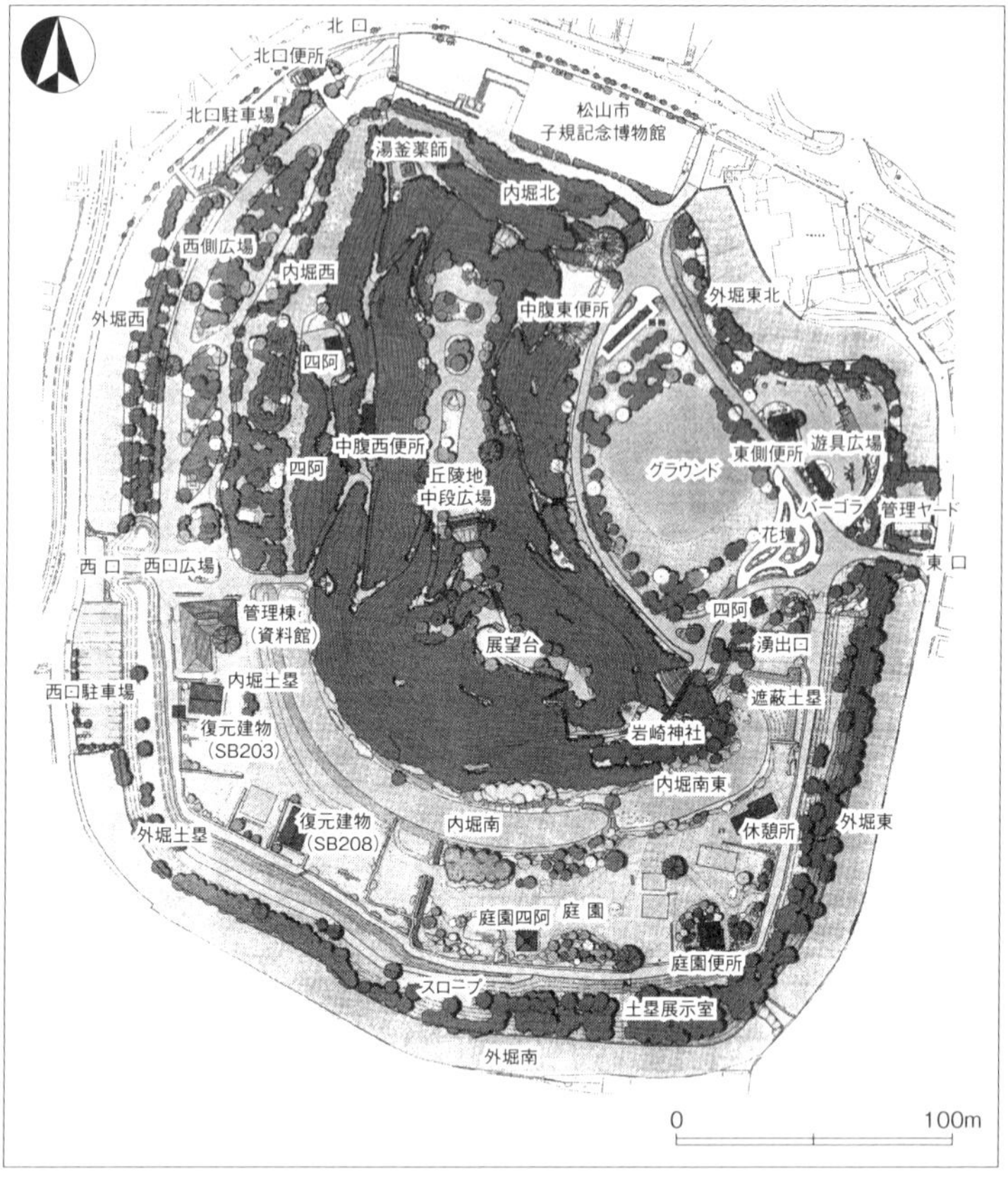

図98　道後公園の整備状況

①道後公園は、中世伊予の守護河野氏の居城として、約二五〇年間にわたり存続した湯築城跡であり、昭和六三年度から平成七年度にかけて実施された埋蔵文化財発掘調査によって、当時をしのばせる遺構や遺物が数多く出土している。

②また、この公園は、明治二一年に開園以来、地元住民が散策、休息、花見、スポーツ、遊びにと多目的に利用しており、地元にとって大切な公園となっている。

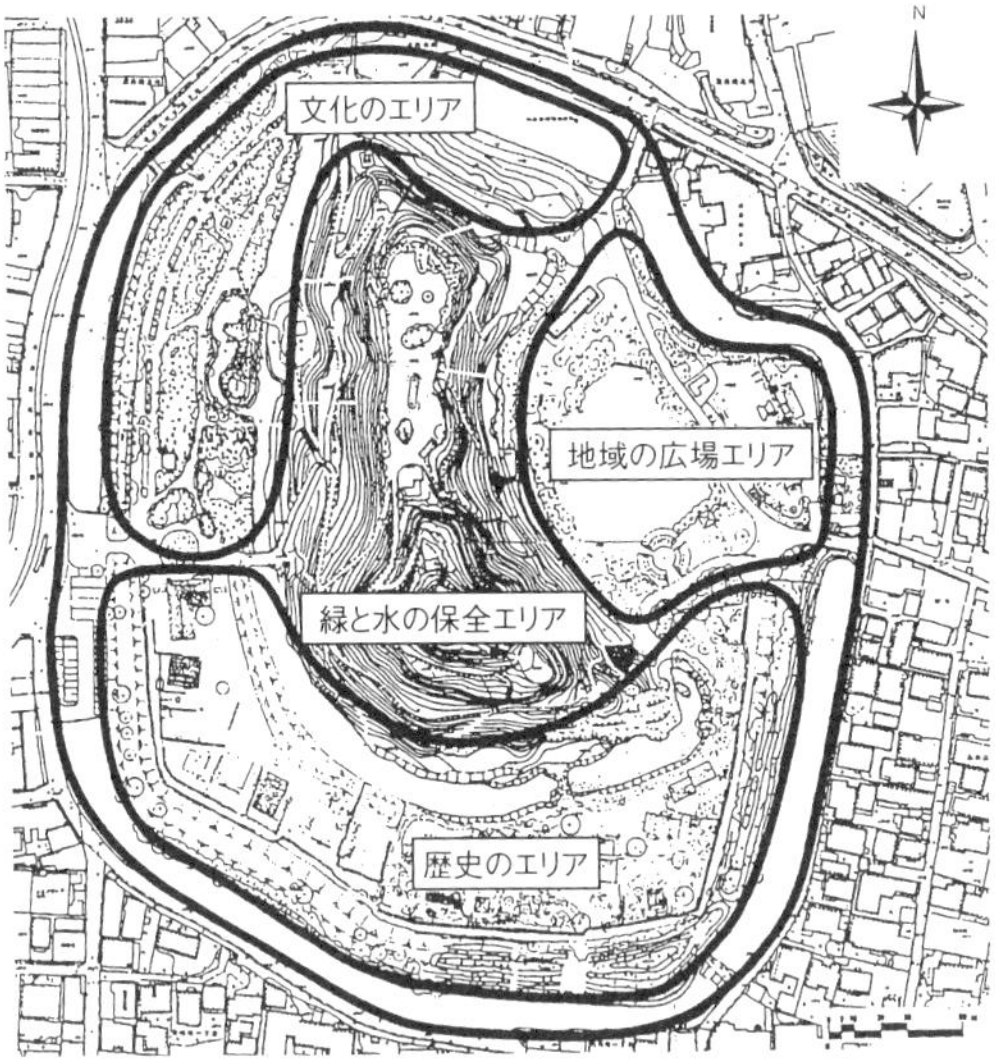

図99　ゾーンニング

③このことから、旧動物園区域は発掘調査結果にもとづき、遺構を立体復元および平面表示し、当時の姿を再現することによって歴史学習の場として利用することとし、その他の区域は、当面は現状維持を原則とするが、将来的には、都市公園としての利用に配慮しながら文化財を生かした公園としての整備に努める。

このような方針のもと、城内のゾーンニングが行われ、旧動物園区は「歴史のエリア」、中央丘陵部は「緑と水の保全エリア」、東側グランド部は「地域の広場エリア」、西側および北入口側は「文化のエリア」と位置づけた。

調査成果を最も表現できる「歴史のエリア」については、まず遺構の保全が行われた。具体的には、残りのよい石組み遺構などの周囲を土嚢により保護し、その上に遺構面の土質と異なる黒色の砕石砂を二〇センチの厚さで敷きこんだ。これは後に発掘調査が行われることになったときに、重機などによる盛土掘削段階で、遺構面に近いことをわからせるためである。黒色砕石砂の上には真砂土などを入れて全体を埋め戻した。遺構面との差がおおむね五〇センチ以上になるように仕上げてある。

旧動物園区の調査は、西側については日本庭園計画の段階の影響もあって、池の予定地は二段階まで調査が進められていた。反面、東側については四段階の最も新しい遺構面で調査を終えている。よって東西において調査された遺構の段階が違っており、西側については明確な屋敷区画を最大の特徴とすることから、建物や土塀などの立体復元も盛り込んだ展示を行い、東側については平面展示を中心とした整備を行うこととした。ただし、城の基本構造である外堀土塁と裾石・内堀土塁（遮蔽土塁も含む）・城内道路・道路と一体の排水溝については、立体的復元を行うこととした。建物や土塀・土坑・排水溝などは、正確な位置出しを行い、盛土で保全した遺構の上に復元を行っている。

実際の復元工事は、一九九八（平成十）年度から旧動物園区の埋め戻しや造成工事から着手し、随時、武家屋敷や堀・排水溝などの復元が行われ、二〇〇一（平成十三）年度に完了した。整備に要した経費は二三億一九〇〇万円であった。

2　復元整備の実施

旧動物園区に共通の復元整備　内外の堀については、まず長年にわたり堆積していたヘドロの浚渫を行った。外堀は堀底から厚さ一《メートル》の深度でセメント系固化材による固化を行った。その上に固化層からのアルカリ溶出を抑えるための真砂土による保護層をつくった。

内堀は安全面の配慮を優先させ、水深を五〇《センチ》（子供が落ちても溺れない程度の深さ）とした。

外堀土塁の遺存状況は西側では旧動物園時代の掘削がいちじるしく、完全に消滅している箇所があり、残存していても削り取られ低くなっている状態であった。最も当時に近い高さで遺存していると考えられたのは、東側居住区を取り囲む南側から東にかけての範囲である。遺構面に五〇《センチ》程度の保護層を設けたため、土塁高が現況のままであった場合、土塁は低く感じられてしまう。そこで西から南にかけての土塁は現況土塁に盛土を行うことで比高を確保した。土塁の斜面の勾配は一対一・五とし、上級武士居住区前面の遺存のよい土塁は、樹木が多いので盛土がむずかしいことと、側面の裾部が削られているため、そこに土盛付けすることで復元とした。土塁表面の既存樹木はそのまま残し、客土整形後コグマザサの植栽を行った。

　内堀土塁は二段階までは高さを保って機能していたが、その後、徐々に削られて低くなり、四段階では土塁としてほとんど機能していなかったと考えられたことから、復元は家臣団居住区の範囲に留め、上級武士居住区には延伸しなかった。高さは二・〇《メートル》程度と推定していたが、外堀土塁と同じ勾配とした場合の天場の幅を考慮し、一・八《メートル》とした。

　遮蔽土塁は、大手からの上級武士居住区に対する視認性を遮るためにつくられた土塁であるため、復元を行った。高い遮蔽機能を果たすため勾配は一対一・二とした。また、樹木に対する散水のため土塁の内部に受水槽を設置した。

　土塁に関しては、庭園区と上級武士居住区の間にも存在していたと考えている。しかし、調査段階やその後の検討会などでも、幅一三《メートル》におよぶ礫原を土塁と断定するにいたらず、復元展示の対象とはならなかった。土塁による明確な区画の有無は城内の先駆的機能分化を評価する上において重要で、今後の検討課題の一つである。

　また、外堀土塁は高さもあり、天場の幅も十分な確保はできていないため、現況のままでは土塁に駆け上がる人がいて危険なことは容易に想像できた。本来の土塁にはないが、安全面を考慮しながら、中段あたりにスロープをつけて土塁天場まで歩いて上がることができるよう工夫した。また、天場からは城内を見渡すことができる。

外堀土塁の内側をめぐる道路は、現況において小礫混じり土であったので、できるだけ風合いを同じくするため、鬼真砂土にセメント四％を混ぜて仕上げた。

道路とともにめぐっている石組排水溝の復元は、コンクリート構造体の内側に貼った鉄筋に石を固定し、石と石の間には小石を詰め、できるかぎり実物に近い積み方を行った。使われている石の種類は砂岩・花崗岩・ホルンフェルスなどで、近隣の河川で調達可能な石ばかりであるが、たくさんの量を必要とすることから採取が困難なので、徳島県三好郡の河原石を用いた。この地域は地質的には三波川帯に属していることから、実際には当時ほとんど使われていない結晶片岩を含んでいるので注意が必要である。溝の底面は擬土を使って仕上げた。この排水溝には大手側の井戸から揚水した水を流している。

家臣団居住区の復元整備

先述したとおり、二段階を基調とした建物や土塀等の立体復元を行った。建物は最も遺存状況の良好な礎石建物２０３と２０７を対象とした。

発掘調査によって検出されたのは建物の柱を支える礎石と壁土や、使われていた釘など限られたものであったが、とくに２０３は礎石の遺存が良好なので、建物の基礎構造と間取りに関しては問題なく復元できた。上屋の構造についてはわれわれ調査者にとっては専門外であり、まったく口を挟む余地もない。ただ、何を根拠として復元する

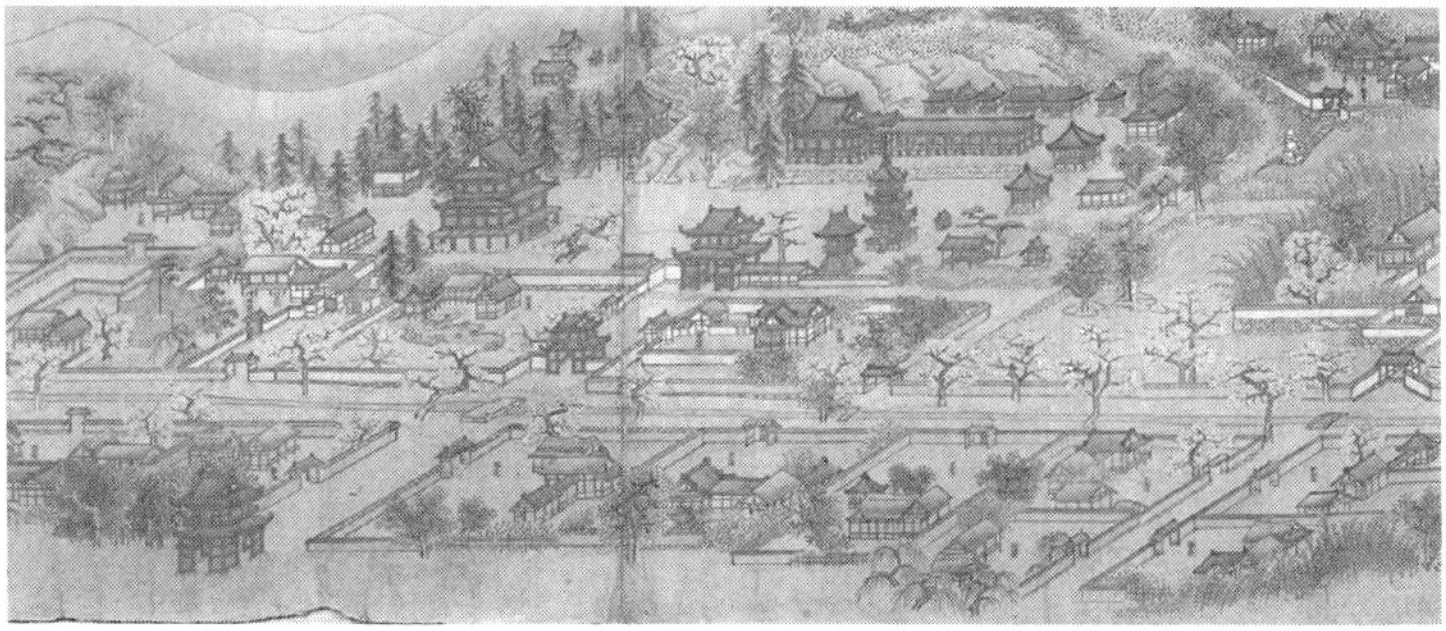

図100　石手寺往古図

のかについて説明を受け納得していった。

建物構造復元の根拠としたものは、江戸初期に書かれた木割書の「匠明（殿屋集）」と石手寺所蔵の「石手寺往古図」である。検出された建物の柱間寸法や柱材の大きさなどが、木割書の記載と合致しているので、木割にもとづいて建てられていたことを想定した。一方、「石手寺往古図」が描かれた年代は明確ではないが、城の機能していた同年代の様子を描いていると考えられ、かつ城に近接した場所の様子である。塀による区画や敷地への出入りのための門、さまざまな種類の建物や配置の状況が明確に描かれていることから、復元の根拠として使用できると判断した。

土塀等の区画施設

家臣団居住区のなかを明確に区画している遺構であり、基礎の残存状況が良好であったため、できるかぎり立体復元を行った。搦手を入ってすぐ右手の箇所で検出された土塀基礎の幅は一《メートル》あり、城内で最も大型である。他の区画土塀は七〇《センチ》幅なので、この二種類の土塀を復元することとした。

土塀の構造や高さについては、江戸初期の土塀が残っている山口県長府や、県指定文化財の豊島家住宅、湯築城東側の民家などの土塀を参考として検討した。その結果、土塀の上部構造としては、基礎の上に土ブロックを積み重ねて立ち上げ

図101　復元土塀

る構造だと判断したが、地震による倒壊の危険性や耐久性の不安から、基礎と土塀の中心はコンクリート構造とし、表面を土で化粧し土塀らしく仕上げた。土塀の端部は、さらに延伸されていると考えられる箇所については、土塀が断ち切られたように内部構造をそのまま表現し、土塀がこれ以上伸びず、その箇所で止まっているものは壁面をきれいに塗りあげることにより、両者の違いを視認できる工夫を行った。

南西コーナー部の土塀はコンクリートを使わず、四《メートル》にわたりすべてを当時と同じ工法で復元した。これは土塀の耐久性などについて、経年変化の観察を主目的とした実験的復元であり、文化庁からの指示であった。土塀基礎は二列の石組を行い、内部（裏込め）には真砂土一〇《キロ》に対して塩六五〇《グラム》、ナタネ油八五《グラム》、生石灰七〇〇《グラム》に適度な水を混ぜて、約六《センチ》の厚さで版築を行った。土塀本体は、四〇《センチ》×二〇《センチ》、厚さ二〇《センチ》、重さ約三五《キロ》の土ブロックを積み上げ、ゆるく溶いた壁土を置き接着させていった。頂部の板はサワラの割板を竹釘で留めた。

土塀基礎のように明確な遺構の残りはしていないが、石列などがありなんらかの区画遺構があったと考えられる箇所について、エゴ・ハギ・モウソウチクを用いた柴垣により区画を表現した。

門

区画内への出入りのための門は、礎石の残存状況から、道路側に張り出した形態をもつ四本柱の薬医門と想定して復元を行った。間口の寸法などについては、一乗谷朝倉氏遺跡の武家屋敷の門遺構を参考にしている。

屋敷地（礎石建物）

武家屋敷一（ＳＢ２０３）は建物の構造を示す間仕切りが明確で、部屋割りは早々に結着していた。建物の使われ方は出土遺物から、ある程度の地位を有する家臣の屋敷と想定した。建物の入口を入って土間があり、奥を台所、その隣を納戸とし、いわゆる「ケ」の空間とした。三間×三間の間（九間）は接客場として「ハレ」の空間である。室内は「武家屋敷のある日」と題し、三間×三間の間では、当時流行っていた連歌を行っている風景や、土間と奥の台所の様子を展示している。人形を設置し、衣装を着させることにより動きを表現している。また、台所には、この建物から出土した備前焼大甕や青磁香炉、茶臼などのレプリカを置き、生活用具の紹介を行った。

武家屋敷二（ＳＢ２０７）は、先述したとおり部屋割り案が二通り提出されたが、いずれも根拠の決定打を出すにいたらなかった。よって、外観復元だけに留めて部屋割りを設置せず、内部は展示室として活用することとなった。ここでの展示は、復元二案の模型展示や解説、建築にかかわる釘・瓦などの出土品展示、木組みの模型、武士の日常と戦時の状況についてイラストを使って説明したコーナーなど多様な展示が行われている。

建物の範囲や構造の復元が不十分であった、武家屋敷二の西側の建物については、平面展示とした。

円形石積遺構・その他

石積井戸に似ているが、水の湧水層に達していないので、井戸ではないとし、便所の可能性も考え土壌分析を行ったが否定された遺構である。しか

図102　礎石建物復元状況

図103　池を中心とした復元

し、各区画につくられているため重要な遺構と判断し立体復元した。

その他、礎石の抜き取り穴や石列などの復元を行った。

庭園区の復元整備

庭園区と判断する元となった池について立体復元を行った。池は道路側の排水溝から水を取り入れていたメインとなる大きな池と、そこから約二・五メートル南にある単独の小さな池遺構である。大きな池は、池本体と取水口の役割を果たす小さな池が合体しており、とくに小さいほうの池は全体的に残りが良好なので忠実に復元を行ったが、池本体と単独池はともに護岸の石の残存状態がよくないので、推定で復元した部分が多い。小さな池の底面は擬土仕上げとした。

上級武士居住区の復元整備

四段階の調査に留まっていることから、家臣団居住区と差別化のため、立体復元ではなく平面展示を中心に整備した。とくに礎石建物については、残存している礎石を同位置に復元し、建物の範囲は縁石を設置しラインで表示した。ただし、建物範囲として明確なラインは連続縁石とし、礎石が抜けて範囲として不確実と思われるところは、一点鎖線状に縁石を設置しひと目で違いがわかるよう工夫した。建物内は自然砂利化粧の透水コンクリート舗装を行った。

また南東コーナー部と礎石建物西側の二カ所に土塀の基礎部分だけを復元した。南東コーナーの土塀は上級武士居住区が土塀で囲まれていたことを示す目的があり、礎石建物西側の土塀の存在は、庭園区と上級武士居住区の間には区画の意図があったことを示している。この重要な情報を伝えるためには、短い幅の復元ではあるが必要であった。

その他に遺存のよい石列と、内堀側で土師器皿・杯を廃棄した土坑の形状および出土状況の復元を行った。

土塁展示室と実物展示

上級武士居住区前の外堀土塁は遺存状況がきわめてよく、土塁復元の根拠としたことは先述したとおりであるが、遺存がよいということは、当時の築造過程を見るうえでも格好の場所ということである。最初の発掘において公園入口のかなり削平を受けた土塁の断面を精査し、土塁の盛土の状況確認は行っていたが、築造当初の土塁を明らかにするためには、遺存のよい部分をあえて掘削しなければならない。高さが四《メートル》以上もあることから細いトレンチでは危険があるため、安全勾配をとりながら大きく掘削することとなる。

せっかく残っているものを掘削するのは、破壊ではないかという反対意見も聞かれた。しかし、遺跡を生かした整備を目的とする調査には、城の全体形状を構成している最も重要な土塁の築造情報は、必要不可欠なものと判断し掘削を行った。

一通りの記録を取り今後の自然崩落を防ぐために埋め戻すことも検討したが、埋め戻しは行わずシートによる表面の保全を行っただけである。

すぐに埋め戻しを行わなかった最大の理由は、現地説明会のときの見学者の反応にある。人びとは重機のない時代に人間の手だけでつくられたこの土塁の断面を見たとき、当時の重労働の様子を思い描き、感嘆し、この壮大な築造物から感じた「迫力」を口々にしていたのである。この思いは調査を担当した調査員も同様であり、ぜひとも展示に生かしていきたいと強く思った瞬間である。傾斜をもたせて掘削していたため、さいわい整備に着手するまでの間、シートによる保全で大きな崩落はなかった。

実際の展示にあたっては本物のもつ「迫力」を感じてもらうため、土塁土層の表面を土壌硬化剤で固めて見せる方法を検討した。しかし、硬化面と硬化していない土との境界の処理を誤ると、硬化させた重い土層が滑り、崩落する可能性が指摘された。そこで土層表面の剝ぎ取りを行い、それをコンクリート構造体で補強した断面に貼り、展示する方法がとられたが、この方法でも実物の土層断面を見てもらえることに変わりはない。掘削した箇所は元の形状に戻し、遠目からは土塁が連続しているように見えるが、近づくと土塁に穴があいていて、入ってみると断面が観察できるという意外性のある展示室となった。車椅子利用者のための昇降機も設置した。

本物（実物）を見せるという点においてもう一カ所かかわった遺構がある。とくに外堀土塁、土塁裾石、道路、排水溝という基本構造物はできれば実物をそのまま見てもらえるようにしたかった、というのが本心である。しかし、保存＝埋め戻しという考え方が主流であったので、実物をそ

図104　土塁展示室

図105　遮蔽土塁の排水溝

のまま展示することは不可能であった。その考え方のなかにあって、大手門から入って南に折れた箇所は、最も遺構面が高い（南西コーナー部より約二メートル高い）ため、厚く埋め戻して盛土保全することができない（家臣団居住区の盛土がかなり高くなってしまうため）。そこで、復元された遮蔽土塁の裾につくられている石組排水溝については、検出された溝そのものを展示することとした。

ただし、検出された状態のままではすべての石が残存しているのではないため、石組がもろく崩落する危険性が高い。そのため石と石の間は擬土モルタルで補強し、石が抜け落ちている箇所は、新たに石を補充した。その際、新しく入れ込んだ石の縁には赤いエナメル線をはり、築造当時に組まれた石との差別化を図っている。ただし、赤いエナメル線もそのつもりでみないとわかりづらいようである。ここは埋め戻しを行っていないので、当時の人の目線でまわりが見られることと、石組に使われている石のなかに、本来は供養塔として使われていた五輪塔の一部が転用されていることなどをあわせてみてもらいたい箇所である。

湯築城資料館

道後公園駅前から湯築城内に入ってすぐ右手に、管理事務所を併設した湯築城資料館が建てられている。この建物は城内にあるため必要最小限の大きさで、盛土下の遺構を傷めないため木造作りで軽量化を図り、検出した建物を復元したものと誤解を受けないために、数寄屋造り風とした。

資料館としての展示室は、家臣団居住区内から剝ぎ取った基本土層の実物展示や、公園の全体模型、河野氏の歴史パネル、出土遺物のなかでも食器や貯蔵容器などの展示を行っている。また、床下には庭園区で検出した、城内最大土坑（土師器皿類の廃棄土坑）の復元を行い、強化ガラス越しに出土状況の見学ができるようにしてある。

さらに、一〇〇インチのプロジェクターを設置し、河野氏四〇〇年の歴史を紹介した「河野氏と湯築城」（上映時間一〇分）、武家屋敷が復元されるまでの工事記録「武家屋敷の復元」（五分）、発掘調査と復元過程をたどる「よみがえる湯築城」（一〇分）、道後公園の見どころを紹介した「道後公園の歴史と緑の散歩道」（五分）、河野氏の歴史を子供向けにわかりやすく説明した「こうの氏とゆづき城」（五分）などの映像が見られるようにしてある。この映像ガイダンスコーナー以外に

図106　資料館

図107　内堀側休憩所

も、復元工事などの記録映像「よみがえる湯築城」（四五分）についても貸し出し用も用意されている。資料館への入館は無料である。

便益施設　復元区域内には二カ所の休憩所と一カ所のトイレが設けられている。休憩所は庭園区の池の東側に設置した。この場所からは礎石建物の一部が検出されているが、建物範囲の復元にはいたらなかった。もう一カ所は城内で自然の借景として最も高く評価されている、内堀東端の丘陵をのぞむ上級武士居住区内に設置した。建物は木造で、お茶会などが行えるよう四畳程度の縁台を併設した。トイレは南東コーナー部の近くで、攪乱がいちじるしかった場所に設置した。

復元区以外の整備　復元区以外の各エリア（地域の広場エリア・緑と水の保全エリア・文化のエリア）でも既存施設の老朽化にともなう改修や、公園としてのさらなる利用を考えた整備を行った。

地域の広場エリアはもともと子供の遊具施設が設置され、グランドで

図108　展望台

は野球やゲートボールなど、幼児から高齢者までが幅広く利用していた。整備では老朽化した遊具やトイレなどの便益施設の建て替えなどを行ったが、遊具や建物の基礎が遺構面を傷めないよう配慮し、盛土を行った。また、遊具の色調も遺跡内であることを考慮し、こげ茶色を主体とする色調におさえた。

緑と水の保全エリアは全体が丘陵部であるため、園路や階段の整備を中心に行った。基本的には土舗装で行ったが、階段などは遺構面を傷めないように盛土を行って設置し、透水性の木炭チップを使った。急勾配の園路など部分的には脱色アスファルト舗装とした。また、四阿《あずまや》やトイレも改修した。丘陵最頂部の展望台は老朽化しひび割れなどを生じていたが、遺構面が露出しているため建て替えがむずかしいので、樹脂注入・モルタル塗込・鉄筋防腐処理などを行った。

文化のエリアは西口出入りに直結しているため人の往来が最も多い。搦手の入口には「湯築城跡」の看板を掲げ、公園全体の総合案内サインや、誘導サインを設置した。子規記念博物館横の北口は道後温泉街へ通じる場所で、老朽化した階段の撤去を行い、トイレなどを整備した。トイレ前には外堀土塁の延長ラインを石により平面表示し、解説サインを設置した。

植栽

とくに復元エリアの植栽についての基本的な考え方は、時代に合わないもの（江戸時代以降にもち込まれたものなど）は排除し、季節の移り変わりを感じる景観づくりに配慮した。地下遺構を傷めないことを前提に、浅根型樹種の選定、遮根シートの敷設などを行い、高さ三メートル以上の高木については地下支柱を採用している。

照明・監視・警報設備

公園全体は二四時間開放されているため、とくに夜間の利用者のため園路に照明を設置した。また、武家屋敷や池、内堀などを照らすスポット照明を行っている。

復元区域の安全管理のため外堀土塁上や復元施設にテレビカメラを七基設置し、管理事務所および外部委託警備会社で監視している。また、武家屋敷・土塁展示室・すべての身障者トイレには非常時のために警報装置が設けられている。

3　国指定史跡と活用

二〇〇二（平成十四）年九月二十日、湯築城は県内九番目の国指定史跡となった。指定を受ける前の四月から二〇〇五（平成十七）年度まで、湯築城跡の管理および資料館等の運営は、財団法人愛媛県埋蔵文化財調査センターが行った。その後、愛媛県は資料館を含めた遺跡全体を指定管理制度に移行することを決定し、二〇〇六年度からは「コンソーシアムＧＥＮＫＩ」によって管理・運営が行われている。また、資料館および城内には、市民から募集し研修を修了した、ボランティアガイドが説明にあたっている。

城内は二四時間解放されているため、観光地として、散歩コースとしてや通勤・通学路の近道、好天の憩いの場などさまざまな利用形態があり、好天の日にはいつも多くの人が公園に来ている。それらの人の動きを正確にカウントし、道後公園内に年間どれほどの人びとが足を運んでいるのかを把握することはむずかしい。湯築城資料館への入館者については、オープン初年度は七万六〇〇〇人であったが、その後、年間約三万五〇〇〇人から四万五〇〇〇人程度で推移している。

運営上は企画展示や歴史講座、各種イベントなどを行い集客に努めているが、数字になかなか反映されていないのが現状であろう。しかしこの現状は、城内を無料にしており、入館料などをあてにした経営を行っているわけでもないので、人数の多寡にばかり翻弄される必要はないであろう。ただ、運営側の発想による企画だけでは一方通行になる恐れが強く、それが人離れにもつながる可能性もあることから、入場者に対するアンケートなどを徹底して実施し、どのような要望があるのかを把握し、可能なものは順次取り入れていく努力が大切ではないかと考える。

埋蔵文化財調査センターが運営しているときは、考古学的成果を中心に事業を組み立てていたが、現在の指定管理団体は学芸員が文献研究者であるため、文献成果を中心とした事業立案になっている。このような運営実績は、体制的に当然の結果といえるが、今後の運営にあたって、考古学・文献史学両者による、成果の融合が図られるような事業立案が理想であろう。

4　周辺の歴史スポット

道後には歴史的評価の高い建物などが多く存在しており、歩きながら散策するにはもってこいの場所である。ここではいくつかのスポットを紹介する。

道後温泉本館

現在の本館は一八九〇（明治二十三）年に改築され、その後一〇〇年以上を経過する。夏目漱石の小説「坊っちゃん」で有名。全国で唯一、皇室専用浴室が存在する。一九九四（平成六）年、国の重要文化財に指定された。

湯釜薬師

湯築城内の丘陵部北上り口に、奈良時代につくられた日本最古といわれる花崗岩製の湯釜を祭っている。一二八八（正応一）年、帰郷していた一遍によって、湯釜の宝珠に「南無阿弥陀仏」の六文字が書かれた。また、一五三一（亨禄四）年に河野通直が彫らせたとい

図109　道後温泉本館

図110　湯釜薬師

図111　宝厳寺

図112　伊佐爾波神社

図113　義安寺

図114　石手寺

う刻文がめぐっている。県指定の文化財である。

宝《ほう》厳《ごん》寺《じ》　時宗の開祖、一遍上人の生誕地と推定されている。一遍は一三三四（延応一）年、河野通広の第二子としてこの地で誕生した。同族得能通綱が一三三四（建武一）年に建立したという「一遍上人御誕生旧蹟」碑があり、重要文化財に指定されている「一遍上人立像」が安置されている。

伊佐爾波神社　宝厳寺の南の丘の上に伊佐爾波神社が鎮座している。もとは湯築城の中央丘陵部にあったものが移されたとされる。現在の社殿は、一六六七（寛文七）年に藩主

図115 子規記念博物館

松平定長によって建立された。八幡造りの美しい社殿は、国の重要文化財に指定されている。

義安寺

湯築城の北東の姫塚といわれる丘陵上に建立されている。四国征伐の最終局面で、この寺に集まった河野家の家臣たちは、「二君に仕えず」と誓い自刃したといわれている。また、松山の民芸品である「姫だるま」の発祥地ともいわれている。

石手寺

四国八十八カ所霊場の五一番目の札所である。もとは法相宗安養寺であったが、弘仁年間に真言宗に改宗したといわれる。その後、石手寺（衛門三郎伝説がある）と改められた。河野氏の庇護も厚く、鎌倉末期から室町時代にかけて隆盛し、多数の子院をもったとされる。「石手寺往古図」に描かれているのは、その当時の様子であろうか。山門は一三一八（文保二）年の建立で、国宝に指定されている。また、山門の両脇には運慶一門の作とされる、金剛力士像が安置されている。その他、鎌倉期の建立とされる本堂や護摩堂は国指定の重要文化財である。

子規記念博物館

湯築城内の北口に建てられている。松山市が郷土の生んだ俳人、正岡子規を通して文学を学ぶ目的で、一九八一（昭和五十七）年に開館した。毎年一〇万人前後の入館者を数える。

湯築城跡（道後公園）見学ガイド

公　　園　常時開園　入園料無料
駐 車 場　普通車30分100円（24時間 OPEN）
　　　　　大型車（観光バス）無料／９時～17時
　　　　　（ただし資料館開館日のみ）
交通案内　JR 松山駅下車タクシー約15分。
　　　　　路面電車・バス道後公園（湯築城跡）停留所下車。
　　　　　松山自動車道松山 I.C から約20分。
　　　　　松山空港から車で約30分。
　　　　　三津浜港から車で約30分。
　　　　　松山観光港から車で約40分。
展示施設
【湯築城資料館】（管理事務所）
住　　所　〒790-0857　愛媛県松山市道後公園
問い合せ　電話089-941-1480　FAX089-941-1481
開館時間　午前９時～午後５時
休 館 日　月曜日（祝日の場合は翌日）、12月29日～１月３日
観 覧 料　無料

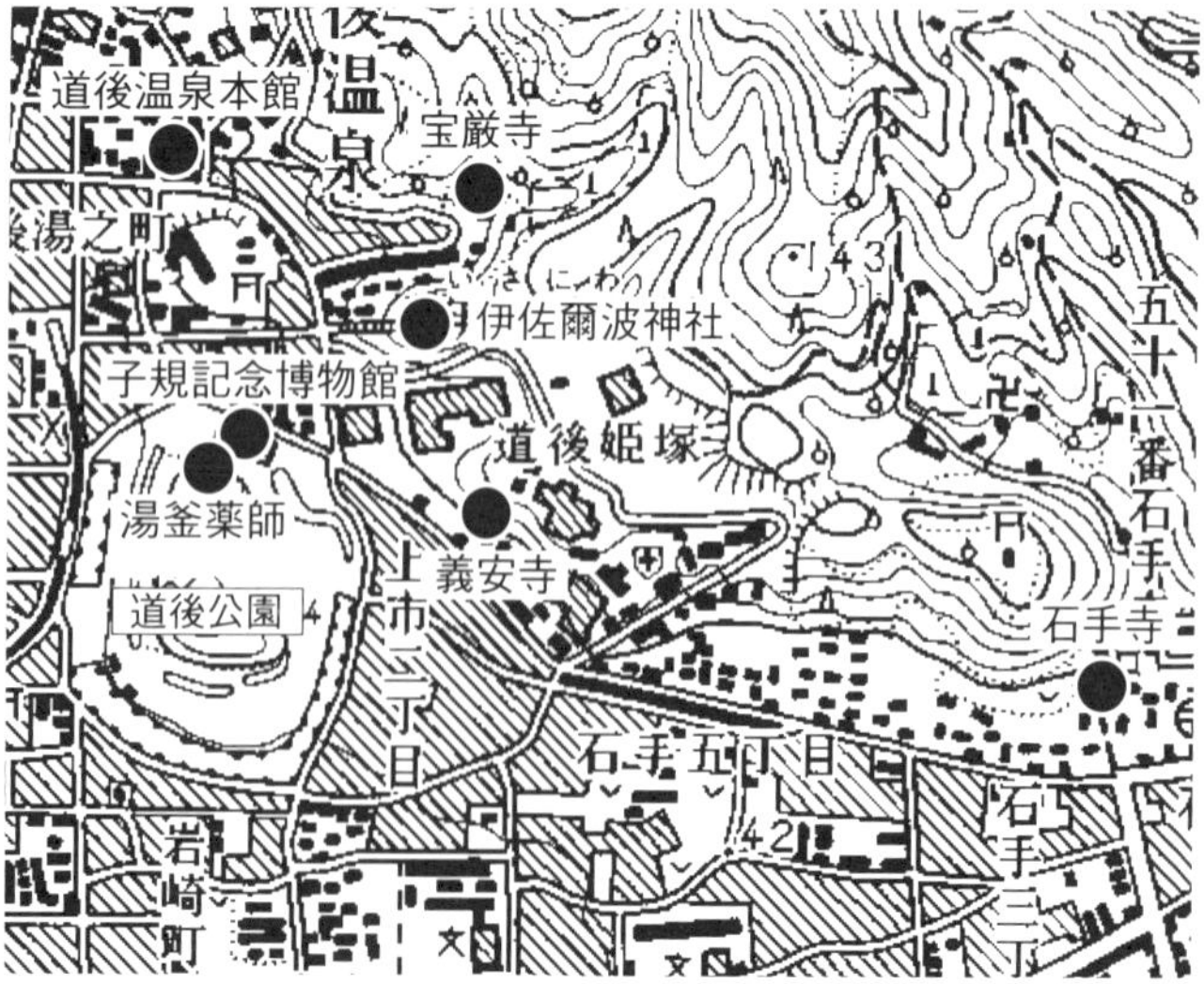

参考文献

石井進編　一九九一『考古学と中世史研究』名著出版

石野弥栄　一九九九「細川官領家の伊予国支配について」『愛媛県歴史文化博物館研究紀要』第四号　愛媛県歴史文化博物館

石野弥栄　二〇〇二「伊予河野氏とその被官の高野山参詣について」『愛媛県歴史文化博物館研究紀要』第七号　愛媛県歴史文化博物館

伊予の遺跡と中世史研究会　二〇〇七『河野氏と湯築城をとりまく諸問題』シンポジウム資料

愛媛県史編さん委員会編　一九八三『愛媛県史　古代Ⅱ・中世』愛媛県

愛媛県　二〇〇三『道後公園整備工事報告書（湯築城跡）』

愛媛県教育委員会　二〇〇二『しまなみ水軍浪漫のみち文化財調査報告書―埋蔵文化財編―』

愛媛県教育委員会　一九七九『道後姫塚遺跡』

愛媛県埋蔵文化財調査センター　一九八三『瀬戸内海大橋関連遺跡埋蔵文化財調査報告書Ⅲ（見近島城跡）』

愛媛県埋蔵文化財調査センター　一九八五『道後今市遺跡』

愛媛県埋蔵文化財調査センター　一九九三『松環古照遺跡』

愛媛県埋蔵文化財調査センター　一九九四『道後今市遺跡Ⅹ』

愛媛県埋蔵文化財調査センター　一九九八『湯築城跡　第一分冊』

愛媛県埋蔵文化財調査センター　二〇〇〇『道ヶ谷古墳・池の奥遺跡・平田七反地遺跡』

愛媛県埋蔵文化財調査センター　二〇〇〇『湯築城跡　第二～四分冊』

愛媛県埋蔵文化財調査センター　二〇〇二『湯築城跡　第五分冊』

愛媛県埋蔵文化財調査センター　二〇〇二『道後町遺跡』

愛媛県埋蔵文化財調査センター　二〇〇四『善応寺畦地遺跡・大相院遺跡・別府遺跡』
愛媛県埋蔵文化財調査センター　二〇〇四『南斎院土居北遺跡・南江戸鬮目遺跡二次』
愛媛県埋蔵文化財調査センター　二〇〇五『道後町遺跡Ⅱ』
愛媛県埋蔵文化財調査センター　二〇〇五『大畑遺跡』
愛媛大学埋蔵文化財調査室　一九九三『樽味遺跡Ⅱ―樽味遺跡2次調査報告書―』
愛媛大学埋蔵文化財調査室　二〇〇七『文京遺跡Ⅴ―文京遺跡一八次調査報告―』
岡本健児　一九八九「元親の城と瓦生産」『長宗我部元親のすべて』新人物往来社
景浦　勉　一九九一『河野氏の研究』伊予史料集成刊行会
川岡　勉　一九九二『河野氏の歴史と道後湯築城』青葉図書
川岡　勉・島津豊幸　二〇〇四『湯築城と伊予の中世』創風社出版
川岡　勉・西尾和美　二〇〇四『伊予河野氏と中世瀬戸内世界』愛媛新聞社
川岡　勉　二〇〇六『中世の地域権力と西国社会』清文堂
木戸雅寿　一九九四「安土城出土の瓦について」『織豊城郭』創刊号　織豊期城郭研究会
桑名洋一　二〇〇三「伊予における天正の陣についての考察」『四国中世史研究』第七号　四国中世史研究会
桑名洋一　二〇〇八「長宗我部氏の四国統一についての一考察」『伊豫史談』三五〇号　伊予史談会
高知県教育委員会　一九九〇『岡豊城跡』
高知県中村市教育委員会　一九八五『中村城跡調査報告書』
白石成二　二〇〇七「熟田津の石湯行宮の所在について」『ソーシアル・リサーチ』第三二号
織豊期城郭研究会編　一九九五『織豊城郭　特集織豊期城郭の瓦2』第二号
柴田圭子　二〇〇四「湯築城跡の段階設定と遺構の変遷をめぐる諸問題」『紀要愛媛』第四号
柴田圭子　二〇〇四「中部瀬戸内の流通と交通」『中世西日本の流通と交通』高志書院

千田嘉博　二〇〇〇『織豊系城郭の形成』東京大学出版会
土山公仁　一九九〇「城郭における瓦の採用についての予察」『研究紀要』4　岐阜市歴史博物館
奈良文化財研究所　二〇〇六『郡衙周辺寺院の研究』
西尾和美　二〇〇五『戦国期の権力と婚姻』清文堂
萩原龍夫　一九七七『江戸氏の研究』名著出版
日和佐宣正　二〇〇六「地籍図等からみた伊予国守護所湯築城周辺の都市構造」『戦乱の空間』三号　戦乱の空間編集会
藤田達生　二〇〇五「伊予八藩成立以前の領主と城郭」『よど』七号　西南四国歴史文化研究会
松田直則　二〇〇二「長宗我部氏の四国統一と城郭出土瓦」『えひめ発掘物語～発見の歴史と近年の調査成果～』愛媛県歴史文化博物館
松山市埋蔵文化財センター　一九九八『岩崎遺跡』
山内　譲　一九九三「長宗我部元親のいわゆる四国統一について」『伊豫史談』二九〇号　伊予史談会
山内　譲　一九九八「中世瀬戸内海の海城」『瀬戸内の海人たちⅡ』愛媛新聞社
山内　譲　一九九八『中世瀬戸内海地域史の研究』法政大学出版局
山崎信二　二〇〇〇『中世瓦の研究』奈良国立文化財研究所
渡辺智裕　一九九五「江戸氏研究の成果と鎌倉期の江戸氏の婚姻関係について」『豊島区立郷土資料館研究紀要』第九号　豊島区立郷土資料館
矢田俊文ほか　二〇〇五『中世の城館と集散地』高志書院

図版出典・提供一覧

図1　灘口慎之氏・愛媛県歴史文化博物館提供
図2　愛媛県土木部提供
図9　石手寺所蔵・湯築城資料館提供
図10　石野弥栄氏提供
図11　高野山別格本山金剛三昧院所蔵・湯築城資料館提供
図12　大通寺所蔵・湯築城跡資料館提供
図13　高野山別格本山金剛三昧院所蔵・湯築城資料館提供
図15　大通寺所蔵・湯築城跡資料館提供
図16　村上水軍博物館提供
図18　伊予史談会所蔵
図74　松山市生涯学習財団埋蔵文化財センター提供
図87　村上水軍博物館提供
図88　愛媛県教育委員会提供
図89　愛媛県教育委員会提供
図90　愛媛県教育委員会提供
図91　愛媛大学埋蔵文化財調査室提供
図97　高知県埋蔵文化財センター提供
図100　石手寺所蔵・湯築城資料館提供

なお、カバー・口絵（発掘当時・調査時・遺物集合）・図4・5・19・21〜37・39〜41・44・61〜65・69・71・79〜81・93・表1は、すべて愛媛県埋蔵文化財調査センター発行の報告書より（一部加筆）。

おわりに

一九九一（平成三）年六月、突然センターの本部にくるよう指示を受けた。何か不都合なことでもしたかな、と思いながら本部に行くと、「凍結していた湯築城の発掘を再開するので、九月から調査が開始できるように段取りをとるように」と命令を受けた。当時、高速道路関連調査の報告書作成を行っていたが、突然の担当変更であった。これが湯築城との縁の始まりで、以後一一年にわたって調査や整備にかかわることとなった。

私が発掘調査中に最も感じていたことを一言で表現するとすれば、それは「迫力」である。ものの大小からくる感覚的なことではなく、個々の遺構・遺物に内在された歴史の迫力である。担当調査員は現地説明会などでその思いを伝えようと、必死で資料づくりを行った。市・県民の方々も非常に大きな関心を持って調査の推移を見守っていた。その目を意識しながら発掘を行うということは、通常の記録保存対象の発掘ではなかなか味わえない経験であった。

今から思えば湯築城の調査・保存は愛媛県の埋蔵文化財行政にとっても大きなターニングポイントであったと評価できる。遺跡の出土遺物や遺構に関心がはらわれることはあっても、それを実施している体制について論じられることは少ない。しかし、当時は専門職員数が少ないことなど、調査組織の体制も批判の対象となり、以後、正式調査員の採用を行い組織体制整備も実行されたのである。だが、何よりも大きく評価されるのは、行政当局者の柔軟さであろう。もちろん、内外の有識者や県民・市民の声が行政を動かした最大の要因であることは承知している。日本庭園を造ることを決定し、設計や予算折衝も終了し、部分的に工事着工までしていた事業を、白紙に戻して遺跡を保存したのである。当局者にとって、真実は苦渋の選択であったかもしれないが、私には、この遺跡にとって何が最も大切なのかという遺跡本意の本質の部分での大英断であったと思える。そしてその英断は、現在の湯築城内の景色や散策する人々の姿をみていると、正解であったと思うのである。

行政を取り巻く環境の中で、今は当時にくらべてとくに経済事情の変化がいちじるしいが、今の文化財保護体制や考え方の中で湯築城は果たして保存できたであろうか。保存すべき遺跡と判断されたであろうか。保存すべく努力がはらわれるであろうか。業務の本質自体は変化していない中にあって、常にこのような問いかけをしながら現状認識を深めていく上において、湯築城はまさに愛媛の文化財行政の試金石であると言える。

さて、本書で紹介できた湯築城の様相は、城全体の約三分の一の面積の調査成果にすぎない。しかし、非常に多くの情報をわれわれに与えてくれ、城としての部分的な機能については、発掘の成果と文献研究成果から、大方の賛同を得て復元整備へと結びついた。だが、これで機能的解釈が正位置を得たのではないことを忘れてならない。今はすでに公表してある遺構・遺物の内容について再度検討を加え、新たな視点の構築が行われている。そして文献史学との融合が図られようとしている。

文書研究の積み重ねが明らかにしてきた地域の歴史に対して、考古資料はどこまでその実態に迫れるのか、また逆もあるだろう。一九九〇（平成二）年に「考古学と中世史研究」というテーマで、帝京大学山梨文化財研究所において開催されたシンポジウムの討論の席上で、石井進氏は次のような発言をされている。

『古文書はある意味で自己主張そのものであります。しかし古文書が懸命に主張する事実というもの、当然多くの歪曲その他の入ってくるような部分と、いわば自己主張の脇と申しますか、その脇に何げなく記された真実を吐露した部分とを見きわめることによって、きわめて多弁な古文書が、実は語りたくなかったことをも語りださせることができるのではないか。そうした自己主張そのものは古文書の重要な特徴で、長所であると思うのですけれども、とくに一通だけの文書でなくて、群としてそういう文書を突き合わせて操作していくという中で、古文書の語りたくなかった部分を、逆にその文書を使ってあばきだすこともできる』。

古文書という言葉を考古資料と置き換えて聞くことも可能である。この石井氏の視点は、直近に新たな発掘調査の望めない現状においては示唆的である。まだまだ資料を十分に検討できていない部分も確かに存在する。昨今の学融合の流れの中で、湯築城や河野氏に対する多角的な検討結果が必要とされている。一朝一夕に成ることではないが、意識を持って進めていきたいと考えている。

末筆になりましたが本書を執筆するにあたり、多くの関係諸氏・機関からご教示をいただき、また資料の借用や成果を援用させていただいた。とくに河野氏の歴史など文献成果については、前湯築城資料館館長の石野弥栄氏から種々のご教示を得たことを感謝いたします。さらに、本文中の敬称を省略させていただいたことをお断りいたします。また作図については藤本清志氏の手を煩わすことが多かった。改めて感謝いたします。

本書の執筆機会を与えていただきました坂井秀弥、菊池徹夫両氏と、遅筆な原稿を辛抱強く待っていただいた、編集部の工藤龍平氏にもお礼申し上げます。

菊池徹夫
坂井秀弥　企画・監修「日本の遺跡」

39　湯築城跡《ゆづきじょうあと》

■著者略歴■

中野良一（なかの・りょういち）

1957年、愛媛県生まれ
國學院大學文学部史学科卒
現在、財団法人愛媛県埋蔵文化財調査センター調査課　調査第一係長
主要著作等
「伊予における土器椀―吉備系土師椀の受容―」『環瀬戸内海の考古学』古代吉備研究会　2002
「伊予の中世遺跡と湯築城」『湯築城と伊予の中世』（共著）創風社出版　2004
「中世伊予国の煮炊具について」『紀要愛媛』第7号　愛媛県埋蔵文化財調査センター　2007

2009年10月5日発行

著　者　中 野 良 一
発行者　山 脇 洋 亮
印　刷　亜細亜印刷㈱
製　本　協 栄 製 本㈱

発行所　東京都千代田区飯田橋4-4-8
（〒102-0072）東京中央ビル　㈱ 同成社
TEL　03-3239-1467　振替　00140-0-20618

ISBN978-4-88621-495-9 C3321